《四大检察文库》编委会

四大检察文库

检察机关行刑反向衔接

原理·规则·实践

○ 陶国中／主　编

○ 徐少飞　李　勇／副主编

中国检察出版社

图书在版编目（CIP）数据

检察机关行刑反向衔接：原理·规则·实践／陶国
中主编．-- 北京：中国检察出版社，2025．-- ISBN
978 - 7 - 5102 - 3236 - 7

Ⅰ．D924.134

中国国家版本馆 CIP 数据核字第 2025DR5609 号

检察机关行刑反向衔接——原理·规则·实践

主　编　陶国中

副主编　徐少飞　李　勇

责任编辑：杜英琴

技术编辑：王英英

美术编辑：徐嘉武

出版发行：中国检察出版社

社　　址：北京市石景山区香山南路 109 号（100144）

网　　址：中国检察出版社（www.zgjccbs.com）

编辑电话：（010）86423766

发行电话：（010）86423726　86423727　86423728

　　　　　（010）86423730　86423732

经　　销：新华书店

印　　刷：河北宝昌佳彩印刷有限公司

开　　本：710 mm × 960 mm　16 开

印　　张：22.75　插页 4

字　　数：365 千字

版　　次：2025 年 6 月第一版　　2025 年 8 月第二次印刷

书　　号：ISBN 978 - 7 - 5102 - 3236 - 7

定　　价：76.00 元

《检察机关行刑反向衔接——原理·规则·实践》编写人员

陶国中　江苏省人民检察院

徐少飞　江苏省人民检察院

陈　宪　江苏省人民检察院

葛石烨　江苏省人民检察院

张　健　江苏省人民检察院

李　勇　江苏省南京市人民检察院

徐义刚　江苏省南京市人民检察院

曲莎莎　江苏省南京市人民检察院

刘佳丽　江苏省南京江北新区人民检察院

陈书琴　江苏省南京江宁经济技术开发区人民检察院

郭　桥　江苏省南京市玄武区人民检察院

马薛萍　江苏省南京市秦淮区人民检察院

霍　亦　江苏省南京市鼓楼区人民检察院

张　宇　江苏省南京市建邺区人民检察院

李　燕　江苏省南京市浦口区人民检察院

张立新　江苏省南京市栖霞区人民检察院

《四大检察文库》出版说明

新时代新征程，面对推进中国式现代化这个最大的政治，面对人民群众在民主、法治、公平、正义、安全、环境等方面更高层次、更丰富内涵的需求，检察机关要以更加强有力的履职，高质效办好每一个案件，推进"四大检察"全面协调充分发展，进而以自身高质量发展服务经济社会高质量发展，为中国式现代化提供坚实的法治保障。在这一过程中，一系列重大命题需要去探索、去回应，一系列现实问题需要去研究、去破解。可以说，党绝对领导下的检察事业 90 多年辉煌历程中，从来没有像今天这样对理论武装需求如此迫切！

为深入贯彻党的二十大、二十届历次全会精神，全面落实《中共中央关于加强新时代检察机关法律监督工作的意见》，切实肩负起加强新时代检察理论研究的重任，助推检察工作高质量发展，经最高检党组批准，我们设立专项资金支持检察著作出版，推出"四大检察文库"系列丛书。"四大检察文库"旨在深入研究四大检察中丰富的实践和理论问题，特别是其中的新思想、新理念、新问题、新举措、新成效。基本要求是：

一是坚持以习近平新时代中国特色社会主义思想、习近平法治思想武装头脑、指导研究。坚持用马克思主义立场、观点、方法分析和解决检察工作发展中的问题，以创新发展的检察理论，发出新时代检察最强音，推动、引领中国特色社会主义法治道路自信、理论自信、制度自信、文化自信。

二是聚焦四大检察实践中的前沿、重大、复杂问题。围绕检察实践中的基础性、全局性、重大性、复杂性问题，反映四大检察重大实践创新成果，力求在解决重大理论问题和现实问题、推进检察理论和检察实践发展中具有重大指导意义。

三是理论联系实际。坚持以人民为中心的研究方向，着眼于人民群众关心关注的检察实践问题，回应人民群众的普遍关注问题，解决检察人员、司法人员的困惑、难处，推理严密，论证充分，文字畅达，具有较强的原创性、理论性和实用性。

最高检对"四大检察文库"系列丛书的出版高度重视，专门成立编委会，党组副书记、分管日常工作的副检察长童建明担任主任，政治部主任滕继国担任副主任，其他院领导、检委会专职委员和专家学者担任委员，对作品质量予以把关。

"四大检察文库"的出版得到了理论界与实务界的广泛关注和大力支持，得到了全国广大检察人员的积极参与。我们对社会各界给予的关注和厚爱表示衷心感谢。希望"四大检察文库"能够成为荟萃优秀作品的开放平台，慧聚更多名家大腕、实务精英，共同推动检察理论研究深入发展，推进中国特色社会主义检察事业不断走向新境界，以检察工作现代化为中国式现代化提供支撑和服务。

中国检察出版社

2025 年 4 月

总　序

持续推进习近平法治思想的检察实践

党的十八大以来，以习近平同志为核心的党中央从坚持和发展中国特色社会主义的全局和战略高度定位法治、布局法治、厉行法治，深刻回答了新时代全面依法治国的方向性、根本性、全局性问题，形成了习近平法治思想。习近平法治思想高举"中国特色社会主义法治"旗帜，坚持历史和现实相贯通、国际和国内相关联、理论和实践相结合，作出一系列重大原创性理论贡献，开辟了中国特色社会主义法治理论新境界，是习近平新时代中国特色社会主义思想的重要组成部分，是马克思主义法治理论中国化时代化最新成果，也是引领法治中国建设在新时代实现更大发展的思想旗帜。学习贯彻习近平法治思想，必须一体践行"十一个坚持"，做到学思用贯通、知信行统一。

持续推进习近平法治思想的检察实践，是最高检党组提出的检察工作重大任务，是新时代新征程检察工作全部实践的指引和统领。习近平法治思想内涵丰富、博大精深，涵盖党和国家工作各方面各领域，检察实践只是其中一个方面、一个领域。习近平法治思想的检察实践，是习近平法治思想指引下的实践，既有检察理论的丰富，也有检察实践的推进，是检察理论与实践的良性互动、相融互促。新时代新征程，要坚持以习近平新时代中国特色社会主义思想为指导，统筹加强习近平法治思想的学习宣传、研究阐释、贯彻落实，一体深化检察理论引领和检察实践创新，更好以检察工作现代化支撑和服务中国式现代化。

一、持续推进习近平法治思想的检察实践必须坚持党对检察工作的绝对领导，坚持中国特色社会主义法治道路

习近平法治思想的首要要求就是"坚持党对全面依法治国的领导"。党的领导是中国特色社会主义法治之魂，也是中国特色社会主义法治道路的本质特征。持续推进习近平法治思想的检察实践，必须毫不动摇坚持党对检察工作的绝对领导，坚定不移走中国特色社会主义法治道路，确保党的检察事业始终沿着正确方向前进。

坚持党对检察工作的绝对领导，最根本的是坚定拥护"两个确立"、坚决做到"两个维护"。习近平总书记强调，政法战线要"坚持党的绝对领导"。检察机关作为党绝对领导下的政治机关、法律监督机关和司法机关，既要从政治上着眼，旗帜鲜明讲政治，又要从法治上着力，全面履行检察职能，坚定拥护"两个确立"、坚决做到"两个维护"。这是新时代新征程检察机关的鲜明政治底色，是推进习近平法治思想的检察实践首要政治要求，也是检察理论研究的根本命题。检察机关首先是政治机关，旗帜鲜明讲政治是第一位的要求。持续推进习近平法治思想的检察实践，要坚决贯彻习近平总书记重要指示批示精神和党中央决策部署，从坚持和完善党对检察工作的绝对领导、充分运用法治力量捍卫党的全面领导、坚持依法治国和依规治党有机统一等维度，一体加强理论研究和实践探索，把坚定拥护"两个确立"、坚决做到"两个维护"落实到检察履职全过程各方面。讲政治是全面的、具体的、实践的。检察工作是政治性很强的业务工作，也是业务性很强的政治工作。要深刻把握政治与法治的内在联系，把执行党的政策与执行国家法律统一起来，既要用政治视角、政治思维、政治效果来审视检察业务工作，不断提高检察履职的政治敏锐性和政治鉴别力，又要坚持严格依法办事，以法律监督保障国家法律统一正确实施，在法治轨道上防范风险、维护稳定、促进发展、守护民生、保障善治，从行动上践行对党忠诚。

推进检察实践创新发展，必须坚定不移走中国特色社会主义法治道路。推进法治建设，最根本的问题就是举什么旗、走什么路，这是政治问题、方向问题。关于法治道路、法律制度、司法制度，世界上没有放之四海而皆准的"标准版本"，适合的就是最好的。中国特色社会主义法治道路本质上是中国特色社会主义道路在法治领域的具体体现，是建设社会主义法治国家的唯一正确道路。中国特色社会主义检察制度扎根中国大地、立足中国国情、传承中国文化，是党领导人民在法治领域的伟大创举，是中国特色社会主义法治道路在检察领域的具体体现。任何时候我们都要昂首挺胸坚定"四个自信"，自觉反对和抵制西方"宪政"、"三权鼎立"、"司法独立"等错误观点。在这个根本问题上，无论检察理论研究还是实践探索，都绝不容许半点模糊，绝不容许顾左右而言他。要坚持以习近平法治思想为指引，总结提炼中国特色社会主义检察制度创新发展的实践成果，深刻阐释和准确把握这一制度的显著优势、鲜明特色，深入研究检察机关的独特功能和作用，科学阐释检察权属性、法律监督性质等基本问题，一体推进检察学课程设置、教材编写、人才培养等工作，持续构建和完善中国特色检察学学科体系、学术体系、话语体系。习近平法治思想以马克思主义法治理论的真理力量激活了中华法治文明的蓬勃生机和永恒魅力，以中华优秀传统法律文化赋予了马克思主义法治理论坚实的历史文化底蕴，是法治领域"两个结合"的重要成果。要加强中外检察制度比较研究，既深刻理解和把握"两个结合"特别是"第二个结合"的丰富内涵，传承中华法治文明、中华优秀传统法律文化，发展法治文明新形态，又合理借鉴国外司法检察制度的有益发展成果，以我为主、为我所用，更好推进中国特色社会主义检察制度发展完善。

二、持续推进习近平法治思想的检察实践必须围绕中心、服务大局，在法治轨道上推进国家治理体系和治理能力现代化

习近平总书记强调："中国特色社会主义实践向前推进一步，法治建设就要跟进一步。"党的二十大擘画了以中国式现代化全面推进强国建设、民族复兴伟业的宏伟蓝图，要求在法治轨道上全面建设社会主义现代化国家，全面推进国家各方面工作法治化。推进中国式现代化，法治既是重要内容，也是重要保障。我们正在纵深推进的法治事业，坚持依法治国、依法执政、依法行政共同推进，坚持法治国家、法治政府、法治社会一体建设，坚持科学立法、严格执法、公正司法、全民守法全面推进。持续推进习近平法治思想的检察实践，就要更加主动融入党和国家工作大局，更加自觉融入全面依法治国全局，更加自觉为大局服务、为人民司法、为法治担当，促进在法治轨道上推进中国式现代化。这是新时代新征程检察机关的时代使命，也是检察理论研究的中心课题。

党的中心工作推动到哪里，检察实践就要跟进到哪里。检察机关要紧紧围绕党和国家的中心任务、首要任务、战略任务，更好统筹国内国际两个大局、发展安全两件大事，从理论上进一步揭示中国式现代化赋予中国特色社会主义法治的新内涵、新任务、新要求，从实践上进一步找准找实检察履职的切入点和着力点，充分发挥法治固根本、稳预期、利长远的保障作用，更有力服务高水平安全与高质量发展良性互动。发展是基础、安全是底线、稳定是前提，安全发展底线必须守牢。检察机关司法办案本身就是防范化解风险、维护国家安全和社会稳定。要着眼以新安全格局保障新发展格局，牢固树立总体国家安全观，严厉打击各类危害国家安全犯罪，依法严惩严重暴力犯罪、严重经济犯罪，纵深推进常态化扫黑除恶斗争，扎实推进更高水平的平安中国建设。要加强网络犯罪研究，依法惩治人民群众反映强烈的电信网络诈骗、网络暴力、网络侵权等犯罪，推动网络空间安全清朗。要坚持和发展新时代"枫桥经验"，深入研究如何更好发挥司法定分止争、保障权益、维护稳定的功能，善于在检察履职中感知风险、发现问题、依法处置，着力推动矛盾纠纷实质性化解。发展是我们党执政兴国的第一要务，高质量发展是新时代的硬道理，法治是高质量发展的重要保障。要运用法治方式维护经济秩序、稳定社会预期、提振市场信心，以高质量发展促进高水平安全。检察实践和理论研究都要持续跟进，聚焦法治化营商环境建设，加强检察政策与宏观政策取向一致性评估，依法平等保护各类经营主体，解决侵害企业产权和企业家合法权益的突出问题。要有力维护金融安全，加强金融领域、资本市场行政执法和刑事司法衔接，从严打击金融犯罪，协同防范化解金融风险。要研究推进知识产权检察综合履职，加强关键核心技术、新兴产业领域知识产权司法保护，服务数字经济建设，护航新质生产力加快发展。涉外法治事关发展和安全。要落实统筹推进国内法治和涉外法治的要求，自觉融入党和国家涉外法治工作战略布局，加强涉外检察工作研究，推动深化司法领域国际交流合作，服务高水平对外开放，更好维护国家主权、安全、发展利益。

依法保障人民群众合法权益，是检察实践的根本目的。习近平总书记强调："中国式现代化，民生为大。"只有坚持法治为了人民、依靠人民、造福人民、保护人民，全面依法治国才能获得人民广泛支持。检察机关要坚持以人民为中心的发展思想，增强"如我在诉"意识，用心用情办好百姓身边案，加强民生司法保障，持续做实人民群众可感受、能体验、得实惠的检察为民。最高检党组部署开展的"检护民生"专项行动，是践行司法为民宗旨的重要举措。各级检察机关要聚焦人民群众急难愁盼，突出重点人群、重点领域，从一件件群众身边的小事着手，抓住事关人民群众切身利益的热点堵点问题，加强对信访工作法治化、支持起诉、公开听证、司法救助等理论研究，促进提升检察为民实效，厚植党的执政根基。未成年人保护受到社会广泛关注，检察理论和实践也要跟上，既要依法严厉打击侵害未成年人犯罪，强化未成年被害人保护救助；也要高度重视未成年人犯罪预防和治理，完善罪错未成年人分级干预体系，协同加强专门学校建设和专门教育工作，做实预防就是保护、惩治也是挽救，坚决遏制涉未成年人犯罪上升趋势。

融入国家治理、推动标本兼治，是检察实践的更高境界。习近平总书记强调："法治是国家治理体系和治理能力的重要依托。"检察履职办案既要抓末端、治已病，更要抓前端、治未病，以依法一体履职、综合履职推动系统治理、社会治理。犯罪治理须坚持宽严相济，最大限度增加社会和谐因素、减少社会不和谐因素。过去二十多年间，我国刑事犯罪结构发生重大变化，重罪数量及占比明显下降，轻罪数量及占比持续上升。要深入研究完善全面准确落实宽严相济刑事政策的配套举措，准确把握"宽"与"严"的辩证关系，办理轻罪案件不能忽视从重、加重情节，办理重罪案件也不能忽视从轻、减轻情节，前提和关键是要严格依法，始终做到以事实为根据、以法律为准绳，依法该严则严、当宽则宽、罚当其罪。要深入研究完善依法规范落实认罪认罚从宽制度的机制和措施，保证认罪认罚的自愿性真实性、量刑建议的合法性恰当性，进一步推动完善刑事司法与犯罪治理的"中国方案"。要严格准确把握入罪出罪标准，提出更好发挥检察职能、深化执法司法协作的具体举措，携手各方推动形成轻轻重重、轻重有序的犯罪治理结构，切实减少社会对抗、增进社会和谐。探索推进案件繁简分流、轻重分离、快慢分道机制，在确保办案质量的前提下，不断提升办案效率。要会同有关部门探索推动建立轻微犯罪记录封存制度，最大限度降低对涉罪人员回归社会的影响。社会治理的最佳方式，就是将矛盾消解于未然，将风险化解于无形。要深入研究完善检察建议工作机制，更加注重透过案件背后的发案原因，从制度机制上找漏洞、提建议，把从个案办理到类案监督再到源头治理这个链条拉得更长、做得更实。

三、持续推进习近平法治思想的检察实践必须聚焦法律监督，自觉融入中国特色社会主义法治体系建设

习近平总书记强调："全面推进依法治国涉及很多方面，在实际工作中必须有一个总揽全局、牵引各方的总抓手，这个总抓手就是建设中国特色社会主义法治体系。"建设中国特色社会主义法治体系，包括完备的法律规范体系、高效的法治实施体系、严密的法治监督体系、有力的法治保障体系、完善的党内法规体系。检察机关法律监督既是法治实施体系的重要环节，也是法治监督体系的重要组成部分，必须以系统观念科学把握全面依法治国，自觉在中国特色社会主义法治体系建设大格局中谋划和推进。我国宪法明确规定，人民检察院是国家的法律监督机关。检察机关落实依宪治国、依宪执政的要求，必须始终立足法律监督宪法定位，把法律监督作为检察机关的立身之本，把刑事、民事、行政、公益诉讼"四大检察"内在统一于法律监督这一宪法赋予的根本职责，检察实践和理论研究都要围绕法律监督来展开。

检察机关法律监督在中国特色社会主义法治体系中更好发挥作用，重心是强化对执法司法活动的监督，维护执法司法公正。党的十八大以来，习近平总书记高度重视检察机关法律监督，作出一系列重要指示，特别强调："中国检察机关是国家的法律监督机关，承担惩治和预防犯罪、对诉讼活动进行监督等职责，是保护国家利益和社会公共利益的一支重要力量。"检察机关要聚焦法律监督主责主业，坚持敢于监督、善于监督、勇于自我监督，既确保自身严格依法办案、公正司法，又监督其他执法司法机关严格执法、公正司法，协同健全公正执法司法体制机制，促进提升法治建设整体水平。检察理论研究要立足我国政治制度、法律制度、司法制度，从检察机关性质定位和基本职能出发，深入研究法律监督在法治监督体系中的功能作用、与其他监督的相互关系，系统研究法律监督的概念、内涵、范围、程序和方式，以及法律监督内部运行、外部制约等机制，促进提高法律监督质效。

"四大检察"是新时代新征程检察机关法律监督的主体框架，也是检察工作进一步创新发展的基本格局。要聚焦完善检察机关法律监督体系，加大实践探索和理论研究力度，着力破解制约法律监督质效的难点问题。刑事检察要抓住刑事诉讼法修改的契机，主动融入以审判为中心的刑事诉讼制度改革，深入研究和推动完善刑事指控体系，切实加强对刑事立案、侦查、审判、执行等全流程的监督，进一步完善直接侦查、机动侦查、自行补充侦查等职能体系，依法惩罚犯罪、保护无辜，不枉不纵彰显法治正义。

民事检察要研究构建各级检察院有区分、有侧重、有统筹的一体履职、接续监督机制，着力加强民事诉讼监督、民事执行全程监督、虚假诉讼专项治理等工作。行政检察要持续做实以行政诉讼监督为重心，在行政诉讼监督中扎实有序推进行政违法行为监督，一体促进依法行政和公正司法。检察公益诉讼制度是习近平法治思想在公益保护领域的原创性成果。公益诉讼检察要牢牢抓住"公益保护"这个根本，紧紧扭住"可诉性"这个关键，研究细化以可诉性提升精准性、规范性的具体路径，持续抓好法定领域办案，做优做实新领域办案，切实维护国家利益和社会公共利益。配合全国人大常委会加快推进检察公益诉讼法立法进程，深入研究和论证检察机关在公益诉讼中的法律监督地位及其实现形式，促进提升公益诉讼检察工作法治化、规范化、专业化水平。

　　加强检察机关法律监督，要健全全面协调充分履职机制。当前，"四大检察"发展不够全面、不够协调，在检察理论研究上也有体现，尤其行政检察、知识产权检察、涉外检察等理论研究相对薄弱。要深入研究、不断完善全面协调充分履行法律监督职责的工作机制，研究运用"四大检察"的履职结构比，依程序办案与依职权监督的案件结构比，依程序移送、依申请受案与主动发现的案源结构比，在一个较长周期、较大范围内持续研究分析和科学运用，持续推动"四大检察"履职朝着更加全面、更加协调、更加充分的方向健康发展。

**　　四、持续推进习近平法治思想的检察实践必须紧紧围绕"努力让人民群众在每一个司法案件中感受到公平正义"这个目标，让"高质效办好每一个案件"成为检察履职办案的基本价值追求**

　　习近平总书记反复强调"努力让人民群众在每一个司法案件中感受到公平正义"，要求"所有司法机关都要紧紧围绕这个目标来改进工作"。这是习近平法治思想关于公正司法的原则性、基础性要求。检察机关怎么做实？载体和抓手是什么？最高检党组鲜明提出，将高质效办好每一个案件、"努力让人民群众在每一个司法案件中感受到公平正义"作为新时代新征程检察履职办案的基本价值追求。如何在实体上确保实现公平正义，在程序上让公平正义更好更快实现，在效果上让人民群众可感受、能感受、感受到公平正义，做到质量、效率、效果有机统一于公平正义，还需要进一步深化理论研究和实践探索。要进一步突出实践导向、强化履职引领。结合不同业务领域，研究完善高质效办案的具体标准和实现路径，推动构建实体、程序、效率、效果保障机制，从理念到理论、以理论促实践，确保检察机关办理的每一个案件都经得起法律、历史和人民的检验。

"高质效办好每一个案件"难在"每一个"，基础和着力点也在"每一个"。人民群众对公平正义的感知主要来自一个个司法案件。最高检党组提出，要善于从纷繁复杂的法律事实中准确把握实质法律关系，善于从具体法律条文中深刻领悟法治精神，善于在法理情的有机统一中实现公平正义，把"每一个案件"都办成高质效案件，要朝着这个目标坚持不懈努力去做。"三个善于"根本源于对习近平法治思想的领悟和践行，既是认识论也是方法论。要进一步加强研究探索，深刻认识"三个善于"的基本内涵，准确把握其法理基础、实践要求。要研究健全系统完备、科学高效、内外协同的检察工作机制，加强执法司法配合制约，形成高质效办案合力。要深入推进检察业务管理现代化，一体做实检察业务管理、案件管理、质量管理，科学处理宏观与微观、办理与管理、放权与控权、管案与管人等辩证关系，把业务管理、全面准确落实司法责任制、严格追责惩戒等贯通起来，强化内外部制约监督，确保检察权始终依法规范运行。要进一步引导检察人员将注意力和主要精力更加聚焦到高质效履职办案上。要加强数字检察实践与研究，聚焦"业务主导、数据整合、技术支撑、重在应用"，探索推动现代科技应用与传统监督方式有机结合，赋能监督办案提质增效。

五、持续推进习近平法治思想的检察实践关键靠一支德才兼备的高素质检察队伍，必须抓住领导干部这个"关键少数"

习近平总书记强调："法律的生命力在于实施，法律的实施在于人。"持续推进习近平法治思想的检察实践，必须锻造一支忠诚干净担当的检察铁军。要持续加强党的创新理论武装，学思践悟习近平法治思想，坚持党对检察工作的绝对领导，进一步在思想上、政治上、行动上坚定拥护"两个确立"，坚决做到"两个维护"。持续提高检察队伍革命化、正规化、专业化、职业化水平，深入研究一体提升政治素质、业务能力、职业道德水准的务实举措，不断加强高素质专业化检察队伍建设，让求真务实、担当实干成为新时代新征程检察人员的鲜明履职特征，更好担负起党和人民、宪法法律赋予的神圣职责。领导干部是检察工作的组织者、推动者和实践者，是必须牢牢抓住的"关键少数"。检察机关各级领导干部要深刻认识和掌握习近平法治思想的重大意义、核心要义、精神实质、丰富内涵和实践要求，做尊法学法守法用法的模范，做检察实践和理论研究的专家，确保习近平法治思想、全面依法治国各项任务在检察环节真正得到落实。检察官是法治工作队伍的重要组成部分，直接负责把"纸面上的法"变为"现实中的法"，是必须牢牢抓住的司法办案主体。要研究完善专业素能培养体系，健全岗位锻炼机制，与时俱进提高履职办案能力。要巩固深化党纪学习教育成果，按照党中央部署扎实开展深入贯彻中央八项规定精神学习教育，把纪律和规矩挺在前面，健全全面从严治检体系，完善一体推进"三不腐"、防治"灯下黑"机制，持续狠抓防止干预司法"三个规定"落实，确保司法公正廉洁。检察机关各级领导干部要始终严于律己、严负其责、严管所辖。

实践创新推进到哪里，理论研究就要跟进到哪里。在持续推进习近平法治思想的检察实践中，必然会遇到很多新情况新问题。这既需要以实践创新破解难题，也需要以理论研究提供支撑。党的二十届三中全会重点研究进一步全面深化改革、推进中国式现代化问题。最高检先后印发了《2023—2027年检察改革工作规划》《关于全面深化检察改革、进一步加强新时代检察工作的意见》，这是全面深化检察改革的基本框架。要跟进学习贯彻党中央最新部署，进一步加强检察改革科学谋划和效果评估，推动破除妨碍检察工作高质量发展的思想观念和机制弊端，让习近平法治思想的检察实践更加生动、更为深入。

持续推进习近平法治思想的检察实践，既是检察机关分内之事，也离不开法学理论界的大力支持。要持续深化检校共建，高质量建设检察研究基地，充分发挥理论研究咨政效能，形成各展所长、资源共享、协同创新的工作格局。要抓实成果产出与转化，因地制宜推出更多标志性、代表性研究成果，切实增强检察理论研究的权威性、影响力，促进研究成果在更大范围发挥效用。各级检察机关领导班子要把加强检察理论研究摆在突出位置，班子成员要领题研究、以上率下。要全面提升检察机关理论研究能力，引导检察人员把理论研究自觉融入日常履职，持续优化检察理论研究课题管理、成果推荐、创新激励等配套机制，切实让检察理论研究受重视、有地位、被鼓舞。

全国检察机关要更加紧密地团结在以习近平同志为核心的党

中央周围，坚持从政治上着眼、在法治上着力，紧紧围绕持续推进习近平法治思想的检察实践，不断提升检察理论研究质效，为推动检察工作高质量发展、更好支撑和服务中国式现代化提供更加有力的理论支撑！

最高人民检察院

2025 年 3 月

序　言

星光不负赶路人。欣闻《检察机关行刑反向衔接——原理·规则·实践》一书即将付梓，在此特向为组织编撰此书付出巨大心血和汗水的江苏省人民检察院、南京市人民检察院表示由衷的祝贺。相信本书的出版将为检察机关深入开展行刑反向衔接工作提供有益的理论指导和实践参考。

行刑衔接，也称"两法衔接"，是行政执法和刑事司法衔接，或者行政处罚和刑事处罚衔接的简称，包括行刑正向衔接和行刑反向衔接。行刑衔接制度是行政执法机关与司法机关加强衔接配合，共同推进法治中国建设的重要内容。这项制度建立初期，为了解决有案不移、有案难移、以罚代刑的问题，重点强调行政执法机关向司法机关移送涉嫌犯罪案件的单向移送，即正向衔接。经过二十多年的发展，行刑衔接目前进入双向衔接的新阶段。在加强行刑正向衔接的同时，为防止当罚不罚，行刑反向衔接也越来越受到重视，即对于依法不需要追究刑事责任或者免予刑事处罚，但是应当给予行政处罚的，司法机关应当将案件移送有关行政主管机关。

党的十八大以来，以习近平同志为核心的党中央高度重视健全行刑衔接机制，提出了一系列明确要求。2013年11月，党的十八届三中全会通过的《中共中央关于全面深化改革若干重大问题的决定》，将"完善行政执法与刑事司法衔接机制"作为全面深化改革的战略部署之一。2014 年 10 月，党的十八届四中全会通过的《中共中央关于全面推进依法治国若干重大问题的决定》提出，要"健全行政执法与刑事司法衔接机制，完善案件移送标准和程序，建立行政执法机关、公安机关、检察机关、审判机关信息共享、案情通报、案件移送制度，坚决克服有案不移、有案难移、以罚代刑现象，实现行政处罚与刑事处罚无缝衔接"。2021 年《中共中央关于加强新时代检察机关法律监督工作的意见》进一步对行刑反向衔接提出明确要求，强调"健全检察机关对决定不起诉的犯罪嫌疑人依法移送有关主管机关给予行政处罚、行政处分或者其他处分的制度"。我国《刑法》第 37 条、《刑事诉讼法》第 177 条和修改后的《行政处罚法》第 27 条也都对行刑反向衔接作出了明确规定。党的二十届三中全会通过的《中共中央关于进一步全面深化改革、推进中国式现代化的决定》强调"深入推进依法行政"，要求"完善行政处罚和刑事处罚双向衔接制度"。这对加强检察监督与行政执法衔接提出了新的更高要求。

　　检察机关在推动行政执法和刑事司法衔接中担负着双重责任，既要做好行刑正向衔接工作，监督行政执法机关依法移送涉嫌犯罪案件，防止以罚代刑；又要做好行刑反向衔接工作，对作出不起诉决定后需要给予行政处罚的案件向行政执法机关提出检察意见，防止当罚不罚。最高人民检察院党组和应勇检察长多次强调，要规范办理行刑反向衔接案件，坚持实事求是、依法监督，严格把握"可处罚性"原则，这为依法规范推进行刑反向衔接工作指明了方向。2023 年 7 月，最高人民检察院制定印发《关于推进行刑双向衔接和行政违法行为监督 构建检察监督与行政执法衔接制度的意见》，调整优化检察机关内部分工，明确将行刑反向衔接工作交由行政检察部门牵头负责。对于行政检察部门而言，这既是挑战，也是机遇。2024 年 11 月，最高人民检察院又制定印发《人民检察院行刑反向衔接工作指引》，严格把握"可处罚性"原则，指导各地准确把握处罚法定性和必要性，提升精准度，进一步保障和规范行刑反向衔接案件办理。全国检察机关行政检察人员不懈努力，办理了一大批行刑反向衔接案件，顺利实现了"接得住"的第一目标。据统计，2023 年全国检察机关对被不起诉人应受行政处罚的提出检察意见，移送主管机关处理 11.3 万人；2024 年全国检察机关对被不起诉人应受行政处罚的提出检察意见，移送主管机关处理 16.02 万人，同比增长 41.8%。行刑反向衔接案件办理已经成为基层行政检察的主要业务之一，也推动了行政检察办案规模持续扩大，使得"四大检察"的结构比更加均衡，有效助推了"四大检察"全面协调充分发展。

为把行刑反向衔接这项极具中国特色的法律制度落实落细，检察机关行政检察部门在"接得住"的同时，正在向"接得好"持续迈进。但从理论研究看，法学理论界对行刑反向衔接关注较少，总体上这项制度的研究还需要提升广度和深度。从检察实践看，如何严格把握"可处罚性"原则中的处罚必要性、如何对异地行政机关不采纳检察意见进行跟踪督促等，现有机制和实际操作还存在不少难题，需要进一步研究解决。

令人欣喜的是，本书的编者均为从事或研究行刑反向衔接工作的检察人员，本书聚焦行刑反向衔接理论和实践中的难题并多有回应，称得上是一本检察官写给检察官看的行刑反向衔接指导用书。全书共分为上、中、下三编，其中上编重点对行刑衔接发展历程进行简要回顾，阐明了行刑反向衔接的原理和基本类型，有助于读者理解行刑反向衔接的基本原理，构建基本理论体系，形成方法论。中编和下编从规则和实践的角度展开，从实际操作层面进行详细阐述，让读者可以按图索骥，实现办案中所需的法律适用和程序问题一键直达。本书的内容，既有规则提炼，又有经验总结，还有理论阐述，体现了理论和实践的深度融合。例如，上编专设一章论述备受实践关注的"可处罚性"审查，结合原理和案例，阐述了"可处罚性"原则的审查规则，具有较强的指导性。中编是具体的办案指南，手把手教检察人员如何开展调查核实、撰写检察意见书，甚至细到立卷归档。下编则选择了办案中最常见的罪名，分门别类对办案中争议的问题难点进行分析，提出解决之道。

涓涓细流，汇成江海。本书系全国检察机关第一部系统阐述行刑反向衔接工作的业务指导用书。江苏检察机关敢为人先，认真谋划、周密组织，确保了本书按期出版，体现了"走在前，做示范"的责任担当。在本书编写过程中，最高人民检察院行政检察厅给予了大力支持，向江苏检察机关提供了全国各地好的经验做法和相关机制文件，我也曾在赴江苏调研期间参加座谈，与编者一起研究书稿，提出修改完善意见。因此，本书不但是江苏检察机关行刑反向衔接工作经验做法和研究成果的系统集成，也是全国检察机关开展行刑反向衔接工作的智慧结晶。

理论是灰色的，而实践之树长青。在本书即将出版之际，再次对本书的出版表示祝贺，也对每一名为本书作出贡献的编者表示感谢。持续推进习近平法治思想的检察实践，高质效办好每一个案件，努力让人民群众在每一个司法案件中感受到公平正义，切实发挥行政检察监督的独特优势，助力依法行政，服务法治政府建设，需要更多能够回应实践难题又有理论深度的检察书籍，期待未来行政检察条线能够涌现出更多佳作。是为序。

最高人民检察院检察委员会委员、行政检察厅厅长
张相军
2025 年 3 月

目　录

上编　行刑反向衔接原理

下编　行刑反向衔接实践

上 编

行刑反向衔接原理

第一章　行刑衔接概述

"两法衔接"至今已经三十余年，取得了积极成效，其治理路径、实施效果也需要总结反思。[①] 党的二十届三中全会再次强调"完善行政处罚和刑事处罚双向衔接制度"，行刑衔接成为中国法治现代化的重要内容。当前，作为行刑衔接基本类型的行刑反向衔接，面临一系列新的难题亟待研究解决，规范推进行刑反向衔接是行政检察工作的重点。

第一节　行刑衔接的基本范畴

一、行刑衔接概念及其发展脉络

行刑衔接问题是典型的刑法与行政法交叉学科。行刑衔接的学理起源是行政刑法这个刑法与行政法交叉问题，有"行政刑法之父"之称的德国学者戈尔德斯密特，其理论的基点在于法与行政的关系、行政犯与刑事犯的关系，进而引申出行政违法与刑事违法、行政处罚与刑事处罚的关系问题。[②] "行刑衔接"概念就是在如何处理好行政违法与刑事违法、行政处罚与刑事处罚的关系问题的研究过程中逐步产生的。

[①] 参见谢小剑：《行政犯"行刑衔接"困境破解：从分离式到联动式》，载《中国法学》2024 年第 2 期。

[②] 参见刘艳红、周佑勇：《行政刑法的一般理论》，北京大学出版社 2008 年版，第 1 - 2 页。

上述问题至 20 世纪 90 年代逐渐引起理论上的重视，并孕育出"行刑衔接"这一概念。我国刑法学者张明楷在 1991 年系统阐述了行政刑法的理论，论述了刑罚处罚和行政处罚的关系。他指出，当同一违法行为不仅严重违反行政法规范，而且"情节严重"，触犯刑律时，即构成行政犯罪行为。行政犯罪的这种双重违法性又决定了其责任和处罚的双重性，即既要追究其刑事责任，给予刑罚处罚，又要追究其行政法律责任，进行行政处罚。① 刑法学者陈兴良在 1993 年专门撰文阐述行政处罚与刑罚处罚的关系，认为行政处罚与刑罚处罚是两种性质互异的法律制裁方法，行政处罚是对行政不法的制裁，而刑罚处罚则是对刑事不法的制裁。他指出，行政不法与刑事不法虽然存在社会危害性程度上的根本差别，但两者又有着不可分割的内在联系。行政犯实际上是由行政不法转化为刑事不法，具有行政不法与刑事不法的双重属性。他提出应当使行政法制与刑事法制互相协调，共同维护社会生活秩序，并对行刑衔接的内涵进行了阐述，行政机关在处理行政不法案件的时候，发现已经构成犯罪的，应当及时将构成犯罪的案件移送司法机关立案追究。在追究刑事责任以后，除前述刑事处罚吸收行政处罚以外，可以再行由行政机关予以行政处罚。② 1995 年，行政法学者刘莘直接以《行政刑罚——行政法与刑法的衔接》为题发表文章指出，作为部门法，行政法和刑法具有不同的功用和目的，但作为公法它们又有着相同的一面，都是保护国家利益的法，也都是由国家机关作为执法主体的法，两者不仅可以并行不悖地存在和发展，而且有着某种互相衔接的关系。这种"衔接"表现为在行政法中规定违法责任时，对违法情节严重或后果严重者往往规定依法追究刑事责任，即依刑法追究。③ 行政法学者周佑勇与刑法学者刘

① 参见张明楷：《行政刑法概论》，中国政法大学出版社 1991 年版，第 173 页。
② 参见陈兴良：《论行政处罚与刑罚处罚的关系》，载《中国法学》1992 年第 4 期。
③ 参见刘莘：《行政刑罚——行政法与刑法的衔接》，载《法商研究》1995 年第 6 期。

艳红夫妻二人在 1996 年和 1997 年先后合作发文对行刑衔接的立法和适用问题进行阐述。在立法上，他们提出：一是确立二者的适用范围以使之相衔接，二是协调二者的处罚轻重以使之相衔接。① 在适用上，他们提出：应遵循合并适用的原则，具体适用时又应视不同情况采取不同的办法予以衔接；在适用程序上应遵循刑事优先的原则，具体适用时，也应视不同情况注意其程序中的不同衔接关系。②

　　2000 年以后，"两法衔接"问题成为热点话题，刑法学界和行政法学界讨论的热度持续不减，"行刑衔接"概念获得广泛认同，并且得到官方认可。国务院在 2001 年 4 月出台《关于整顿和规范市场经济秩序的决定》，首次以文件的形式提出要加强"两法衔接"，其中在"健全市场法律法规，严格执法"部分指出，"加强行政执法与刑事执法的衔接，建立信息共享、沟通便捷、防范有力、查处及时的打击经济犯罪的协作机制，对破坏市场经济秩序构成犯罪行为的，及时移送司法机关处理。"该文件主要强调的是行政机关向司法机关移送衔接的问题。2001 年 7 月 9 日颁布《行政执法机关移送涉嫌犯罪案件的规定》（2020 年已被修订）；公安部于 2001 年 8 月 21 日印发《关于贯彻落实国务院〈行政执法机关移送涉嫌犯罪案件的规定〉加强案件受理、立案工作有关事项的通知》；最高人民检察院于 2001 年 12 月 3 日颁布《人民检察院办理行政执法机关移送涉嫌犯罪案件的规定》（已失效）；最高人民检察院、全国整顿和规范市场经济秩序领导小组办公室、公安部于 2004 年 3 月 18 日联合发布《关于加强行政执法机关与公安机关、人民检察院工作联系的意见》；最高人民检察院、全国整顿和规范市场经济秩序领导小组办公室、公安部、监察部于 2006 年 1 月 26 日联合发布《关于在行

_____

　　① 参见周佑勇、刘艳红：《试论行政处罚与刑罚处罚的立法衔接》，载《法律科学》1996 年第 3 期。

　　② 参见周佑勇、刘艳红：《论行政处罚与刑罚处罚的适用衔接》，载《法律科学》1997 年第 2 期。

政执法中及时移送涉嫌犯罪案件的意见》；国家环境保护总局、公安部、最高人民检察院于 2007 年 5 月 17 日联合发布《关于环境保护行政主管部门移送涉嫌环境犯罪案件的若干规定》（已失效）。

2006 年，最高人民检察院元明发表《行政执法与刑事执法相衔接工作机制总结》一文，对行政执法与刑事执法相衔接工作机制的建立和发展历程进行了阶段性总结，并对其内涵进行了界定。行政执法机关，是指依照法律、法规或者规章的规定，对破坏社会主义市场经济秩序、妨害社会管理秩序以及其他违法行为具有行政处罚权的行政机关，以及法律、法规授权的具有管理公共事务职能、在法定授权范围内实施行政处罚的组织，如工商、税务等。刑事执法机关，是指依法具有刑事执法权的组织，主要是公、检、法等执掌刑事法律、行使刑事追究权力的机关。相衔接原意指事物的首尾连接，在工作机制中是指在时间和空间上，行政执法和刑事执法不中断、不分割、不对立的相互关系和密切程度。[1] 周佑勇和刘艳红两位教授又于 2008 年全面阐述了建立行政执法与刑事司法相衔接的程序机制。[2]

此后，2011 年 2 月 9 日，中共中央办公厅、国务院办公厅以 8 号文件的形式转发了国务院法制办等部门《关于加强行政执法与刑事司法衔接工作的意见》；"两高"于 2013 年 6 月 17 日颁布实施《关于办理环境污染刑事案件适用法律若干问题的解释》（已失效）；2013 年 11 月 12 日，党的十八届三中全会通过的《中共中央关于全面深化改革若干重大问题的决定》，特别强调"深化行政执法体制改革。整合执法主体，相对集中执法权，推进综合执法，着力解决权责交叉、多头执法问题，建立权责统一、权威高效的行政执法体制。减少行政执法层级，加强食品

---

[1]　参见元明：《行政执法与刑事执法相衔接工作机制总结》，载《国家检察官学院学报》2006 年第 2 期。

[2]　参见周佑勇、刘艳红：《行政执法与刑事司法相衔接的程序机制研究》，载《东南大学学报·哲学社会科学版》2008 年第 1 期。

药品、安全生产、环境保护、劳动保障、海域海岛等重点领域基层执法力量。理顺城管执法体制，提高执法和服务水平。完善行政执法程序，规范执法自由裁量权，加强对行政执法的监督，全面落实行政执法责任制和执法经费由财政保障制度，做到严格规范公正文明执法。完善行政执法与刑事司法衔接机制。"2014 年 10 月 23 日，党的十八届四中全会通过的《中共中央关于全面推进依法治国若干重大问题的决定》进一步提出，"健全行政执法和刑事司法衔接机制，完善案件移送标准和程序，建立行政执法机关、公安机关、检察机关、审判机关信息共享、案情通报、案件移送制度，坚决克服有案不移、有案难移、以罚代刑现象，实现行政处罚和刑事处罚无缝对接"的要求。此后国家和地方层面出台众多规范性文件。"行刑双向衔接"的概念逐步形成。2021 年 6 月 15 日，中共中央发布的《关于加强新时代检察机关法律监督工作的意见》强调，"健全行政执法和刑事司法衔接机制。完善检察机关与行政执法机关、公安机关、审判机关、司法行政机关执法司法信息共享、案情通报、案件移送制度，实现行政处罚与刑事处罚依法对接。"2021 年 9 月 6 日，最高人民检察院发布《关于推进行政执法与刑事司法衔接工作的规定》（高检发释字〔2021〕4 号），进一步统筹规定行刑案件双向衔接机制，突出司法机关的主导地位。2023 年 7 月，最高检下发《关于推进行刑双向衔接和行政违法行为监督 构建检察监督与行政执法衔接制度的意见》。2024 年 7 月，党的二十届三中全会再次强调"完善行政处罚和刑事处罚双向衔接制度"。

从上述发展历程可以对"行刑衔接"的概念进行概括。"行刑衔接"是行政执法和刑事司法相衔接的简称，也被称为"两法衔接"，基本内涵是指行政与刑事之间的相互衔接、对接，其基本内容包括从行政到刑事和从刑事到行政的双向衔接，其本质内涵是解决行政违法与刑事违法、行政处罚与刑事处罚的关系问题。

二、行刑衔接的理论分类

从不同的角度，可以对行刑衔接作出不同的分类，并具有不同的意义和功能。具体分为以下几种类型。

（一）正向衔接与反向衔接

从行刑衔接的方向角度，可以分为正向衔接和反向衔接。行政机关在执法过程中发现涉嫌犯罪的案件移送刑事机关（以下涉及公安机关、监察机关、检察院、法院统称为刑事机关）给予刑事处罚，此为正向衔接；刑事机关在办理刑事案件过程中或办结后，对于需要给予行政处罚的案件移送行政机关，此为反向衔接，反向衔接又称逆向衔接。[①] 正向衔接致力于解决"以罚代刑"问题，也就是行政机关在执法过程中发现所办理的案件，明明是可能涉嫌犯罪的，而不移交刑事机关，仅以行政处罚"一罚了之"；反向衔接致力于解决司法机关将不构成犯罪或不需要判处刑罚，但是需要给予行政处罚的案件，移送行政机关。我国《行政处罚法》第 27 条规定了正向衔接和反向衔接，该条第 1 款规定："违法行为涉嫌犯罪的，行政机关应当及时将案件移送司法机关，依法追究刑事责任。对依法不需要追究刑事责任或者免予刑事处罚，但应当给予行政处罚的，司法机关应当及时将案件移送有关行政机关。"与德国的《违反秩序法》第 41 条的规定具有相似之处，行政机关于案件涉嫌刑事犯罪行为时，将案件移送检察机关；检察机关不采取刑事程序者，将案件送回行政机关。

---

① 参见周佑勇：《行政执法与刑事司法的双向衔接研究——以食品安全案件移送为视角》，载《中国刑事法杂志》2022 年第 4 期；张红：《行政处罚与刑罚处罚的双向衔接》，载《中国法律评论》2020 年第 5 期。

（二）立法衔接与司法（执法）衔接

按照立法与司法（执法）的分野，可以将行刑衔接分为立法行刑衔接和司法（执法）行刑衔接。立法行刑衔接，是指行政处罚与刑事处罚在立法上就其适用范围和处罚轻重进行有序衔接。所谓适用范围，即对违法行为，在何种条件下应设定行政处罚，何种条件下又应设定刑罚处罚。我国主要根据社会危害性大小来决定适用范围。在刑法理论上，刑法谦抑性原理决定了刑法是包括行政法在内的其他法的保障法，具有最后手段性，只有在其他法难以规制的时候才动用刑法。对于立法上的行刑衔接来说，通过行政处罚难以规制某种行为时才设置刑罚处罚。行政处罚与刑罚处罚之间在轻重上应当互相衔接，协调一致。这主要表现为处罚内容相近似的罚款和罚金间的数额衔接和人身自由罚与自由刑间的期限衔接，而对于处罚内容不相同的能力罚与财产刑、自由刑等相互之间，虽然在适用上存在衔接，但因处罚内容不同，在责任轻重的衔接、统一问题上其内容不会发生冲突。在立法形式上，涉及是采用散在型立法，就是在行政法中设置独立的罪名和刑罚，附属刑法；还是采用单一的刑法典模式，罪名和刑罚只能在刑法典中，其他行政法只能设立引用式条款。① 司法（执法）行刑衔接，是指办理案件法律适用上的衔接，包括司法机关的法律适用和行政机关的执法适用，这里涉及先刑后行即刑事优先，还是先行后刑即行政优先的问题。对于是刑事优先还是行政处理优先，一直有不同见解，部门规章的规定也存在分歧。比如《公安机关办理行政案件程序规定》第 65 条规定："对发现或者受理的案件暂时无法确定为刑事案件或者行政案件的，可以按照行政案件的程序办理"；而《道路交通安全违法行为处理程序规定》第 51 条规定："交通肇事构成犯罪的，应当在人民法院判决后及时作出处罚决定。"

---

① 参见周佑勇、刘艳红：《试论行政处罚与刑罚处罚的立法衔接》，载《法律科学》1996 年第 3 期。

（三）实体衔接与程序衔接

按照实体与程序的范畴对行刑衔接进行分类，可以分为实体上的行刑衔接与程序上的行刑衔接。实体上的行刑衔接主要是指给予何种处罚以及处罚轻重的衔接问题。这里涉及一个重要的问题是"一事不两罚"及行刑处罚折抵问题。比如行政机关已经给予罚款处罚的行为，还能不能再次作为刑事犯罪处理，比如多次盗窃未经处理的，直接按照《刑法》第264条的"多次盗窃"处理比较顺畅，但是如果多次盗窃中部分已经行政处罚，还能否作为刑法中的"多次盗窃"进行评价？行政罚款或行政拘留，能否作为刑事罚金或自由刑进行折抵？这些问题，无论是理论上还是实践中都存在争议。程序上的行刑衔接，主要是指衔接机制、移送程序、处理程序以及证据转化问题。这是行刑衔接具体操作层面的问题，至关重要，因此有学者指出行刑衔接的核心是程序问题。[①]

关于证据的转化衔接问题。从正向衔接的角度来说，言词性证据、主观性证据应当在刑事立案后重新提取，原理在于刑事证据的要求高于行政执法证据。当然，对于书证、物证、电子数据等客观性证据，由于具有稳定性和客观性，取证手段对证据的客观性影响不大，所以可以不经转化而进入刑事诉讼程序。《刑事诉讼法》第54条的规定表明，物证、书证、视听资料、电子数据等在行政执法过程中收集的，可以不经过转化直接作为刑事证据使用。需要注意的是，这里的"可以作为证据使用"是指不经过转化而进入刑事诉讼，并不意味着当然具有证据能力。证据能力是指"可以作为定案根据使用"。"可以作为（刑事诉讼）证据使用"与"可以作为定案根据使用"是完全不同的两个概念，前者是指证据要不要转化后进入刑事诉讼程序，后者是指证据能力。换言之，行政机关调取的书证、物证、视听资料、电子数据进入刑事诉讼

---

① 参见刘艳红、周佑勇：《行政刑法的一般理论》，北京大学出版社2008年版，第176页。

后，依然需要被审查其证据能力，如果是非法证据的，依然要排除。最高人民检察院的立场也是明确的，认为这里的"可以作为证据使用"，应"是指这些证据具有进入刑事诉讼的资格，不需要再次履行取证手续。但这些证据能否作为定案的根据，还需要根据刑事诉讼法的其他规定，经由检察机关审查判断后才能确定其能否作为定案的根据"。① 比如，对于行政执法过程中调取的物证、书证无法证明其来源，或者收集过程严重违法影响到其真实性的，依然要适用非法证据排除规则。比如，下面这个案例：

【案例 1 – 1：喻某某污染环境案】

被告人喻某某注册成立某再生资源有限公司，伙同其妻赵某等人租用一仓库，无证从事废旧电瓶的回收、处理、二次销售等。在经营过程中，多次将废旧电瓶中未经处理的、含有大量重金属铅的强酸废液（重金属含量及 pH 值均严重超标）直接倒入下水道中，严重污染环境。

此案是媒体暗访发现线索后向当地环保部门举报才案发的。环保部门到达现场进行查处，环保执法人员临时从倾倒电池废液的地上捡了个容器，用该容器从下水道中提取了样本，后对该样本进行检测并出具检测报告。这里随意捡取的容器可能受到污染，其提取样本来源存在问题，其检测结果的准确性必然会受到影响。因此，这里涉及两个行政执法证据能否直接使用的问题：一是样本能否直接使用，二是以该样本物证为基础的检测报告能否使用。表面上看，这里的样本是行政执法中提取的物证，但是由于这个物证提取过程违法，导致物证可能受到污染，在实质上违反了真实性规则，因此不具有证据能力，不能作为定案根据。

从反向衔接的角度来说，由于刑事案件的取证要求、证据标准高于行政案件，因此刑事证据无论是言词性证据还是客观性证据原则上都可

① 孙谦主编：《〈人民检察院刑事诉讼规则（试行）〉理解与适用》，中国检察出版社 2012 年版，第 56 页。

以直接作为行政执法的证据使用，司法机关反向移送时，应当将证据材料一并移送。《公安机关办理行政案件程序规定》第 33 条规定："刑事案件转为行政案件办理的，刑事案件办理过程中收集的证据材料，可以作为行政案件的证据使用。"同样需要说明的是，这里的"可以作为行政案件的证据使用"，也是指不经转化进入行政执法程序，但是并不当然可以作为行政处罚的依据，如果刑事案件中作为非法证据排除的、无证据能力的证据，不能作为行政处罚的依据，行政机关同样应当进行审查。

第二节　行刑反向衔接的基本问题

一、行刑反向衔接的内涵及其产生背景

行刑反向衔接又称行刑逆向衔接，是相对于行刑正向衔接而言的，是指刑事机关将正在办理或已经办理终结的案件移送行政机关处理，其背后的基本法理还是刑罚处罚与行政处罚的关系问题。2024 年 11 月 26 日最高人民检察院公布《人民检察院行刑反向衔接工作指引》，第 2 条规定："本指引所称行刑反向衔接是指人民检察院对决定不起诉的案件，经审查认为需要给予被不起诉人行政处罚的，及时提出检察意见，移送有关行政主管机关，并对案件处理情况进行跟踪督促。"可见，检察机关的反向衔接主要是针对不起诉案件而言的。

行刑双向衔接初期主要关注点是正向衔接，致力于解决行政执法机关该移不移、以罚代刑的问题。近年来，行刑反向衔接引起了各界重视，成为热门话题。行刑反向衔接引起重视的动因有两个方面。

一是轻刑化趋势。轻刑化趋势一方面表现为轻罪案件的增多，另一方面表现为刑罚处罚严厉程度降低，不起诉案件增多。据最高检统计，

1999 年至 2019 年二十年间，严重暴力犯罪案件数和重刑率大幅下降，被判处 3 年有期徒刑以上刑罚的占比从 45.4% 降至 21.3%；以醉酒驾驶等为代表的轻微犯罪率大幅上升，危险驾驶罪成为"一号罪名"；2024 年 1 至 9 月，全国法院判处 5 年有期徒刑以上刑罚的罪犯 8.4 万人，重刑率仅为 7.10%；判处 3 年有期徒刑以下刑罚的罪犯 103 万人，占比高达 87.41%。[①] 不起诉的案件大幅增加，2019 年对犯罪情节轻微、依法可不判处刑罚的决定不起诉 144154 人；对侦查、审判中不需要继续羁押的，建议取保候审 75457 人，较五年前上升 279%。[②] 2023 年全国检察机关共决定起诉 168.8 万人，不起诉 57.8 万人，不诉率为 25.5%。[③] 这也是世界各国的普遍趋势，例如德国，2021 年德国检察机关共处理 4879786 起案件，按照正常程序起诉的仅占 7%，刑事处罚令处理的占 11%，因缺乏犯罪嫌疑而终止程序（类似于我国的存疑不起诉）的案件占 30%，因轻微罪行而终止程序（类似于我国的相对不起诉）案件占 24%，依附条件终止程序（类似于我国的附条件不起诉）案件占 3%，其他处理方式占 25%（如与其他罪行合并，移交另一检察机关等）。如果将其他处理方式排除在外，最终进入法院审理程序的案件比例为 24%，也就是说有 76% 的案件由检察机关不起诉。[④] 因此，"有罪未必要给予刑罚处罚"成为轻微犯罪案件处理的常态。但是很多案件虽然刑罚处罚可免，但是需要给予必要的行政处罚、非刑罚处罚作为替代措施，这样行刑反向衔接就应运而生了。

----

① 参见《最高人民法院公布 2024 年 1–9 月司法审判工作主要数据》，载最高人民法院微信公众号，https：//mp.weixin.qq.com/s/OMZSb–I0Qb4WxxJJec_XKQ，2024 年 10 月 16 日。

② 参见张军：《最高人民检察院工作报告——2020 年 5 月 25 日在第十三届全国人民代表大会第三次会议上》，载《最高人民检察院公报》2020 年第 3 期，第 4–5 页。

③ 参见《共决定起诉 168.8 万人最高检发布 2023 年全国检察机关主要办案数据》，载北青网，2024 年 3 月 10 日。

④ 数据来源于本书副主编李勇于 2024 年 10 月 23 日至 10 月 29 日，赴德国和法国考察轻罪司法制度时所获资料。

二是行政犯增加的趋势。随着风险社会的来临，国家行政管理的需求越来越高，行政权介入社会生活的面广且深，行政犯大幅增加。一方面体现在立法上，我国刑法修正案增设的新罪名大多是行政犯。刑法罪名由 1979 年的 129 个增加到现在的 483 个，增加、修改的罪名主要集中在破坏社会主义市场经济秩序罪和妨害社会管理秩序罪两章，这两章的罪名基本上都是行政犯。十二个刑法修正案，新增犯罪类型也以行政犯为主。另一方面体现在司法上，行政犯案件大幅增加。1999 年至 2019 年二十年间，行政犯案例大幅上升，扰乱市场秩序犯罪增长 19.4 倍，生产销售伪劣商品犯罪增长 34.6 倍，侵犯知识产权犯罪增长 56.6 倍。[1]

二、行刑反向衔接面临的基本问题

行刑正向与反向衔接貌似对称，但细致观察下会发现二者的重点、难点大不相同。在现有制度框架下，反向衔接面临的阻力与困难远超正向衔接。[2] 这些难题既包括理论上的困惑，也包括实践操作规则的空缺，下文主要讨论理论上的难题。

（一）"不刑就行"问题

行刑反向衔接是一个刑法与行政法交叉的问题，无论是检察机关的刑事检察部门还是行政检察部门，无论是刑法学界还是行政法学界，对行刑反向衔接的认识都需要一个过程。在行刑反向衔接工作开展的初期，"不刑就行"的误区广泛存在。"不刑就行"的"刑"是指刑罚处罚，"行"是指行政处罚，所谓"不刑就行"是指对于行为人的犯罪行

---

① 参见张军：《最高人民检察院工作报告——2020 年 5 月 25 日在第十三届全国人民代表大会第三次会议上》，载《最高人民检察院公报》2020 年第 3 期，第 4-5 页。

② 参见刘艺：《检察机关在行刑反向衔接监督机制中的作用与职责》，载《国家检察官学院学报》2024 年第 2 期。

为轻微，通过不起诉等免除刑罚处罚，但是必须给予行政处罚。一些地方检察机关开展专项行动，强调不起诉案件刑事处罚可免，但行政处罚必不可少，绝不能"不刑不罚"。① 实践中出现"不刑就行""不刑也得行"② 等说法，更加令人匪夷所思的是，有些地方公然宣传"小错也得罚"③，这些说法，言下之意就是刑罚处罚可免，但行政处罚不可赦。

实际上，这种"不刑就行"的观念是错误的。首先，从法理上来说，"不刑就行"违反比例原则。比例原则是包括行政法在内的公法之"帝王原则"，比例原则包括必要性原则，要求行政权的行使应尽可能使相对人的损害保持在最小的范围内。④ 其次，从法律规定来看，《刑法》第 37 条规定："对于犯罪情节轻微不需要判处刑罚的，可以免予刑事处罚，但是可以根据案件的不同情况，予以训诫或者责令具结悔过、赔礼道歉、赔偿损失，或者由主管部门予以行政处罚或者行政处分。"这里强调"可以根据案件的不同情况"，而且在行政处罚或者行政处分之前还规定了更温和的如训诫、责令具结悔过、赔偿损失等非刑罚处罚措施，无论如何都无法得出"不刑就行"的结论。《刑事诉讼法》第 177 条第 3 款规定，"人民检察院决定不起诉的案件……对被不起诉人需要给予行政处罚、处分或者需要没收其违法所得的，人民检察院应当提出检察意见，移送有关主管机关处理。有关主管机关应当将处理结果及时

---

① 参见王金文：《先行先试打造行刑反向衔接"福建样本"》，载《检察日报》2023 年 12 月 13 日，第 7 版。

② 参见《以案释法｜不"刑"也得"行"，行刑反向衔接实现"罚当其错"》，载微信公众号"红河政法"，https://mp.weixin.qq.com/s/1Vr8xwED45s5Z_ilEKZdng，2024 年 5 月 29 日；《以案释法，不"刑"就"行"！行刑反向衔接实现"罚当其错"》，载古交市人民检察院微信公众号，https://mp.weixin.qq.com/s/4G2XSABHQYJwmZMCnplrQA，2024 年 5 月 16 日。

③ 参见《新时代检察宣传周："小错也得罚"，不"刑"非不罚，行刑反向衔接实现"罚当其错"》，载微信公众号"北京市检一分院"，https://mp.weixin.qq.com/s/3WCNlGx9j92fs9ZEzGh7SQ，2024 年 7 月 15 日。

④ 参见周佑勇：《行政法基本原则研究》，法律出版社 2019 年版，第 196 – 200 页。

通知人民检察院。"这里同样强调"需要给予行政处罚、处分……的"，也即强调进行必要性审查，审查是否需要给予行政处罚。最高人民检察院《关于推进行政执法与刑事司法衔接工作的规定》第8条规定："人民检察院决定不起诉的案件，应当同时审查是否需要对被不起诉人给予行政处罚"。这里也明确要求进行必要性审查。2024年9月，最高检提出行刑反向衔接要严格把握"可罚性"原则。① 最后，从实践办案效果看，盲目、机械反向移送会影响案件办理效果。例如，邻里纠纷引发的故意伤害案件，双方已经和解，检察机关作出相对不起诉后，如果再移交公安机关给予行政拘留的行政处罚，不仅没有必要，反而会进一步激化矛盾，将刑事和解的功能和效果抵消。在案件侦查过程中，已经被刑事拘留的犯罪嫌疑人、被告人，在相对不起诉决定宣布或免除刑罚宣判时就没有必要再建议行政机关给予人身自由的处罚。比如下面这个案例：

【案例1-2：杨某某盗窃案】

杨某某与被害人徐某某系情侣关系。2023年4月7日，杨某某趁徐某某不备，使用徐某某手机并测试出手机微信支付密码后，将徐某某微信内的人民币3150元转入其本人微信，事后将转账记录删除。2023年4月9日，杨某某经公安机关电话通知到案后如实供述了其盗窃犯罪事实。案发后，杨某某已赔偿徐某某全部损失并取得谅解。

检察机关经审查认为，杨某某实施盗窃犯罪行为，但杨某某系在校学生，与被害人具有特殊关系，犯罪数额不大，情节轻微，具有自首、认罪认罚等情节，对杨某某作出相对不起诉决定。案件讨论时，大多数意见认为应当移送行政处罚，但是承办人顶住压力，坚持认为杨某某系在校学生，犯罪情节轻微，与被害人已经和解，一旦给予行政处罚会导致开除学籍，社会效果不佳，违反必要性原则，无须再给予行政处罚，

---

① 参见《让检察工作进一步回归到高质效办案本职本源上来》，载《检察日报》2024年9月2日，第1版。

并与学校合作跟踪教育该学生，该学生成功毕业并顺利就业，案件办理取得积极成效。

（二）"行刑倒挂"问题

刑罚作为最严厉的制裁措施，严厉程度理应高于行政处罚，但是目前行政处罚重于刑罚处罚的现象并不罕见，被形象地称为"行刑倒挂"。一些轻微犯罪案件，违法行为在财产制裁、人身自由限制等方面承担的行政处罚比刑事处罚还要重。例如，盗窃、诈骗、故意毁坏财物、故意伤害（轻伤）等轻罪案件中，行为人被提起公诉，一般会判处缓刑，但若行政处罚，则会被科以 15 日以下的行政拘留而失去人身自由。这种"倒挂"现象在经济犯罪领域更加明显，如一位农民宰杀自家养殖的猪，卖了 0.6 公斤的猪肉，获得 30 余元。市场监管部门以未经检疫为由，罚款 10 万元。① 这种处罚结果让人难以接受。《食品安全法》第 123 条规定，经营未按规定进行检疫的肉类，货值金额不足 1 万元的，处 10 万元以上 15 万元以下罚款。在行政机关看来，上述案件 10 万元罚款已经是最低限度了，但实际上如此高额的罚款远超刑法的罚金。按照《刑法》第 143 条和第 144 条以及"两高"《关于办理危害食品安全刑事案件适用法律若干问题的解释》第 21 条等规定，即使构成犯罪，也只是判处生产、销售金额二倍以上罚款，不满 1000 元的罚金数额一般为 1000 元，这与 10 万元的行政罚款相比，可谓天壤之别。这样的天价罚款案屡见不鲜，导致一些行为人宁愿接受刑事处罚（可能获得缓刑），也不愿接受天价行政罚款。

如果涉案的是企业，"倒挂"导致的问题更为严重。对于企业而言，行政处罚中的资格罚、信用惩戒会导致银行贷款授信受阻、订单取消，几乎是"死刑"。一些企业宁愿关门倒闭重新注册，也不愿意承担这

---

① 参见《农村杀猪卖猪肉竟成"重罪"，无辜田老汉被罚 10 万元，天理何在》，载网易新闻，https：//www.163.com/dy/article/I96LL2PJ0553RM0E.html，2023 年 7 月 9 日。

"不可承受之重"的行政处罚。

(三) "双重处罚"问题

禁止双重处罚原则是公法的基本原则之一，又称"一事不两罚""禁止双重危险"，其发轫于罗马法的"一事不再理"，其基本内涵为"任何人不因同一犯罪再度重复受罚"。"禁止双重危险"包括：（1）同一行为无罪确定后禁止再行追诉；（2）同一行为定罪确定后禁止再行追诉；（3）禁止同一行为多重处罚（包括实体和程序上的双重处罚）。① 可见，禁止双重危险的核心在于禁止对行为人不利的重复处罚。

在同一种性质的处罚中，同一行为不受两次以上处罚，并无争议；但是在不同种性质的处罚中，同一行为能否给予两种不同的处罚就产生了争议。行政处罚与刑事处罚分属不同性质的处罚，同一个行为能否同时给予行政处罚和刑事处罚，理论上存在一定的争议。传统观点把行政处罚与刑事处罚界定为两种性质不同的制裁，必然得出可以并罚的结论，但是这种观点未必符合法律规定，《行政处罚法》以及国务院《行政执法机关移送涉嫌犯罪案件的规定》均规定，行政执法机关向公安机关移送涉嫌犯罪案件前，已经依法给予当事人罚款的，人民法院判处罚金时，依法折抵相应罚金。美国 1989 年 Halper 案判决指出，在评价是否构成重复处罚时，刑事还是民事这种标准并不是最重要的，刑罚的概念跨越了民事法和刑事法两个领域。无论是民事制裁②还是刑事制裁，只要在具体案件中服务于刑罚目的，其性质就是刑罚。刑罚的目的是报应和预防，只要民事制裁是用于报应和预防就是刑罚，二次处罚就是违反"禁止重复处罚"原则。③ 实践中重复处罚的现象也存在，这是值得反思的。

---

① 参见邱忠文：《由禁止双重危险概念论案件单一性及同一性》，载《月旦法学杂志》2009 年第 173 期。

② 此处的"民事制裁"相当于我国的行政处罚。

③ 参见〔日〕佐伯仁志：《制裁论》，丁胜明译，北京大学出版社 2018 年版，第78 页。

第三节　行刑反向衔接的基本原理

当前，行刑反向衔接一般被认为是一种工作机制，但是"没有理念的技术是一种威胁，没有技术的理念是一团糟"。[①] 缺乏理论基础、基本原理支撑的工作机制很容易走进误区，故此有必要性探究行刑反向衔接的基本原理。

一、法秩序统一原理

无论是行政处罚还是刑罚处罚都是国家制裁体系的一部分，无论是行政法还是刑法都是国家法制体系的组成部分。根据法秩序统一原理，不同部门法、不同法律制裁措施之间应该相互协调，更何况行政法与刑法都是作为公法，二者之间存在阶层递进关系。因此，包括行刑反向衔接在内的行刑衔接是法秩序统一原理的必然要求。

（一）法秩序统一原理的基本内涵

法秩序统一原理，又称法秩序统一性原理、法秩序一致性原理，基本内容是各法律之间的一致性和协调性，强调法律之间的非矛盾性。德国学者恩吉希（Engisch）首次系统地阐释了法秩序统一原理，他认为，只有统一有序的法律体系才能给人们的行为提供稳定预期，进而实现法作为行为规范的安定性和预测可能性。法秩序统一性原理强调整体法秩序内部是统一与协调，也就是部门法之间不存在内在矛盾，[②] 对具体案

---

① See William Twining, Taking Skills Seriously, Commonwealth Law Bulletin Vol. 12 (January 1986)：235（231−235）.

② 参见周光权：《法秩序统一性的含义与刑法体系解释——以侵害英雄烈士名誉、荣誉罪为例》，载《华东政法大学学报》2022 年第 2 期。

件进行个别判断的同时，也必须从全体法秩序的观点出发进行判断。①
法秩序统一性原理以法的安定性为核心，强调不同法规范之间的协调
性、法规范之间的无矛盾性。因为，对于公民来说，相互矛盾的规范是
无法理解的，侵害公民的预测可能性。"当在任何一个法律领域中得到
许可的一种举止行为，仍然要受到刑事惩罚时，那将会是一种令人难以
忍受的价值矛盾，并且也将违背刑法作为社会政策的最后手段的这种辅
助性。"②

现代法治国家以宪法为"母法"作为最高效力层级，依次递进形成
一个自上而下的具有阶层构造的法规范体系，位于上一层级的法律，其
效力优于下一层级，下一层级的法律不得与上一层级相冲突。具有阶层
构造而存在的法规范形成一个体系的时候被称为"法秩序"。一个法秩
序应当是一个统一的体系，不同的部门法按照各自不同的原理而形成独
立的法领域，这些不同的领域应当相互之间没有矛盾，具有统一性。③
同一层级的不同法域、部门法之间相互交织、相互协调。这里比较特殊
的是刑法与其他法之间的关系，从法秩序构造上看，刑法与民法、行政
法都属于宪法之下的法律，效力位阶处于同一个层次，但是刑法具有
"保障法""最后手段"的属性。"行政法—刑法"是阶层递进关系。从
司法的角度来说，当某种行为用民法和行政法不足以规制时才会动用刑
法；同样，当某种行为在民法、行政法上是允许的，就不会进入刑法规
制范围。如果将民法和行政法中允许的行为作为犯罪来处理，就违反了
法秩序统一的原理。就行刑衔接而言，以下情形都是违背法秩序统一性
原理的：一是行政法与刑法之间的处罚"倒挂"；二是处罚过剩，比如

---

① 参见［日］京藤哲久：《法秩序的统一性与违法判断的相对性》，王释锋、甄
贞译，载《苏州大学学报（法学版）》2020年第1期。

② ［德］克劳斯·罗克辛：《德国刑法学总论（第1卷）》，王世洲译，法律出版
社2005年版，第397页。

③ 参见［日］曾根威彦：《刑法学基础》，黎宏译，法律出版社2005年版，第
212页。

"小过重罚";三是处罚不足,即该处罚的没有处罚。

(二)法秩序统一性原理在行刑反向衔接中的运用

对于行刑衔接来说,法秩序统一性原理的目标是"实现行政处罚和刑事处罚协同有序",就是要通过行刑衔接制度的运转,实现行政法与刑事法在行政犯处置上的统一适用,维护两法之间的秩序和谐,从而为法律规制对象提供一个稳定而可预测的整体。当前的主要问题在于反向衔接不畅,具体来说:一是构成犯罪但因情节轻微而作出不起诉决定的案件,既存在该给予替代性行政处罚的而没有给予,也存在重复处罚以及过度给予行政处罚的问题;二是不构成犯罪但是具有行政违法嫌疑的线索,不能顺畅流转到行政机关而导致应该承担的行政责任落空;三是即使检察机关反向移送行政机关,行政机关是否落实处罚措施,缺乏必要的跟踪监督。这些问题在一定程度上割裂了刑法与行政法的统一实施,违反法秩序统一性原理。

检察机关内部开展行刑衔接工作也要遵循法秩序统一性原理,准确把握刑事检察与行政检察的递进关系。行政法维护的是行政秩序,刑法中行政犯保护的法益也是秩序,都属于公法范畴。行政犯的典型特点是双重违法性——行政违法性和刑事违法性,但行政违法性与刑事违法性不是平行关系,而是递进关系。行政违法性在前,刑事违法性在后,一个行为如果在行政法上是合法的,就不可能具有刑事违法性,只有具备了行政违法性,才可能具有刑事违法性,这是行政犯的从属性;但具有行政违法性,也不一定当然具有刑事违法性,只有法益侵害达到值得动用刑法保护的程度时,才具有刑事违法性,这是行政犯的独立性。行政犯的从属性与独立性原理决定了刑事检察与行政检察的紧密关联,即行政执法机关发现违法行为可能具有刑事违法性时,应当正向移送司法机关,如果不正确行使行政权不予移送,行政检察有权监督;同样,检察机关在办理刑事案件过程中发现某种行为需要给予行政处罚的,应当反向移送行政机关处罚，如果行政机关应罚不罚、"小过重罚"等不正确行使职权，检察机关亦有权进行监督。

二、行政犯原理

传统的刑事犯，如盗窃、诈骗等也存在行刑反向衔接问题，但是行政犯的行刑反向衔接存在的问题更多，值得研究的理论和实践问题也更多。

（一）行政犯的内涵

行政犯是什么？行政犯与法定犯是什么关系？其实，行政犯与法定犯是两个不同的概念，行政犯与刑事犯相对应，法定犯与自然犯相对应。有必要对这两组不同概念进行区分。

自然犯与法定犯的区分来源于意大利犯罪学家加罗法洛，加罗法洛在《犯罪学》中正式提出了自然犯与法定犯的概念。他对自然犯是这样解读的："在一个行为被公众认为是犯罪前所必需的不道德因素，是对道德的伤害，而这种伤害又绝对表现为对怜悯和正直这两种基本利他情感的伤害。我们可以确切地把伤害以上两种情感之一的行为称为'自然犯罪'"。① 与此相对，"法定犯即无须证明他们缺少社会普遍为人们提供的道德感。被排除的犯罪常常仅是侵害了偏见或违反了习惯，或只是违背了特定社会的法律。"② 因此，自然犯与法定犯的区分来自于犯罪学上的分类，自然犯是侵害了普遍的道德情感，除自然犯之外的侵害了特定的法律属于法定犯。

行政犯与刑事犯的区分来自于德国的"警察犯"概念。行政犯与行

---

① ［意］加罗法洛：《犯罪学》，耿伟、王新译，中国大百科全书出版社1996年版，第44页。

② ［意］加罗法洛：《犯罪学》，耿伟、王新译，中国大百科全书出版社1996年版，第53页。

政刑法属于同一个范畴。一般认为，1794 年普鲁士法律大典中就有了把犯罪刑法与警察刑法（或者行政刑法）加以区分的做法了。在 1813 年 5 月 6 日颁布的由费尔巴哈主持制定的巴伐利亚刑法典中，也采纳了这种把轻微违法（违法秩序罚）与刑事法区别开来的做法。该法第 2 条第 4 款规定："违反秩序的处罚，作为惩罚，应当对威胁或者损害了公共安宁和秩序，但还没涉及国家和公民权利的作为与不作为判处"。早期的德国刑法理论并没有明确区分秩序罚与刑事犯的界限。在 1813 年巴伐利亚刑法典之后，在 1869 年的德国统一关税法中才提出一个含糊而不成体系的区分界限。1871 年德国刑法典也没有进行区分，而是设立了"轻微犯罪"专章。从 1911 年开始，德国刑法改革草案提出把轻微犯罪从犯罪刑法中清除出去，轻微违法行为不符合真正的应受刑法惩罚的特征。"二战"后，德国立法者认真考虑制定一部与犯罪刑法划清界限的违反秩序法的要求，先是通过 1949 年的《经济刑法典》（立法上采取混合模式，根据行为事实内容，构成犯罪的科以刑事制裁，仅系行政违法的科以行政罚），接着是 1952 年的《违反秩序法典》，将违反秩序的行为从犯罪刑法中分离出来。① 长期以来，违反秩序法被视为广义上的刑法的一部分。② 第二次世界大战前，德国立法者并没有给秩序罚与犯罪罚划出清晰的界限，秩序罚因实施了违反行政措施而由行政机构判处，后来被纳粹集团所利用。"二战"后，德国立法者重建法制的一个重要任务就是纠正秩序罚发展过程中的错误倾向，明确违反秩序行为与犯罪行为的界限。被称为行政刑法之父的戈尔德施密特指出，行政犯仅侵犯了公共秩序，这种公共秩序并非法益。因此，行政违法并没有侵犯法条所表达出来的意思表示，而只是侵犯了其执行。行政刑法应该独立于司

---

① 参见王世洲：《德国经济犯罪与经济刑法研究》，北京大学出版社 1999 年版，第 67－71 页；［德］克劳斯·罗克辛：《德国刑法学总论》，王世洲主译，法律出版社 2013 年版，第 13 页。

② 参见［德］汉斯·海因里希·耶塞克、托马斯·魏根特：《德国刑法教科书》，中国法制出版社 2001 年版，第 75 页。

法刑法,从刑法典中分离出来,并在程序上归行政法院管辖。行政犯系通过行政程序解决的犯罪,具体包括邮政犯、金融犯和警察犯。至于如何区分行政犯与刑事犯,德国一直存在"质的区别说"与"量的区别说"之争。前者认为刑事犯是指对具有特定法益侵害性的行为,而行政犯是指对于行政作用秩序的维持,侵害行政利益。"量的区别说"以违法内容情节的轻重作为区别标准,行政犯的违法内容较刑事更轻微。后来,"量的区别说"成为通说。①

从上述自然犯与法定犯、行政犯与刑事犯的产生及发展脉络可以看出,二者是完全不同的两组概念,前者是从是否侵害人类自然形成的道德情感角度,按照犯罪学意义进行划分的;后者是从违反行政秩序以及侵害程度的角度进行划分的。

德国行政犯与刑事犯发展历史中诞生了行政刑法概念。狭义的行政刑法,仅指构成犯罪应受刑法制裁的部分;广义的行政刑法则兼指构成行政秩序之违反,应受行政罚锾之情形在内。② 这种广义的行政刑法有误导之嫌,容易导致行政处罚与刑事处罚的混淆。例如德国的经济刑法典其实是行政处罚与刑事处罚混合模式。我国台湾学者林东茂教授认为,"德国的经济刑法的命名,是一个错误","因为,这个法律主要是秩序罚的规定,而不是刑事罚"。③ 时至今日,在德国,违反秩序的行为"无论从何种角度考虑,都不是犯罪行为"。④ 法国、意大利、日本等国,在行政法中对违反行政规范,危害严重,应当作为犯罪处罚的行为直接规定了法定刑。这种混合立法模式未必是最优的。在日本,尽管规制经济活动的行政法规都设有刑罚罚则,并且曾经是唯一制裁手段,

---

① 参见郑昆山:《环境刑法之基础理论》,五南图书出版公司1999年版,第138 -139页。

② 参见郑昆山:《环境刑法之基础理论》,五南图书出版公司1999年版,第137页。

③ 林东茂:《危险犯与经济刑法》,五南图书出版公司1999年版,第94页。

④ 参见[德]汉斯·海因里希·耶塞克、托马斯·魏根特:《德国刑法教科书》,中国法制出版社2001年版,第72、76页。

没有替代的行政处罚措施，导致实践中真正适用刑罚的情况"几乎不存在"，2005 年日本《反垄断法》引入课征金这一行政处罚措施。"行政制裁金的适用，如果以抑止违法行为为目的，与科处杀一儆百式的刑罚相比，可以认为对于违反行为，即使小额也是必然科处某种制裁更有效。对经济犯罪的制裁不是单纯依存刑罚，而是适用像课征金那样的财产性行政制裁更好"。[①] 对于经济犯罪以外的其他行政犯也是如此。

我国行政法并没有对违反行政法的行为直接规定法定刑。我国将一些违反行政法且危害性严重构成犯罪的行为统一规定在刑法典之中。换言之，通过设置加重要素，使行政违法行为的法益侵害程度达到值得科处刑罚的程度，才在刑法典中规定为犯罪行为。[②] 对于我国而言，不存在广义的行政刑法，1997 年刑法典的制定，形成了统一的刑法典，并不存在类似于德国的经济刑法、环境刑法、税收刑法。

因此，在我国的语境下，讨论行政犯只能是狭义的，即违反行政法规，应受刑罚处罚的犯罪行为。其基本特点是：（1）以违反行政法为前提；（2）危害严重，行政法规及行政处罚不足以惩治；（3）应当承担刑事责任，给予刑罚处罚；（4）其范围显然要小于法定犯，主要集中在经济犯罪、环境犯罪等领域。大量的罪名虽然违背自然道德情感不明显的法定犯或者是侵害集体法益的法定犯，因为并不以违反行政法为前提，而排除在行政犯概念之外。可以肯定的是，行政犯都属于法定犯，但是法定犯未必属于行政犯。法定犯与自然犯的区别是动态转化的，很多原本不具有违反伦理性的犯罪，经过一段时间之后，随着社会观念的转变和发展，就具有了伦理性。比如污染环境，可以说是法定犯，但是当人们深受环境污染之害时，就具有了伦理性，所以法定犯的概念本身就是个似是而非的概念，就司法而言，法定犯与自然犯的区别意义不

---

① 参见［日］神山敏雄ほか：『新経済刑法入門』，成文堂 2008 年版，第 90 - 98 页。

② 参见张明楷：《行政违反加重犯初探》，载《中国法学》2007 年第 6 期。

大。真正行政犯的范围要比法定犯狭窄，行政犯必须限定为以违反行政法规为前置性条件的犯罪类型。

（二）行政犯的从属性原理在行刑衔接中的应用

行政犯的从属性是指行政犯成立及违法性的判断依附于行政法的规定，又称行政从属性。在立法上的直接体现就是空白刑法，就是某一罪名的罪状判断有赖于行政法规之补充。按照功能划分，可以分为构成要件之行政从属性和违法阻却事由的从属性，前者是刑法构成要件的判断需要依照行政法的规定，后者指因行政机关的核准、允许而阻却违法；按照从属的规范可以分为行政法规范的从属性和行政处分的行政从属性，前者指刑法构成要件需要依赖于行政法规来补充，后者指行政犯的成立以受过行政处分为前提，① 如我国刑法中的拒不支付劳动报酬罪以行政机关责令支付而拒不支付为条件。"行政法的制裁规定中若以刑罚为法律效果的罚则条款，即属附属刑法，而与主刑法同样适用本法总则的规定""这些附属刑法若以空白刑法的立法方式而为规定者，则有待行政命令或规章或行政机关的行政处分等的补充，才能具体运作，故使这些规定与行政法中的附属刑法，具有行政从属性"。② 独立性说认为犯罪行为是刑法的特有现象，行政违法行为及行政处罚与刑法意义上的犯罪行为及刑罚处罚在本质上是不同的。按照戈尔德施密特的观点，行政刑法应当独立于司法和刑法，行政犯仅侵害公共秩序。行政法只是认定犯罪的线索，是否构成犯罪须根据刑法的基本原则、刑法条文的具体规定与目的，进行独立判断，包括构成要件的独立性、事实认定的独立性和处理结论判断的独立性。③

---

① 参见郑昆山：《环境刑法之基础理论》，五南图书出版公司1999年版，第184－189页。

② 林山田：《刑法通论》（上），北京大学出版社2012年版，第29－30页。

③ 参见张明楷：《避免将行政违法认定为刑事犯罪：理念、方法与路径》，载《中国法学》2017年第4期。

　　笔者认为，行政犯的从属性与独立性并非不能兼容，也不是非此即彼的关系，而是阶层递进的关系。

　　第一，行政犯的从属性是指构成要件的从属性。据前述行政犯概念的界定，行政犯为以违反行政法规为前提，且危害严重，需要动用刑罚处罚的犯罪类型。因为其以违反行政法为前置条件，这决定了其构成要件符合性的判断要依赖行政法的规定，从这个意义上来说，行政犯对行政法具有从属性。这种从属性与刑法的最后手段性、补充性是相吻合的。只有当某种行为用行政法中处罚措施不足以保护法益的时候，才能动用刑法。比如，超速、超载行为，如果行政拘留就足以抑制该种违法行为就没有必要入刑。反过来，判断某种行为是否构成相应的行政犯，也必须以违反前置的行政法为必要条件，没有违反相应行政法规的，不得以犯罪论处。也许有人会说，一方面我国刑法典中没有把全部的严重行政违法行为作为行政犯来规定；另一方面我国行政法体系不完善，很多违法行为在行政法中尚没有规定，这样会不会导致处罚漏洞。其实这种担忧并无必要，因为刑法本身就具有不完整性，既然行政法都没有将该种行为作为违法行为处罚，更加没有理由作为犯罪处罚，即使存在这样的处罚漏洞也是相对合理的。治理社会失规行为，"绝不可唯刑法是赖，而应采全面性的反犯罪政策，除了刑法手段之外，必须另行配合其他社会控制手段"。① 坚持这种从属性，有利于抑制司法上过于犯罪化的冲动。

　　第二，行政犯的独立性是指行为刑事违法性的独立性。刑事违法性的本质是严重的法益侵害性，行政违法性的本质是侵害行政治理的合目的性，二者具有本质的区别。行政法与刑法是相对独立的，本质上属于不同的部门法。行政处分的本质是排除违反的状态，是面向未来而采取的预防措施，防止将来可能发生的违反行为，以达到行政治理的目的；刑罚的本质是作为对犯罪行为的惩罚，是对过去的已然之罪进行责任追究，即使考虑改善目的、抑制犯罪的功能目的，也不能否定刑罚是清算

------

① 林山田：《刑法通论》（上），北京大学出版社2012年版，第24页。

过去犯下的罪刑，具有赎罪的性质。① 如前所述，德国把违反行政法行为的制裁措施统称为广义的行政罚，行政罚又进一步分为行政刑罚与行政秩序罚。② 但是我国并不存在行政处罚与刑事处罚混合的立法模式，刑法典中的行政犯与行政法中行政处罚完全是两回事，行政刑罚在本质上仍应归于刑法所规定的刑罚范畴，而不能与"行政处罚与行政处分"相混同。③ 承认这种违法性独立性，在立法上具有抑制入刑冲动的作用，不能将单纯的行政不服从行为规定为刑法罪名，也不能仅仅为了行政管理的合目的性就把某种行为入刑，而必须当违反行政法的行为同时侵害某种值得刑法保护的法益时才能入刑。在执法和司法上，不能认为只要具有行政违法性，并在刑法上有相应的罪名，就可以定罪处罚，而是要在此前提下对该行为是否达到刑法意义上的实质违法进行独立判断。比如下面这个案例：

【案例1-3：李某非法狩猎案】

犯罪嫌疑人李某在一片梧桐树旁有一亩地，梧桐树林里的鸟很多，撒种子就被鸟吃掉。2017年6月，犯罪嫌疑人李某购买了两张渔网，用竹竿支起来，防止鸟来吃种子。6月21日上午，李某看到网上捕到两只斑鸠，一只拿回家烧了吃掉，一只扔掉。当日下午，李某又捕到4只斑鸠，被民警当场抓获。

按照行政从属性，李某的行为违反了行政法《野生动物保护法》的前置性规定，但是并不能据此直接得出构成非法狩猎罪的结论；接下来还必须进行刑事违法性独立性判断。因为李某为保护庄稼张网而误伤几只"三有"动物，并不具有刑法上的实质违法性，因此不成立非法狩猎罪。

行政犯的刑事违法独立性除了体现在上述实质违法性的判断上，还

---

① 参见［日］神山敏雄：《经济犯罪及其法律对策》，载［日］西原春夫主编：《日本刑事法的重要问题》，金光旭等译，法律出版社、成文堂2000年版，第17页。

② 参见［日］盐野宏：《行政法》，杨建顺译，法律出版社1999年版，第176页。

③ 参见周佑勇、刘艳红：《行政刑法性质的科学定位（下）》，载《法学评论》2002年第4期。

体现在刑法意义的违法性认识上。传统的刑事犯特别是自然犯，其违法性容易为一般民众所认知，这类犯罪属于本体恶，一般民众不需要专业的法律训练，凭借其内心的道德法则也可以知道什么行为是法律所允许的，什么行为是法律禁止的，因此传统的罪责理论固守"不知法者不免责"的古老信条。但是，这种僵化的信条运用在行政犯上面临着合理性的非难，面临着违背责任主义的风险。随着社会的发展和风险社会的来临，行政犯的上升趋势无法阻挡，"不要说是一般民众，或是一般的职业从业者，即使是专门研究刑法的人，也无法尽窥全貌。换句话说，附属刑法的规范，对于大多人来讲，是相当陌生的。让不知规范的人（欠缺不法认识），承担故意犯罪的责任，是否过苛？"[①] 为解决这一问题，德国刑法理论发展出禁止错误理论，禁止错误可分为直接的禁止错误与间接的禁止错误。直接的禁止错误，是指虽然行为人认识到了行为事实，但对于该事实是否为法律所禁止存在错误认识。根据德国刑法第 17 条的规定，如果这种错误认识可以避免，则依据第 49 条第 1 款减轻处罚。间接的禁止错误是正当化事由的认识错误，即行为人误认为自己的行为属于阻却违法的正当化事由。德国刑法第 35 条第 2 款规定，对该种认识错误可以减轻处罚。

在行政犯中倡导禁止错误的意义在于：其一，将一些确实存在不可避免的违法性认识错误的，不作为犯罪处理，比如下面这个案例：

【案例 1-4：秦某某非法采伐国家重点保护植物案】

2016 年 4 月 22 日，秦某某在卢氏县柿树沟林坡上采挖兰草一丛三株，被卢氏县森林公安局查获。经鉴定，非法采挖的兰草系兰属中的蕙兰。卢氏县法院一审以非法采伐国家重点保护植物罪，判处秦某某有期徒刑三年，缓刑三年，并处罚金 3000 元。[②]

---

① 参见林东茂：《危险犯与经济刑法》，五南图书出版公司 1999 年版，第 87 页。

② 参见《河南"非法采伐兰草案"4 人改判无罪 当事人此前获刑》，载网易，http：//news. 163. com/18/1108/11/E03BQ0JO000018990. html，最后访问日期：2019 年 1 月 22 日。

该案中，如果确实属于不可避免的违法性认识错误，就应当阻却责任，不成立犯罪。

其二，将阻却违法的行政从属性，误以为其行为得到行政许可或核准的，不作为犯罪处理。比如，行为人事先向政府部门或专业人士咨询，得到肯定答复而实施相关行为的，可以免除处罚。

其三，存在违法性认识错误，但是属于只要稍加努力就可以避免的，虽可作为犯罪处理，但可以从轻或减轻处罚。前两种情况，不构成犯罪，检察机关作出绝对不起诉后应开展行刑反向衔接，属于线索移送型行刑反向衔接。

第三，从属性与独立性之间具有阶层递进关系。从属性是指构成要件的从属性；独立性是指违法性的独立性。根据刑法中犯罪成立条件的阶层论，构成要件符合性与违法性之间具有阶层递进关系。运用在行政犯中，就是先进行构成要件从属性考量，再进行违法性的独立性判断。

在立法上，先进行第一步从属性考量，如果某种行为在行政法上属于空白，那么根据从属性原理，就不得入刑，因为一旦入刑，从属性就被架空。例如学生考试作弊行为，在行政法上尚且没有相应的处罚措施，既然如此，就不能说该种行为行政法已经不足以抑制而需要动用刑法。在具备从属性的前提下，即该种行为在行政法上有规定，接下来还要进行第二步的独立性判断，即是否达到了需要动用刑法的法益侵害程度。比如超速、超载行为，尽管在行政法上有相应的处罚规定，符合从属性的要求，但是还不能据此得出入刑的结论，还必须进行刑事违法独立性的判断，即要判断超速、超载行为的严重性是否达到动用刑法的程度，行政法的资源有无用足。如果在行政法中增设行政拘留就足以抑制超速、超载行为，那么就属于不足以动用刑法，应当坚守刑法的独立性。

在司法上，先进行第一步的从属性判断，行政犯是否成立犯罪以有无违反行政法为前提，如果连违反行政法的依据都没有，就不得入罪。

比如大量的非法经营行为，如果连行政法都没有禁止该种行为，就不能以非法经营罪定罪处罚。如果具有行政从属性，也即违反了行政法的前置性规定，然后进行第二步的独立性判断，判断有无法益侵害的实质违法性。在进行违法独立性判断时，行政法律的规定只具有作为认定犯罪的线索的意义，① 不能直接将行政认定意见直接作为刑事入罪的依据。即使在刑法条文规定某种犯罪的成立以违反行政法为前提时，对于相关构成要件要素的判断，也需要在行政法的基础上按照刑法条文的目的做进一步的独立判断。例如，前述"案例 1－3：李某非法狩猎案"，即使李某张网捕鸟的行为违反了行政法的规定，在进行刑事违法性判断时也需要进行独立判断，这种行为是否达到需要动用刑事处罚程度的刑事违法性。又如"赵某涉嫌非法持有枪支案"，持有的枪形物根据《枪支管理法》的规定，可以认定为行政法意义上的枪支，但是在进行刑事违法性判断时，需要遵循独立性原则，以枪支犯罪的保护法益为指导，进行实质违法性的判断。作为行政法的枪支鉴定标准，只是判断相关枪形物是否属于刑法上的枪支的参考资料，而不能直接作为认定枪支犯罪的标准。

　　这种独立性原理对于我国而言具有重要意义。因为我国行政法与刑法的规定有很多重叠之处，而且在刑法上很多行政犯没有规定数额和情节，以行为犯的面目出现，如果不强调刑事违法性的独立性，会导致只要有违反行政法的行为就构成刑事犯罪。例如，我国的刑法和治安管理处罚法的许多条款都是重叠性规定。如《刑法》第 353 条与《治安管理处罚法》第 73 条，《刑法》第 359 条与《治安管理处罚法》第 67 条等几乎完全重合。又如《刑法》第 286 条与《治安管理处罚法》第 29 条（侵犯计算机类），《刑法》第 226 条与《治安管理处罚法》第 46 条（强迫交易类），《刑法》第 266 条、第 264 条、第 267 条、第 268 条、

---

① 参见［日］伊藤涉：《犯罪の成立要件と非刑罚法令》，载［日］山口厚等编：《西田典之先生献呈论文集》，有斐阁 2017 年版，第 70－71 页。

第 274 条、第 275 条（诈骗、盗窃、聚众哄抢、抢夺、敲诈勒索、故意毁坏财物等）与《治安管理处罚法》第 49 条，《刑法》第 277 条与《治安管理处罚法》第 50 条（妨害公务类），《刑法》第 279 条与《治安管理处罚法》第 51 条（招摇撞骗），《刑法》第 280 条与《治安管理处罚法》第 52 条（假章假证类），《刑法》第 225 条与《治安管理处罚法》第 54 条（非法经营类），《刑法》第 351 条、第 352 条（毒品原植物类）与《治安管理处罚法》第 71 条，《刑法》第 347 条、第 350 条（贩卖毒品类）与《治安管理处罚法》第 72 条等均有重合。对于这些情况，只有坚持独立性，才能准确把握行政处罚与刑事犯罪之间的界限。

上述行政犯从属性与独立性关系的原理划定了行政违法与刑事犯罪的界限，也决定了行刑之间的双向衔接。当行政违法行为侵害法益的程度已经超过行政责任的限度，采取行政处罚不足以惩治违法行为之时，就需要考量行为是否触及刑法法益范畴，这就是正向行刑衔接。换言之，行政执法机关发现某种行为违反行政法规，并且采取行政处罚不足以规制的时候，就存在正向移送侦查、司法机关的可能性。反之，行为经由司法机关处置后，如果不构成犯罪，或者构成犯罪但因其他原因不需要处以刑事处罚，但该行为仍然具备行政违法性，需要移送行政机关，这就是行刑反向衔接。

综上所述，行政犯的从属性与独立性原理，是行刑反向衔接的原理基础。行政犯自身所具有的行政、刑事违法的双重性，进而导致对其法律评价的二元统一，既包括行政法律责任，也包括刑事法律责任。[①] 既不能不顾行为法益侵害程度，而跨越法律位阶任意扩大当事人责任承担；也不能罔顾行为行政违法性，在不能或无须做出刑事处罚之时，拒绝对违反行政前置规范予以规制。此时，检察机关就需要将案件反向移送行政机关，这是行政犯原理在法律程序构造中的应有之义。

---

① 参见张泽涛：《构建认定行政违法前置的行政犯追诉启动模式》，载《中国法学》2021 年第 5 期。

三、比例原则与刑法谦抑性原理

(一)比例原则的基本内涵

比例原则滥觞于 19 世纪德国警察法,经过德国联邦宪法法院的判决获得宪法性地位,在世界范围内广为接受,也为我国的学界和实务界所接受。比例原则是对公权力行为的规制。比例原则被德国行政法学鼻祖奥托·迈耶称为行政法中的"皇冠原则",也被誉为宪法性原则和公法中的"帝王条款"。比例原则的基本内容有"三阶理论"与"二阶理论"。根据"三阶理论",比例原则由适当性、必要性与狭义比例原则三个子原则组成,三者是层层递进的关系。适当性原则是指手段能够促进所追求的目的之实现;必要性原则,又称为最小损害原则,即所运用的手段造成的损害应当最小;狭义比例原则要求手段所增进的公共利益与其所造成的损害成比例。[①] 根据"二阶理论",其内容包括必要性原则和相称性原则。必要性原则又称最少侵害原则、最温和方式原则,是指行政权的行使应尽可能使相对人的损害保持在最小的范围内,行政机关在面对多种能够达成行政目的的手段可供选择时,应选择对相对人利益限制或损害最小的手段,即使用最温和的手段;相称性原则又称狭义的比例原则,是指行政主体对相对人合法权益的干预不得超过所追求的行政目的的价值,二者之间保持相称性,"用大炮打麻雀"就是违反必要性比例原则。[②] 尽管两种理论有差异,但基本内容和理念相同。

我国在立法上已经确立了比例原则。《立法法》第 7 条第 1 款规定,"立法应当……科学合理地规定公民、法人和其他组织的权利与义务、国家机关的权力与责任"。全国人大常委会法工委国家法室在立法法释

---

① 参见范进学:《论宪法比例原则》,载《比较法研究》2018 年第 5 期;刘权:《目的正当性与比例原则的重构》,载《中国法学》2014 年第 4 期。

② 参见周佑勇:《行政法基本原则研究》,法律出版社 2019 年版,第 196 - 200 页。

义中指出，"对于宪法规定的公民的基本权利，法律、法规、规章不得任意加以限制和剥夺，如果不适当地限制或剥夺宪法规定的公民基本权利，就是同宪法相抵触"。① 这一释义被学者们认为是比例原则的体现。② 《行政处罚法》第 5 条第 2 款规定"设定和实施行政处罚必须以事实为依据，与违法行为的事实、性质、情节以及社会危害程度相当"，该条款被称为是"过罚相当"条款，背后的原理也是比例原则，也可谓是比例原则的法律体现。《行政强制法》也有类似规定，其第 5 条规定："行政强制的设定和实施，应当适当。采用非强制手段可以达到行政管理目的的，不得设定和实施行政强制"。

（二）刑法谦抑性原理的基本内涵

谦抑是指缩减或者压缩，刑法的谦抑是指立法应当力求以最小的支出，少用甚至不用刑罚（用其他刑罚替代措施），获取最大的效益。③ 按平野龙一的说法就是"即使行为侵害或威胁了他人的生活利益，也不是必须直接动用刑法。可能的话，采取其他社会统制手段才是理想的。可以说，只有在其他社会统制手段不充分时，才可以动用刑法，这叫刑法的补充性或谦抑性。"④ 刑罚是一种性质最严厉的制裁方法，应受刑罚惩罚性就表明了犯罪行为是一种严重的其他方法不足以制止的行为，只限于在必要的不得已的范围内才应该适用刑罚，因此刑法的谦抑性又称最后手段性、补充性。一般认为，刑法的谦抑性有三层含义，即补充性、宽容性和不完整性。

---

① 全国人大常委会法工委国家法室编著：《中华人民共和国立法法释义》，法律出版社 2015 年版，第 28 页。

② 参见谢立斌：《比例原则的适用范围与审查基准》，载《当代法学》2024 年第 5 期。

③ 参见陈兴良：《刑法的价值构造》，中国人民大学出版社 1998 年版，第 353 页。

④ 参见陈兴良：《刑法的价值构造》，中国人民大学出版社 1998 年版，第 363 页。

刑法的谦抑性原则以人道主义为基础。① 刑法的人道主义是现代法治背景下刑法的本质要求。法治的精义在于限制公权力，刑事法治的核心在于限制国家的刑罚权，从这个意义上讲，刑法的规制对象是国家而不是人民，国家没有刑法而要处罚公民照样可以，甚至是更加方便快捷灵活，"可以说刑法是无用的，是一种为不处罚人而设立的规范。"② 因此可以说，法治背景下的刑法就是一部人权保护法，而保护人权正体现了对人性的尊重，这与人道主义的内涵是一致的。人道主义是"一种以人为中心和目的，关于人性、人的价值和尊严、人的现实生活和幸福、人的解放的学说……把任何一个人都当作周围人来看待""在现代法治社会，人道性乃是刑法不可或缺的价值意蕴"。③ 刑法是犯罪人的大宪章也正是此意。刑法的谦抑性与人道性实际上是一个问题的不同侧面而已。

（三）比例原则与刑法谦抑性原理的应用

从前述比例原则和刑法谦抑性原理的内涵可以看出，二者的共同理念都是主张严格限缩处罚权，防止过度处罚。因此，比例原则和刑法谦抑性原理在行刑反向衔接领域的应用可以概括为谦抑，即行刑反向衔接应当坚持谦抑原则。

一是制裁措施适用的阶层式审查。刑事机关在办理案件过程中，应当坚持谦抑理念。对于轻罪，虽然已经构成犯罪，是否要给予刑罚处罚，应当作必要性审查，防止刑罚权的滥用。对于不构成犯罪的行为，更不能机械司法，盲目入罪。构成犯罪的，但犯罪情节轻微，不需要判处刑罚的，应当优先选择给予非刑罚处罚。对于给予非刑罚处罚，也不

---

① 参见［日］大塚仁：《刑法概说（总论）》（第三版），冯军译，中国人民大学出版社 2003 年版，第 26 页。

② ［日］西原春夫：《刑法的根基与哲学》，顾肖荣译，法律出版社 2004 年版，第 45－46 页。

③ 陈兴良：《刑法的价值构造》，中国人民大学出版社 1998 年版，第 431 页。

能"眼中只有行政处罚、行政处分"。《刑法》第 37 条规定的五种非刑罚处罚措施具有位阶性，其惩罚性由轻到重依次为：训诫—责令具结悔过—责令赔礼道歉—责令赔偿损失—行政处罚—行政处分。在适用过程中，应坚持谦抑性原则进行阶层式的审查判断，能用训诫的就不轻易给予行政处分，能用行政处分的就不轻易用行政处罚。

二是反向衔接的必要性、可罚性审查。要杜绝"不刑就行"的落后观念，树立谦抑理念。行刑反向衔接也要避免机械司法，防止盲目移送。检察机关在开展反向衔接过程中要进行必要性和可罚性（又称可处罚性、需罚性）审查。无论是刑罚还是行政处罚，都不是单纯为了实现对行为人违法行为的报应，而是有预防、社会治理和人权保障方面的目的性。要实现这样的目的，则必须借助于"可处罚性"谨慎判断对行为人适用某种制裁是否属于实现预防目的的适当手段。"可处罚性"成为弥合刑事制裁与行政制裁的粘合剂。[1] 按照阶层式的"需罚性"审查，是指按照比例原则，根据"金字塔"体系中制裁措施的严厉程度由低到高逐级进行阶层式审查。我国《行政处罚法》规定的行政处罚种类包括：（1）警告、通报批评；（2）罚款、没收违法所得、没收非法财物；（3）暂扣许可证件、降低资质等级、吊销许可证件；（4）限制开展生产经营活动、责令停产停业、责令关闭、限制从业；（5）行政拘留。《治安管理处罚法》第 10 条规定的行政处罚有五种，即警告、罚款、行政拘留、吊销许可证、对外国人的限期出境或驱逐出境，第 11 条规定了收缴。另外，其他各领域的行政法规还设置了各种称谓不一的行政制裁，这些制裁措施轻重有别，一方面要审查要不要给予处罚，另一方面还要审查给予什么样的处罚。不需要处罚的不能盲目处罚，能够给予较轻处罚的就不要给予较重处罚。

---

[1] 参见付玉明、焦建峰：《区隔、因应与弥合：论刑罚与行政处罚的界域衔接》，载《东南大学学报（哲学社会科学版）》2023 年第 1 期。

第二章　行刑反向衔接的行政检察权原理

行刑反向衔接已经成为行政检察新的最大的业务增长点。2024 年 1 月至 9 月全国检察机关共办理行政检察监督案件 15.9 万件，其中行政诉讼监督案件 5 万件、行政违法行为监督案件 1.4 万件、行政执法和刑事司法反向衔接案件 9.5 万件。从数据上看，传统的行政诉讼监督仅有 5 万件，仅占全部行政检察办案量的 31%，而反向衔接占比高达 59.7%。[①]

第一节　检察权及行政检察权的内涵

一、检察权的内涵

现代意义上的检察权来源于公诉权。在刑事追诉方面，人类历史经历了从私人追诉到国家垄断，再到部分私权化的循环。人类历史上曾长期实行私人追诉主义，"不告不理"，刑民不分。随着人类社会的发展，公法与私法逐步分野，刑事犯罪的私人追诉主义逐步走向国家垄断主义。中古时期盛行于欧洲大陆的纠问式诉讼模式中，法官独揽了刑事犯罪的侦查、起诉和审判的全部职权，中国封建社会地方官员也是包办刑事犯罪的全部程序。伴随资产阶级革命的胜利，专门行使控告职能的检

---

① 参见《最高检：今年 1 至 9 月共办理行政检察监督案 15.9 万件》，载最高人民检察院官网，https://www.spp.gov.cn/zdgz/202411/t20241106_671211.shtml，最后访问日期：2025 年 3 月 22 日。

察官制度应运而生。十三世纪，法国国王指派代理人为其处理皇家私人事务，其后，这种代理人逐渐发展为代表国王向审判机关提起民事诉讼的人，后又不断扩大到刑事案件，由代理人作为官吏对刑事犯罪起诉，这被认为是检察制度的雏形。1789年法国大革命胜利后，以拿破仑为代表的法国资产阶级对纠问式诉讼进行改革，逐步形成了刑事犯罪的国家追诉主义。这样，检察机关垄断了绝大多数刑事案件的追诉权（少数自诉案件除外），"国家—被告人"的关系成为刑法的核心命题，犯罪的本质被认为是个人对社会的侵犯，国家垄断了对被告人进行追诉和惩罚的权力，形成"国家—被告人"二元对立的模式。正因如此，当年美国学者帕卡所提出的"正当程序"与"犯罪控制"这两大刑事诉讼模式，也没有跳出这种以"国家—被告人"关系为中心的诉讼模式的桎梏。① 在这种传统模式中，检察权的重要作用是众所周知的，因为检察官是刑事追诉的启动者，"如果法官是车子，检察官便是引擎，再好的车子，若无引擎带动，也只是中看不中用的废铁"。② 同时，检察权还起到制衡法官和监督警察的作用，即一方面要制衡法官的权力，另一方面也要控制警察活动，成为法治国的中流砥柱。换言之，"检察官扮演国家权力之双重控制的角色。既要保护被告免于法官之擅断，亦要保护其免于警察之恣意，本来即暗寓其双重功能及居间位置。"③ 可见，检察权天然地具有监督属性，监督性成为检察权的基本底色。

我国的人民检察制度产生于1931年。1931年中华苏维埃共和国临时中央政府在江西瑞金成立，中央苏区当时的机构设置"九部一局"中就有检察机构。1937年7月，陕甘宁边区高等法院成立，在边区高等法院内部设置检察长和检察员，开启了陕甘宁边区检察新篇章，此后经历

---

① 参见陈瑞华：《刑事诉讼的私力合作模式——刑事和解在中国的兴起》，载《中国法学》2006年第5期。
② 林钰雄：《检察官论》，法律出版社2008年版，第13页。
③ 林钰雄：《检察官论》，法律出版社2008年版，第9页。

分分合合。中华人民共和国成立后，检察机关称呼上改为人民检察署，作为政务院的下属机构之一。其间历经波折，从 1949 年中华人民共和国成立到 1978 年党的十一届三中全会召开，检察机关经历了"三落三起"。1978 年全国人大第五次会议决定恢复人民检察院，检察机关又一次开始重建。1979 年人民检察院组织法确定了人民检察院是国家法律监督机关这一基调，1982 年宪法明确检察院的法律监督机关性质。作为现代检察制度的重要组成部分，检察权承袭了监督性，并进一步突出强化。

二、行政检察权的内涵

检察权的监督属性催生了一般监督权，而一般监督权孕育了行政检察权。中华人民共和国成立初期，检察权的内涵较为宽泛和粗糙，既包括刑事诉讼监督，也包括一般监督，这里的一般监督包括对行政机关及其工作人员乃至于一般公民的监督。1949 年《中央人民政府组织法》规定"最高人民检察署对政府机关、公务人员和全国国民之严格遵守法律，负最高的检察责任"，检察监督呈现"全覆盖"的特点，到 1954 年《宪法》以及 1954 年《人民检察院组织法》均为全覆盖。这种一般监督理论上包含了行政检察监督，但是实践中并未深入开展。1978 年后检察机关恢复重建，直到 1979 年《人民检察院组织法》的颁布，一般监督从我国的立法中消失，将检察机关的职权限定于刑事监督，即对于重大犯罪案件行使检察权；对于直接受理的刑事案件行使侦查权；对于公安机关侦查的案件决定是否逮捕、起诉及侦查监督权；对于刑事案件提起公诉及审判监督权；对于刑事判决裁定的执行和监所监督权。1989 年《行政诉讼法》赋予人民检察院对行政诉讼实行法律监督的职权，主要是对行政裁判的抗诉，其中第 64 条规定"人民检察院对人民法院已经发生法律效力的判决、裁定，发现违反法律、法规规定的，有权按照审判监督程序提出抗诉"。1990 年 9 月"两高"联合发布《关于开展民事、经济、行政诉讼法律监督试点工作的通知》（已失效），在广东、湖北开展行政诉讼检察监督的试点工作。行政检察监督的内容也从行政裁判抗诉扩展到生效裁判强制执行监督。2014年党的十八届四中全会通过的《中共中央关于全面推进依法治国若干重大问题的决定》是行政检察发展的标志性阶段，除了要求加强对行政诉讼的法律监督外，还明确要求"完善对涉及公民人身财产权益的行政强制措施实行司法监督制度""检察机关在履行职责中发现行政机关违法行使职权或者不行使职权的行为，应该督促其纠正。"2021年6月，中共中央又通过了《关于加强新时代检察机关法律监督工作的意见》，明确提出要"全面深化行政检察监督"，要求检察机关"依法履行对行政诉讼活动的法律监督职能"，重申"在履行法律监督职责中发现行政机关违法行使职权或者不行使职权的，可以依照法律规定制发检察建议等督促其纠正。"正是以上述《决定》《意见》为指引，我国行政检察监督的范围目前在实践中已经延伸到了行政非诉执行监督以及领域更广阔的行政违法行为监督。当前，形成了"四大检察"的格局，行政检察成为"四大"之一，但也要看到行政检察是"四大检察"中最弱的一个。

目前，行政检察的监督范围存在争议，狭义说认为行政检察仅限于行政诉讼监督；广义说认为行政检察监督应是全面监督，除了对行政诉讼的监督外，还应对抽象行政行为和具体行政行为进行监督。另外还有一些折中说。① 2019年最高检提出，行政检察的核心是行政诉讼监督，主要包括生效裁判结果监督、审判人员违法行为监督、执行活动监督三项业务。② 2023年2月23日，在最高人民检察院举行的新闻发布会上，相关业务部门负责人指出：我国的行政检察"当前已形成了以行政诉讼监督为基石，以行政争议实质性化解为牵引，以行政非诉执行监督和行

---

① 参见赵溢鑫：《行政检察监督范围的历史变迁和未来演进》，载《中南民族大学学报（人文社会科学版）》2024年第2期。

② 参见闫晶晶：《强化案例指导 提升行政检察监督能力》，载《检察日报》2019年9月26日，第1版。

政违法行为监督为新的增长点的监督新格局"。① 总之，行政检察的监督范围仍在不断调整优化之中。

从上述发展历程可见，行政检察权的发展脉络为：公诉权的监督属性——一般监督—行政检察监督—行政裁判抗诉监督—行政诉讼监督—行政违法监督。

第二节 行刑反向衔接的检察权属性

当前，行政检察的最大特点是"业务不大，监督不强"。相比刑事检察、民事检察等其他检察业务，行政检察目前还处于短、弱、小、冷的阶段，可以说其他检察工作已经到了"好不好"的阶段，行政检察总体仍处于"有没有"的阶段。② 行刑反向衔接现已成为行政检察新的业务增长点，而且是业务量最大的增长点。

一、行刑反向衔接属于检察办案业务

相对不起诉反向衔接属于刑事责任型反向衔接，原本就属于检察权而非行政权，属于检察办案业务；线索移送型反向衔接属于办案的"下游业务"，检察官在办理案件过程中发现行政违法线索具有移送职责，也属于办案职责内容。当前检察机关的行刑反向衔接主要体现为相对不起诉反向衔接，但实践中对于相对不起诉的刑事责任型反向衔接的性质认识仍存在误区，将检察权误解为行政权。

_____

① 参见王峰：《最高检答21：行政检察有六大职能，已形成监督新格局》，载腾讯新闻，https://news.qq.com/rain/a/20230223A06YWG00，最后访问时间：2025年1月14日。
② 参见张相军：《关于做好新时代行政检察工作的思考》，载《中国检察官》2019年第7期。

　　相对不起诉反向衔接的实体法依据是《刑法》第 37 条，即"对于犯罪情节轻微不需要判处刑罚的，可以免予刑事处罚，但是可以根据案件的不同情况，予以训诫或者责令具结悔过、赔礼道歉、赔偿损失，或者由主管部门予以行政处罚或者行政处分。"这在刑法理论上被称为非刑罚处罚，属于司法机关的司法权，而非行政权。非刑罚处罚措施是刑事责任的承担方式，是刑罚的替代性措施。非刑罚处罚措施是司法机关对免予刑罚处罚的犯罪分子直接适用或建议主管部门适用刑罚以外的其他处理方法的总称，是刑罚的必要补充或者替代措施，是强制犯罪分子实际承担起刑事责任的具体表现方式。①

　　非刑罚处罚在性质上属于刑事责任承担的方式，是犯罪的法律后果。《刑法》第 37 条规定的训诫、责令具结悔过，不是一般的批评教育，而是刑事责任的承担方式；其中的责令赔礼道歉、赔偿损失也不是一般的民事责任形式，而是一种犯罪的法律后果；这里的行政处罚、行政处分也不是一般意义上的行政责任形式，而是刑事责任实现方式。对犯罪人适用非刑罚处罚，同判处犯罪人刑罚一样，也能实现刑事责任的双重预防目的，故非刑罚处罚方法也属于刑事责任的方式。② 实践中，把非刑罚处罚措施机械地理解为民事责任、行政责任的承担方式是错误的。

　　《刑法》第 37 条的非刑罚处罚措施在刑法理论上具有特定含义，以构成犯罪为前提（只是相对不起诉或定罪免刑而已），是一种非刑罚的制裁，但相对不起诉与绝对不起诉、存疑不起诉在法律性质和法律效果上均不同。具体来说：（1）作为相对不起诉或定罪免刑的行政处罚意见（即指检察机关或人民法院向行政机关发出，下同），应当写明处罚的具

---

　　① 参见陈兴良：《规范刑法学（上册）》（第 4 版），中国人民大学出版社 2017 年版，第 343 页；张明楷：《刑法学》（第六版），法律出版社 2021 年版，第 816 页；周光权：《刑法总论》（第 4 版），中国人民大学出版社 2021 年版，第 439 页；刘艳红：《刑法学（上）》，北京大学出版社 2016 年版，第 331 页。

　　② 参见刘艳红：《刑法学（上）》，北京大学出版社 2016 年版，第 331 页。

体内容和理由；而在存疑不起诉、绝对不起诉甚至无罪判决后，如果对部分事实需要给予行政处罚，司法机关只是向行政机关移送线索而已，不得对行政机关具体写明行政处罚的具体内容，具体是否给予行政处罚、给予什么样的行政处罚，由行政机关决定。（2）相对不起诉的非刑罚处罚可以将犯罪嫌疑人愿意或承诺接受行政处罚作为认罪认罚或不起诉的考量因素；但是存疑不起诉、绝对不起诉的案件不得将行政处罚纳入考量因素。（3）相对不起诉的非刑罚处罚意义上的行政处罚的不履行可以成为撤销不起诉的理由；但存疑不起诉、绝对不起诉不存在这样的情况。（4）责令赔偿损失、责令赔礼道歉等，对于相对不起诉来说可以作为不起诉的因素，拒绝履行可能成为撤销相对不起诉的理由。国外一般将替代性非刑罚作为不起诉考量因素。对于定罪免刑的判决来说，可以将责令赔偿损失、责令赔礼道歉写入判决书并可强制执行。只不过，非刑罚处罚意义上的行政处罚、行政处分虽然由行政机关执行，但是这并不能改变其刑事责任的性质。例如，判处缓刑的由司法行政机关执行、有期徒刑由监狱或看守所执行。

可见，相对不起诉的反向衔接本质上是刑事责任的实现方式，传统上属于刑事检察办案的基本内容，只不过因检察机关内设机构分工，将该项业务主要交给行政检察部门办理，成为行政检察业务的一部分。

二、行刑反向衔接是法律监督的应有之义

尽管行政检察监督的范围存有争议，但是检察权作为宪法规定的法律监督权，对于行政权监督既具有宪法依据，也具有法理依据。就行刑反向衔接而言，检察监督是应有之义。

首先，从检察权的监督属性上看。如前所述，从检察权的起源历史维度上看，检察权具有天然的监督属性。在我国，监督属性是检察权的核心特征和本质特征。我国《宪法》第134条规定："中华人民共和国人民检察院是国家的法律监督机关。"检察机关的监督权是一种全局性

的权力，不仅对司法机关的司法活动具有监督权，对行政执法行为也具有监督权。行刑衔接正好处于检察机关权限范围内的两个主体部分，在这一交叉范围内，检察权具有完全的权力行使依据。① 具体来说，刑事责任型的反向衔接中，作为非刑罚处罚的行政处罚，行政机关有义务执行，检察机关应当对非刑罚处罚的落实情况进行监督；而对于线索移送型的反向衔接，司法机关发现的行政违法线索，为防止行政机关不正确履行职责，需要一个中立的第三方监督，而检察机关作为宪法规定的法律监督机关，跟踪监督行政执法机关的履职情况是应有之义。

其次，从监督的必要性上看。行政权与司法权最大的不同点在于，司法权有严格的程序规制，而行政权的程序规制相对宽松，原因在于行政权讲究快捷、高效、及时，相对于司法权来说，行政权的自由裁量空间和幅度更大。行政裁量是现代行政的典型特征，美国行政法学者 H. 韦德指出"自由裁量权是行政权的核心"。② 有学者总结出六点原因：一是现代社会变迁迅速，立法机关很难预见未来的发展变化，只能授权行政机关根据各种可能出现的情况作出决定；二是现代社会极为复杂，行政机关必须根据具体情况作出具体决定，法律不能严格规定强求一致；三是现代行政技术性高，立法机关只能规定任务和目的，由行政机关采取适当的执行方式；四是现代行政范围大，立法机关无力制定行政活动需要的全部法律，不得不扩大行政机关的权力；五是现代行政涉及很多新的领域，没有现成经验可参考，行政机关必须做出试探性的决定；六是价值观多元化，立法难以统一，只能授权行政机关根据公共利益需要采取必要的行政管理措施。③ 但是，权力具有易滥用的特点，需要外部监督。在我国，对行政权的监督，属于检察监督的应有之义。

---

① 参见刘艳红、周佑勇：《行政刑法的一般理论》，北京大学出版社 2008 年版，第 187 页。

② ［美］施瓦茨：《行政法》，徐炳译，群众出版社 1986 年版，第 566 页。

③ 参见王名扬：《美国行政法》，中国法制出版社 1995 年版，第 546 页。

最后，从监督的可行性上看。行刑衔接无论是正向衔接还是反向衔接，都是行政执法与刑事司法的衔接，检察机关处于整个衔接机制的中心。检察机关既可以对公安撤案、法院免刑进行反向衔接开展监督，也可以对行政机关对于刑事机关移送的案件是否正确履职进行监督。检察机关处于这种特殊的中间环节具有监督的优势，相较而言，监察监督、审判监督等其他监督由于权力属性的局限性，很难跨越不同的领域而对行政执法和刑事司法进行全面监督。[①]

第三节　检察机关行刑反向衔接的基本原则

检察机关行刑反向衔接工作所应坚持的原则，既涉及检察学原理，也涉及行政法学、刑法学原理，具有典型的多学科、多领域交叉特点。试图概括出普遍接受的、全面系统的原则是困难的，理论界尚没有对此开展深入研究。行刑反向衔接的原则应当兼顾交叉学科的共性，找出"最大公约数"。2024 年 11 月，最高人民检察院下发《人民检察院行刑反向衔接工作指引》，其中第 3 条规定"人民检察院开展行刑反向衔接工作，坚持严格依法、客观公正、过罚相当，加强跟踪，促进有关行政主管机关依法行使行政处罚权"。这里列举了检察机关开展行刑反向衔接应当坚持的严格依法、客观公正、过罚相当三项原则。我们认为，这三项原则体现了行刑反向衔接所涉交叉领域的"最大公约数"，具有理论依据，也符合实践情况。

一、严格依法原则

严格依法强调行刑反向衔接要依法有据，严格依照法规开展行刑衔

---

① 参见刘艳红、周佑勇：《行政刑法的一般理论》，北京大学出版社 2008 年版，第 187 页。

接。检察机关是否移送、是否建议给予行政处罚、给予什么样的行政处罚，都要依法有据。

第一，从理论上来说，严格依法作为行刑反向衔接的基本原则符合刑法学及行政法学原理。刑法学的基本原则是罪刑法定原则，也就是"法无明文规定不为罪，法无明文规定不处罚"。检察机关对刑事犯罪行为是否给予刑罚处罚、给予什么样的刑罚处罚，必须严格遵循罪刑法定原则。行政法学的基本原则是行政法定原则，即"法无明文规定不得任意行政"。行政权的运用不得与法律相抵触，没有法律上的根据，不得使行政相对人负担义务或者侵害相对人权利，没有法律上的依据不得免除特定人的法律义务或为特定人设定权利，行政自由裁量权必须有法律上的界限。[①] 二者都强调严格遵循法律依据。

第二，从实践角度来说，检察机关在开展行刑反向衔接过程中，对于是否需要反向移送行政机关、是否需要给予行政处罚、对反向衔接的跟进监督等各项工作均应当坚持依法有据。我国刑法中的相关罪名并没有完全与行政法规一一对应，这一方面是由于行政法规不完善导致的，另一方面刑法中的很多自然犯原本就不需要与行政法完全对应，因此，很多构成犯罪的行为，在情节轻微不起诉后，未必能找到行政处罚的法律依据，对于这种没有行政处罚法律依据的，不能随意建议行政机关给予行政处罚，更不能作出不利于当事人的类推解释。

二、客观公正原则

客观公正原则强调行刑反向衔接应当坚持客观中立、公平公正、毫无偏私。

第一，从理论上来说，客观义务是大陆法系检察官的基本义务，也是我国检察官的基本义务。检察官客观义务，又称客观公正义务、客观

---

① 参见林纪东：《行政法》，三民书局 1988 年版，第 73 页。

公正原则，检察官为了实现司法公正，在刑事诉讼中不应站在当事人立场，而应站在客观中立的立场上进行活动，努力发现并尊重案件事实真相。① 联合国《关于检察官作用的准则》也明确规定了检察官的客观义务，其中第 13 条规定，"检察官在履行职责时应当：（1）不偏不倚地履行其职能，并避免任何政治、社会、文化、性别或任何其他形式的歧视；（2）保证公众利益，按照客观标准行事，适当考虑到嫌疑犯和被害者的立场，并注意到一切有关的情况，无论是对嫌疑犯有利还是不利"。2019 年 4 月修订的《检察官法》在我国检察官客观义务立法史上具有里程碑意义，该法第 5 条规定："检察官履行职责，应当以事实为根据，以法律为准绳，秉持客观公正的立场。检察官办理刑事案件，应当严格坚持罪刑法定原则，尊重和保障人权，既要追诉犯罪，也要保障无罪的人不受刑事追究。"这里不仅正式使用了"客观公正"的术语，还对客观义务的内核进行了界定，可谓我国检察官客观义务的正式立法化。至此，客观义务已经成为我国检察官的法定义务。从行政法学角度来说，避免偏私、平等对待是行政法原则的应有之义。避免偏私原则要求行政主体在行政程序进行过程中应当在参与者各方之间保持一种超然和不偏不倚的态度和地位，不得受各种利益或偏私的影响。② 平等对待就是要求同等情况同等对待，不同情形区别对待，以及行政主体应当按照不同情况的比例设定相对人的权利义务，即比例对待。

第二，从实践角度来说，行刑反向衔接具体工作中要客观中立、无偏私地对待案件。符合不起诉条件的就应当依法不起诉，不符合不起诉条件的不能恣意为之；需要给予行政处罚的就应反向移送，不需要给予行政处罚的不盲目移送，做到客观、中立、无偏私，体现公平公正。

---

① 参见朱孝清：《检察官负有客观义务的缘由》，载《国家检察官学院学报》2015 年第 3 期。

② 参见周佑勇：《行政法基本原则研究》，法律出版社 2019 年版，第 222 - 223 页。

三、过罚相当原则

《行政处罚法》第5条第2款规定："设定和实施行政处罚必须以事实为依据，与违法行为的事实、性质、情节以及社会危害程度相当"。该条款在行政法学领域被称之为过罚相当原则，甚至被认为是设定和实施行政处罚的核心原则。[①] 过罚相当原则的基本含义是对符合行政处罚构成要件的行为人科加的处罚，应当坚持与其违法行为相均衡的处罚准则。由于过罚相当原则强调处罚与行为的均衡性，因此其与比例原则的关系就成为问题。关于比例性原则与过罚相当原则的关系，学界目前有两种较有影响的主张。一种观点认为，过罚相当原则系比例原则在行政处罚中的具体化。[②] 另一种观点认为，过罚相当原则与比例原则功能互补，应当一并适用。此种立场以过罚相当原则适用功能有限为由，主张将比例原则引入处罚决定是否违反过罚相当原则分析判断之中，或者说是"借助比例原则的分析框架"来实施过罚相当条款。在"苏州鼎盛案"中，法院在援引过罚相当原则说理过程中即借用了"必要性、妥当性"等比例原则的分析构架，主张处罚应"尽可能使相对人的权益遭受最小的损害"。[③] 但有一点是普遍共识，就是过罚相当原则是我国行政处罚的基本原则。

对于行刑反向衔接来说，坚持过罚相当原则至关重要。检察机关在审查是否需要给予行政处罚、给予什么样的行政处罚时，必须考虑过罚相当原则，既要防止不合比例的"小过重罚"，也要防止不合比例的行刑"倒挂"。

[①]　参见刘权：《过罚相当原则的规范构造与适用》，载《中国法学》2023年第2期。

[②]　参见周佑勇：《行政法基本原则研究》，法律出版社2019年版，第195页。

[③]　参见陈太清：《过罚相当原则的司法适用》，载《法学》2021年第10期。

第三章　行刑反向衔接的类型

《中共中央关于全面推进依法治国若干重大问题的决定》要求实现行政处罚和刑事处罚无缝对接。如前所述，行刑反向衔接是指司法机关在办理刑事案件过程中，发现相关行为构成犯罪但不需要给予刑罚处罚，或者相关行为虽然不构成犯罪，但有行政违法嫌疑，而移送行政机关处理。据此，行刑反向衔接，就检察环节而言，主要是针对不起诉而言的。因此，检察环节的行刑反向衔接的类型，可以根据刑事犯罪不起诉制度的类型来划分。

检察机关行刑反向衔接的开展是否仅限于决定不起诉的案件，是否还应该包括不捕、撤诉等案件，有待进一步研究。目前，检察机关开展行刑反向衔接工作的范围界定为决定不起诉的案件较为妥当。理由主要有：一方面，检察机关行刑反向衔接范围界定为不起诉案件与最高人民检察院于 2023 年 7 月下发的《关于推进行刑双向衔接和行政违法行为监督 构建检察监督与行政执法衔接制度的意见》保持了一致性；另一方面，与中共中央办公厅、国务院办公厅转发的《关于加强行政执法与刑事司法衔接工作的意见》的相关规定保持一致，该意见专门规定了"反向移送机制"，即"人民检察院对作出不起诉决定的案件、人民法院对作出无罪判决或者免予刑事处罚的案件，认为依法应当给予行政处罚的，应当提出检察建议或者司法建议，移送有关行政执法机关处理。"根据该意见的规定，检察机关和法院在反向衔接中有不同的职能要求，因此检察机关行刑反向衔接的开展目前限定在不起诉案件较为适宜。①

不起诉制度是检察机关对侦查（调查）终结移送起诉的案件，经过审查后，不再将犯罪嫌疑人提起公诉交付审判，是检察官履行职责的一项重要制度。1979 年我国刑事诉讼法规定了绝对不起诉和免予起诉两种不起诉制度。随着社会的发展，1996 年刑事诉讼法第一次修订时，取消了免予起诉制度，将其合理内容限缩形成相对不起诉制度，还增加了证据不足不起诉（即存疑不起诉）制度。2012 年刑事诉讼法第二次修订时，增加了对未成年人的附条件不起诉制度。2018 年刑事诉讼法第三次修订时，增加了核准不起诉。从实践的角度而言，检察环节的行刑反向衔接可以分为相对不起诉行刑反向衔接、存疑不起诉行刑反向衔接、绝对不起诉行刑反向衔接和附条件不起诉行刑反向衔接。

第一节　相对不起诉行刑反向衔接

一、相对不起诉的适用条件和范围

相对不起诉是人民检察院根据《刑事诉讼法》第 177 条第 2 款的规定作出的不起诉决定，即"对于犯罪情节轻微，依照刑法规定不需要判处刑罚或者免除刑罚的，人民检察院可以作出不起诉决定。"可见，适用相对不起诉的条件：一是犯罪嫌疑人的行为依照刑法规定已构成犯罪，案件事实清楚，证据确实、充分；二是犯罪情节轻微；三是依照刑法规定不需要判处刑罚或者免除刑罚。其实体法的依据就是我国《刑法》第 37 条，该条规定："对于犯罪情节轻微不需要判处刑罚的，可以免予刑事处罚，但是可以根据案件的不同情况，予以训诫或者责令具结

---

① 参见王春丽、邓翡斐、沈梦昕：《"行刑"反向衔接的实践难点及对策思考》，载《上海公安学院学报》2024 年第 2 期。

悔过、赔礼道歉、赔偿损失，或者由主管部门予以行政处罚或者行政处分。"

对于如何理解"犯罪情节轻微"，目前刑法及司法解释没有明确统一的标准。刑法学界对于《刑法》第 37 条免予刑事处罚条款的争议焦点在于，该条是否是独立的免予刑事处罚（免除刑罚）事由，在不符合刑法规定的如犯罪中止、防卫过当等法定免除处罚事由的情况下，司法机关能否直接、单独根据《刑法》第 37 条规定对行为人免除刑罚？理论界有多种观点。① 但实践中对此并无争议，认为免除处罚的事由显然不限定为刑法规定的免除处罚情形，司法解释中还规定了大量的免除处罚情形。如最高人民法院、最高人民检察院《关于办理危害生产安全刑事案件适用法律若干问题的解释（二）》第 10 条规定："有刑法第一百三十四条之一行为，积极配合公安机关或者负有安全生产监督管理职责的部门采取措施排除事故隐患……犯罪情节轻微不需要判处刑罚的，可以不起诉或者免予刑事处罚；情节显著轻微危害不大的，不作为犯罪处理。"又如，最高人民法院、最高人民检察院、公安部《关于办理医保骗保刑事案件若干问题的指导意见》第 12 条规定："……对涉案不深的初犯、偶犯从轻处罚，对认罪认罚的医务人员、患者可以从宽处罚，其中，犯罪情节轻微的，可以依法不起诉或者免除处罚；情节显著轻微、危害不大的，不作为犯罪处理。"因此，"犯罪情节轻微"不仅指犯罪情节轻，还应当是轻罪，把相对不起诉的适用范围"犯罪情节轻微"限定在法定最高刑为 3 年有期徒刑以下的轻罪案件。

对于"不需要判处刑罚或者免除刑罚"，要判断犯罪嫌疑人的行为是否符合《刑法》第 37 条"对于犯罪情节轻微不需要判处刑罚的，可以免予刑事处罚"的规定。因此，相对不起诉具体可以分为三种情形：

① 参见张明楷：《刑法学》（第六版），法律出版社 2021 年版，第 813 页；陈禹橦：《〈刑法〉第 37 条免予刑事处罚条款的刑事一体化解读》，载《中国应用法学》2024 年第 2 期。

（1）犯罪情节轻微，具有刑法总则规定的免除处罚的情节。如《刑法》第 20 条第 2 款规定，正当防卫明显超过必要限度造成重大损害的，应当负刑事责任，但是应当减轻或免除处罚。（2）犯罪情节轻微，具有刑法分则或司法解释规定的免除处罚的情节。如"两高"《关于办理寻衅滋事刑事案件适用法律若干问题的解释》第 8 条规定："行为人认罪、悔罪，积极赔偿被害人损失或者取得被害人谅解的，可以从轻处罚；犯罪情节轻微的，可以不起诉或者免予刑事处罚。"（3）虽然没有法定免除处罚情节，但从犯罪嫌疑人实施行为的动机、手段、对象、危害后果、人身危险性、一贯表现、认罪悔罪表现等综合考虑，属于犯罪情节轻微不需要判处刑罚的。

可见，相对不起诉具有自由裁量性强、适用范围广、刑事政策调节性强等特点。检察机关充分行使起诉裁量权，把不需要刑事追诉的行为人排除在"犯罪圈"之外，同时做好不起诉后的非刑罚处罚衔接，织密惩治和预防犯罪的法治网，对于提升社会治理效能具有重要意义。①

二、相对不起诉的反向衔接

（一）反向衔接的合理性与必要性

相对不起诉案件中犯罪嫌疑人的行为违反了刑法规定，构成犯罪，具有一定的社会危害性，只是因犯罪情节轻微，不需要判处刑罚或免除刑罚。犯罪嫌疑人的行为构成犯罪的认定，必须基于犯罪事实清楚，证据确实、充分，且全案已排除合理怀疑。因此，该类案件不起诉后，经审查后认为需要移送行政机关给予行政处罚的，可以移送行政机关予以行政处罚，实现预防和减少违法行为的目标，让社会公众受到警示和教化。

---

① 参见刘斌、韩虎：《相对不起诉非刑罚责任衔接问题探析》，载《中国检察官》2023 年第 17 期。

我国刑法条文中有很多具有社会管理目的的具体规定，如非法捕捞水产品罪等就是其中比较典型的情况。该罪在理论上属于行政犯，实践中，违法行为的发生很多是因为违法者法律意识不强或者心存侥幸，属于情节相对轻微、社会危害不大的情形。刑罚是最严厉的法律惩罚手段，在穷尽其他法律手段仍不能有效规制的情况下，才适宜对违法行为人处以刑罚。如对上述情节轻微的行为直接适用刑法规制，因刑罚手段主要是自由刑和罚金刑，体系过于单一且缺乏针对性，不能充分对被破坏的行政管理秩序进行恢复和补偿，也无法充分实现保护公益的目的。①而行刑反向衔接有助于解决这一问题，能收到良好的社会效果。一是此类犯罪行为的发生很多源于行政管理的缺失。如果行政机关能够加强事前宣传、引导，及时有效发现、管理、处罚，对此类违法情形形成前端管理，破坏行为就不会达到构成犯罪的严重程度。二是行政处罚措施轻缓、便捷，能够有效避免刑罚惩处过于严厉的后果。三是对于已经发生且构成犯罪的行为，检察机关相对不起诉后，具备可罚性的前提下，给予行为人相应的制裁和惩戒，效果更好。此时，行政处罚通过行为罚、人身罚或财产罚等措施，可以给予行为人精准打击，使被不起诉人行为的社会危害性与所受处罚相适应，有利于其认罪悔罪和矛盾化解。

综上，在相对不起诉制度中加强行刑衔接，通过刑事制裁措施与行政处罚措施相结合，既有利于精准打击，亦有利于社会教化和违法犯罪预防。因此，实践中相对不起诉行刑反向衔接案件数量最多，适用范围最广。

（二）反向衔接适用的条件

1. 具有行政处罚的法律依据。行政检察部门在办理反向衔接案件时应遵守"法无明文规定不处罚原则"。依据行政处罚法的相关规定，行

---

① 参见张红：《让行政的归行政，司法的归司法——行政处罚与刑事处罚的立法衔接》，载《华东政法大学学报》2020年第4期。

政处罚的依据只能是法律、行政法规、规章，其他规范性文件不得设定行政处罚。许多刑法上有明确处罚依据的犯罪行为在行政法上却找不到处罚依据，因此对于法律适用有争议可能影响移送处罚与否的，应严格审查行政处罚法律依据。对于确有分歧的案件，可以向上级院请示汇报、向相关行政机关或者专业研究人员咨询，在明确法律依据后再制发检察意见书。

【案例 3-1：孟某等涉嫌虚报注册资本罪相对不起诉行刑反向衔接案】

2021年3月15日，被不起诉人孟某以某人力公司名义与王某所在的某企业管理公司签订企业服务代理协议，约定某人力公司委托某企业管理公司办理工商注册、人力资源及劳务派遣许可业务。其间，孟某在没有资金用于缴纳公司注册资本的情况下，委托王某负责找人代为垫资，后王某委托储某（另案处理）代为垫资并办理验资报告。2021年4月29日，孟某与储某在某银行开设公司对公账户，由储某将200万元转入孟某个人银行账户，再由孟某个人账户转入公司账户，在获取200万元的进账单后，储某随即将垫资的200万元注册资金以贷款名义转至其控制、使用的某公司账户。

该案中，检察机关认为，对于协助虚报注册资本的第三人、非公司股东的实际控制人处以行政处罚缺乏明确的法律依据，故均未移送行政处罚。因《公司法》《市场主体登记管理条例》仅对虚报注册资本的公司、公司发起人及股东规定了行政处罚依据，而对于协助虚报注册资本的第三人、非公司股东的实际控制人等能否认定构成共同违法、能否进行处罚以及如何处罚等均未明确，行政处罚法等也无对共同违法行为进行处罚的直接具体规定。因此，对于没有明确的行政处罚依据的行为，不宜移送行政处罚。

2. 未超过行政处罚时效。《行政处罚法》第36条规定："违法行为在二年内未被发现的，不再给予行政处罚；涉及公民生命健康安全、金融安全且有危害后果的，上述期限延长至五年。法律另有规定的除外。前款规定的期限，从违法行为发生之日起计算；违法行为有连续或者继续状态的，从行为终了之日起计算。"全国人民代表大会常务委员会法制工作委员会《关于提请明确对行政处罚追诉时效"二年未被发现"认定问题的函的研究意见》（法工委复字〔2004〕27 号）规定，行政处罚法规定的发现违法违纪行为的主体是处罚机关或有权处罚的机关，公安、检察、法院、纪检监察部门和司法行政机关都是行使社会公权力的机关，对律师违法违纪行为的发现都应该具有行政处罚法规定的法律效力。因此，上述任何一个机关对律师违法违纪行为只要启动调查、取证和立案程序，均可视为"发现"；群众举报后被认定属实的，发现时效以举报时间为准。据此，行政处罚的追诉时效从违法行为发生之日开始计算。这里的"发现"，包括有权处罚机关或者行使社会公权力机关通过日常执法检查、相关部门移送、违法单位主动报送、群众举报等各种方式途径发现行政违法行为。

【案例 3-2：胡某涉嫌寻衅滋事罪相对不起诉行刑反向衔接案】

2017 年二三月的一天，缪某（男，2001 年 6 月 15 日出生，涉案时 15 周岁）因与被害人王某（男，1999 年 8 月 8 日出生，涉案时 17 周岁）、吴某（女，1999 年 12 月 29 日出生，涉案时 17 周岁）有感情纠纷，遂告知章某（已判决）。章某安排人员将被害人王某、吴某约至汽车站，并纠集胡某、耿某等人，将二人带至汽车站路南树林内，耿某等人随意殴打被害人。后章某以打架过程中有人手机损坏需要赔偿以及索要"辛苦费"等为借口，将被害人带至河边，实施搜身，共搜得 800元，并强迫被害人王某写下欠条。后章某指使胡某在某学校内继续向被害人王某索要赔偿款，被害人王某通过支付宝转账 1200 元给被告人章某。胡某与章某等人共强拿硬要被害人 2000 元。胡某经侦查机关电话通知到案，如实供述犯罪事实，并赔偿被害人 2000 元。

经查胡某的违法行为发生于 2017 年，2021 年 5 月因另案犯罪嫌人王某供述发现了胡某的犯罪线索，胡某的违法行为自发生之日起至被发现已超过2年。虽然2021年7月实施的行政处罚法增加规定了涉及公民生命健康安全的处罚追责期限延长至5年，但依据新《行政处罚法》第37条的规定应当采取从旧兼从轻的原则，适用违法行为被发现时的行政处罚法的规定。因此，胡某的行政违法行为已超过行政处罚时效，不符合行政处罚条件。

【案例3-3：广西某传媒有限公司、张某涉嫌对非国家工作人员行贿罪相对不起诉行刑反向衔接案】

2017年7月至2019年8月，广西某传媒有限公司实际负责人张某，为感谢某集团贸易股份有限公司市场部媒介科长的胡某（已判决）在获取某集团贸易股份有限公司3个广告项目（合同总金额290余万元）上的帮助，三次送给胡某现金共计人民币218755元。该案由公安机关在办理胡某等人非国家工作人员受贿案中发现，公安机关于2022年11月11日对该案立案侦查。2023年2月28日上午9时许，犯罪嫌疑人张某投案自首。

本案中，广西某传媒有限公司实际负责人张某于2017年7月至2019年8月向非国家工作人员胡某行贿合计21万余元，该案系由公安机关于2022年11月办理胡某等人非国家工作人员受贿案中发现线索。该案中行贿行为有连续状态，自行为终了之日2019年8月起计算，至行贿行为被发现之日止，此时行贿行为也已超过行政处罚时效，不应移送行政处罚。

3. 具有行政处罚必要性。行政处罚是指行政机关在管理公共事务的活动中，为保证社会经济生活的正常运转，依法对违反行政管理秩序尚未构成刑事犯罪的公民、法人或其他组织以减损权益或增加义务的方式实施的惩戒。行政违法行为仅意味着行政法规范秩序对某行为方式的否定，当行为人对其行政违法行为具备可受非难性时，相关行为在法律逻辑上就应受行政处罚。然而，行政处罚目的、行政资源有限性等因素决定了现实生活中行政处罚的适用既要考虑是否应当处罚，还要结合个案事实考虑是否需要处罚。① 《行政处罚法》第 33 条第 1 款规定，初次违法且危害后果轻微并及时改正，可以不予行政处罚。根据该条规定需要从个案的具体客观情况出发予以评价行政处罚必要性。行刑反向衔接案件中考量是否有处罚必要性，应当从处罚是否与法益侵害性及预防必要性相匹配的角度出发，避免对被不起诉人重复、过度处罚。例如，当事人具有特殊关系时，如双方当事人之间是亲属、朋友、乡邻关系，在双方已经赔偿谅解的情况下，仍强行实施行刑反向衔接，势必会将渐趋修复的社会关系人为加以破坏，重新激化矛盾，使办案效果大打折扣。②

【案例 3-4：李某涉嫌诈骗罪相对不起诉行刑反向衔接案】

2023 年 8 月 7 日至 8 月 9 日，李某明知上线从事电信网络诈骗犯罪活动，为获取非法利益，采取使用号码为 1575159×××的手机和另一部手机同时开放免提的方式，拨打上线提供的电话号码，让受话人添加虚假客服联系方式，为上线继续实施电信网络诈骗提供帮助。经查实，李某拨打诈骗电话计 319 次，非法获利人民币 200.76 元。另查实，2023 年 8 月 8 日被害人王某接到李某拨打的电话后，添加虚假客服微信被骗取人民币 85000 元。后李某已退缴全部违法所得 200.76 元，赔偿被害人王某全部损失 85000 元，并获得被害人谅解。

本案中，李某诈骗数额不大，经综合考量李某系在校大学生、退缴全部违法所得、退赔获得被害人谅解、积极参与志愿活动等因素，在充分听取被害人和公安机关意见、公开听证后，决定对该案不再提出给予行政处罚的检察意见。这个案件是在综合考虑犯罪情节、危害后果、认罪认罚态度等因素的基础上，认为没有行政处罚的必要性。

---

① 参见周苏湘：《论"不予行政处罚"的逻辑内涵及其适用展开》，载《行政法学研究》2022 年第 2 期。

② 参见李勇、丁亚男：《检察环节行刑反向衔接类型化规则构建》，载《中国检察官》2024 年第 5 期。

【案例 3－5：沈某涉嫌盗窃罪相对不起诉行刑反向衔接案】

2023 年 2 月 14 日至 9 月 13 日间，被不起诉人沈某在某小商品市场被害人韩某经营的超市内，盗窃 4 次，窃得放置于店铺中的塑料袋、纸巾、网卡等物品（价值人民币 192 元）。经鉴定，被不起诉人沈某罹患轻度精神发育迟滞，为限制刑事责任能力人。后沈某退赔 500 元并取得谅解。

该案在充分考虑具体案情、退赔谅解及沈某自身实际情况的基础上，认为对于沈某的违法行为不具备行政处罚的必要性。综合考虑该案的情节，检察机关终结审查。

第二节 存疑不起诉行刑反向衔接

一、存疑不起诉的适用条件和范围

存疑不起诉，又称证据不足不起诉，是人民检察院根据《刑事诉讼法》第 175 条第 4 款的规定作出的不起诉决定，即"对于二次补充侦查的案件，人民检察院仍然认为证据不足，不符合起诉条件的，应当作出不起诉的决定"。可见，检察机关在适用存疑不起诉时，应当具备两个条件：一是程序要件，即要经过补充侦查程序。人民检察院在审查起诉中发现证据不足时，不能立即作出不起诉决定，必须先退回侦查机关补充侦查。补充侦查是存疑不起诉的法定程序要件，退回补充侦查以两次为限。二是实体要件，即案件的证据未达到犯罪事实清楚，证据确实、充分的证明标准，犯罪可能存在，但定罪存疑。存疑不起诉是有一定证据能证明犯罪嫌疑人实施了犯罪行为，但因证据不足而作出不起诉。[1]

---

[1] 参见童建明、万春主编：《〈人民检察院刑事诉讼规则〉条文释义》，中国检察出版社 2020 年版，第 389 页。

有观点认为，证据不足不起诉其实也属于不符合起诉条件的不起诉，只是在程序上与法定不起诉不同的是，它通常需要在补充侦查或法定期限内无证实的可能，才决定不起诉。① 从制度设计来看，存疑不起诉案件并没有完全否定后续起诉的可能性。比如因为同案犯到案等原因证据发生重大变化，符合事实清楚，证据确实、充分的起诉条件的，应当重新提起公诉。实践中，由于各种主客观原因，在不同的案件中检察官往往对于"存疑"并没有明确的标准，因此，存疑不起诉在整体适用上可能存在相似案件不同处理的情况，容易引发争议和误解。同时，检察官起诉裁量权还受到侦查机关针对存疑不起诉提出的复议、复核，被害人提出的申诉和自诉、被不起诉人提出的申诉等制约。因此，存疑不起诉案件与相对不起诉案件相比较，数量较少。

二、存疑不起诉的反向衔接

（一）反向衔接的合理性与必要性

对于存疑不起诉案件检察机关能否建议行政处罚目前存有争议。有观点认为，关于行刑反向衔接的内容规定在《刑事诉讼法》第 177 条第 3 款，而存疑不起诉单独规定于《刑事诉讼法》第 175 条中，第 177 条第 3 款没有将存疑不起诉像法定不起诉、相对不起诉一样囊括进来，表明立法者并未将存疑不起诉纳入行刑反向衔接之中；还有观点认为，存疑不起诉并非案件的终局性处理方式，后续如果发现新的证据，符合起诉条件的，还是应当重新起诉，如果在存疑不起诉后即移送行政处罚，会出现难以处理程序衔接、违反"一事不再罚"原则的问题。②

---

① 参见何家弘主编：《检察制度比较研究》，中国检察出版社 2014 年版，第 463 页。
② 参见常永栋、姚弘韬：《行刑反向衔接的法律适用和证据转化》，载《人民检察》2024 年第 7 期。

笔者认为，检察机关在作出存疑不起诉决定后移送行政处罚属于线索移送型的反向衔接。也就是说，检察机关经审查认为构成犯罪的证据不足，但是这里面存在部分事实虽然达不到构成犯罪的标准，但是可能构成行政违法，检察机关作为法律监督机关发现这样的行政违法线索，应当移送相应的行政机关。就此而言，存疑不起诉也属于行刑反向衔接的类型。①

1. 存疑不起诉被单独规定符合法条行文逻辑的需要。《刑事诉讼法》第175条规定的是补充侦查制度，其第2款规定："人民检察院审查案件，对于需要补充侦查的，可以退回公安机关补充侦查，也可以自行侦查"。紧接着该条第3款规定了补充侦查的期限、次数，第4款规定了二次补充侦查仍然证据不足的应作出不起诉决定。从法条内容来看，存疑不起诉是补充侦查后证据不足情况下处理案件的方式，将存疑不起诉规定在第175条第4款符合法条的行文逻辑，不能仅以条款位置认定立法者未将存疑不起诉案件纳入行刑反向衔接的范围。

2. 法律规定并未限制应当移送行政处罚的不起诉案件类型。《刑事诉讼法》第177条第3款规定："对被不起诉人需要给予行政处罚、处分或者需要没收其违法所得的，人民检察院应当提出检察意见，移送有关主管机关处理。"该条中"被不起诉人"并未限定在相对不起诉人。在最高人民检察院《关于推进行刑双向衔接和行政违法行为监督 构建检察监督与行政执法衔接制度的意见》、最高人民检察院行政检察厅《关于贯彻落实〈关于推进行刑双向衔接和行政违法行为监督 构建检察监督与行政执法衔接制度的意见〉若干问题的解答》中也使用了相同的表述，还针对四种不起诉类型分别列明了反向衔接工作的审查要点，因此不应将存疑不起诉排除在行刑反向衔接案件类型之外。

3. 对存疑不起诉的行为移送行政处罚不违反"一事不再罚"原则。

---

① 参见李勇、丁亚男：《检察环节行刑反向衔接类型化规则构建》，载《中国检察官》2024年第5期。

"一事不再罚"原则，是指对行为人的同一个违法行为，不得给予两次以上的行政处罚。《行政处罚法》第35条规定："违法行为构成犯罪，人民法院判处拘役或者有期徒刑时，行政机关已经给予当事人行政拘留的，应当依法折抵相应刑期。违法行为构成犯罪，人民法院判处罚金时，行政机关已经给予当事人罚款的，应当折抵相应罚金；行政机关尚未给予当事人罚款的，不再给予罚款。"《行政执法机关移送涉嫌犯罪案件的规定》第11条第2款规定："行政执法机关向公安机关移送涉嫌犯罪案件前已经作出的警告，责令停产停业，暂扣或者吊销许可证、暂扣或者吊销执照的行政处罚决定，不停止执行。"结合上述规定，存疑不起诉后被行政处罚，若行政处罚是警告、责令停产停业、暂扣或者吊销许可证、暂扣或者吊销执照等申诫罚、行为罚的，因与刑事处罚的种类不同，即使因出现新的证据被提起公诉判处刑罚的，不会涉及"一事不再罚"原则；若行政处罚是行政拘留、罚款等自由罚、财产罚的，则在追究刑事责任时判处自由刑、罚金刑的依法可进行折抵。[1] 因此，存疑不起诉反向衔接给予行政处罚并不违反"一事不再罚"原则。

4. 存疑不起诉后移送行政处罚有利于解决不刑不罚。存疑不起诉案件中"证据不足"的逻辑前提是有犯罪事实，且有部分证据，但是证据不足以定罪。存疑不起诉案件完全可能存在违法行为，只是证据无法证实达到犯罪的标准。刑事犯罪与行政违法的认定标准不同，存疑不起诉中证据虽未达到刑事犯罪的证明标准，但仍有可能达到行政违法的标准，若不及时对其进行行政处罚，将产生"不刑不罚"的后果。对该类案件审查行政处罚必要性并及时提出行政处罚的意见更有利于案件的公正处理。

---

[1]　参见林丹、毛静妮：《存疑不起诉仍需同步审查行政处罚必要性》，载《检察日报》2022年12月6日，第7版。

（二）反向衔接适用的条件

笔者认为，存疑不起诉后被不起诉人移送行政处罚的条件应当包含五个方面：（1）被不起诉人存在行政违法行为，且达到行政处罚的证据标准；（2）具有行政处罚的主观要件；（3）具有行政处罚的法律依据；（4）未超过行政处罚追责时效；（5）具有行政处罚必要性。因后三个方面与相对不起诉后被不起诉人移送行政处罚的条件相同，因此此处重点讨论前两个条件。

1. 被不起诉人存在行政违法行为，且达到行政处罚的证据标准。存疑不起诉后被不起诉人能否移送行政处罚，需要根据不同案件具体情况审查确定。一是对于被不起诉人多次、多笔的违法行为中存在部分事实已查清且证据确实、充分的，对该部分违法行为没有达到构成犯罪的数额或情节标准的，可以反向衔接移送行政处罚。二是对于被不起诉人的行为未达到刑事定罪标准，但能够认定被不起诉人的行为构成行政违法的，对该行政违法行为可以反向衔接移送行政处罚。由于刑事证据的审查标准高于行政证据，刑事案件的证明标准也远高于行政案件，因此一些案件虽然在刑事上作出存疑不起诉，但不一定不能证明存在行政违法行为，对于达到行政案件证明标准的，可以反向移送行政机关处理。如盗窃案中，因部分盗窃物品的价值无法查实或部分盗窃次数的事实无法查实而存疑不起诉的，可以就已经查明的盗窃事实提出给予行政处罚的检察意见。若因证据发生重大变化，公安机关补充侦查后又以构成盗窃罪移送起诉的，起诉时可以将行政处罚与刑罚折抵。

【案例3-6：丁某涉嫌盗窃罪存疑不起诉行刑反向衔接案】

公安机关移送审查起诉的事实：2022年10月8日，丁某到化工园地铁站，将被害人周某的车牌为苏A1160×××的红色电动自行车盗走，已灭失。同年10月，丁某到高新地铁站，将被害人朱某名下的一辆车牌为苏A1301×××电动车盗走，已灭失。同年11月26日，丁某到某广场西北侧入口路边，将被害人周某停放在此处的一辆车牌为苏AG3×××的银色摩托车盗走，经鉴定价值308元。

检察机关刑检部门经审查并退回补充侦查，认为移送审查起诉的三笔盗窃犯罪事实中有一笔事实不清、证据不足，另两笔盗窃事实证据充分，盗窃物品价值850元。因查实的犯罪数额未达到刑事追诉标准，不符合起诉条件，检察机关经检委会讨论决定对丁某作出存疑不起诉。但现有证据足以证实丁某两次实施了盗窃他人财物的违法行为，故检察机关向公安机关制发检察意见书，建议对丁某作出行政处罚。该案中，对于已经查实的部分行政违法行为，确有行政处罚必要性的，应当反向衔接移送行政处罚。

2. 符合行政处罚的主观要件。存疑不起诉的案件，有的是因为无法确定主观故意而无法定罪。在有确实充分的证据证明被不起诉人有行政违法行为的情况下，还要审查被不起诉人是否具有符合行政处罚的主观要件。2021年新修订的《行政处罚法》第33条第2款规定了行政处罚的主观要件，贯彻过罚相当、罚教结合的理念，契合公平正义的基本价值追求。该条第2款规定："当事人有证据足以证明没有主观过错的，不予行政处罚。法律、行政法规另有规定的，从其规定。"根据该条的表述，包含三层含义：一是允许行为人自行证明其主观无过错以避免责任追究；二是行政机关享有依据违法行为人的客观违法事实推定其有主观过错的权力，但推定过错不是归责主线；三是无过错不处罚的例外仅限于"法律、行政法规另有规定"的情形。该条款的适用应以明确"主观过错"属性定位和"过错推定"适用范围为前提，坚持"主观过错为主线、过错推定为补充、无过错而处罚为例外"的归责体系，其中例外情形应限制在食药监管、环境保护、安全生产等特殊领域。① 公安部《关于公安机关适用行政处罚若干问题的指导意见》中明确，公安机关

---

① 参见喻少如、姜文：《论行政处罚的主观要件——以新修订〈行政处罚法〉第三十三条第二款为中心》，载《湖南警察学院学报》2021年第3期。

实施行政处罚时，对当事人提供的证明自己无主观过错的证据应当进行审查，相关证据查证属实，且足以证明当事人没有主观过错的，不予行政处罚。认定是否足以证明"没有主观过错"，可以根据当事人提供的证据，并结合当事人的从业经历、专业背景、社会认知能力，是否履行了法定义务，是否曾因相同违法行为被公安机关处理等，综合进行判断。

【案例3-7：梁某涉嫌假冒注册商标罪存疑不起诉行刑反向衔接案】

2020年4月至2022年1月，杨某、涂某在未取得某三家知名注册商标品牌权利人授权的情况下，购买上述品牌二手压力变送器、说明书等材料，并委托梁某为其制作假冒注册商标的铭牌。杨某、涂某将旧压力变送器拆解、更换外壳、粘贴铭牌后通过网络对外销售，非法获利410400元。梁某共制售假冒相关商标的铭牌1150余套，非法获利3400元。后公安机关以杨某、涂某、梁某三人触犯《刑法》第213条之规定涉嫌假冒注册商标罪移送检察机关审查起诉。检察机关审查认为，梁某仅接受委托制作假铭牌，无充分证据证明其具有共同销售翻新产品的主观故意，无法认定其构成假冒注册商标罪，其行为属于非法制造、销售非法制造的注册商标标识，未达到刑事追诉的数额标准。经检委会讨论决定，依据《刑事诉讼法》第175条第4款之规定，对梁某作出存疑不起诉决定。

该案中，现有证据无法认定梁某构成假冒注册商标罪，但现有证据足以证实梁某明知未经授权而实施了伪造、擅自制造他人注册商标标识或者销售伪造、擅自制造的注册商标标识的行为，具有主观过错，其违反了商标法的规定，应当移送行政处罚。故检察机关向同级市场监督管理局制发检察意见书，建议根据商标法的相关规定对梁某作出行政处罚。

第三节 绝对不起诉行刑反向衔接

一、绝对不起诉的适用条件和范围

绝对不起诉，又称法定不起诉，是人民检察院根据《刑事诉讼法》第 16 条、第 177 条第 1 款的规定作出的不起诉决定，包括犯罪嫌疑人没有犯罪事实，情节显著轻微、危害不大不认为是犯罪的，犯罪已过追诉时效期限，经特赦令免除刑罚，依照刑法告诉才处理的犯罪而没有告诉或者撤回告诉，犯罪嫌疑人、被告人死亡，以及其他法律规定免予追究刑事责任的情形。从制度设计来看，我国的法定不起诉主要针对犯罪嫌疑人的行为不构成犯罪或依法不应追究刑事责任等欠缺"公诉条件"的案件。

绝对不起诉与相对不起诉、存疑不起诉之间并非平等并列关系，而是处于不同的体系位置。存疑不起诉以事实不清、证据不足为前提条件；绝对不起诉、相对不起诉以犯罪事实清楚，证据确实、充分为前提条件。前者不构成犯罪，后者构成犯罪。存疑不起诉是在事实认定层面存疑而作的不起诉，法定不起诉、相对不起诉是在事实认定清楚的基础上在法律适用层面不同而作的不起诉。①

二、绝对不起诉的反向衔接

（一）反向衔接的合理性与必要性

当行为人的行为不构成犯罪，检察机关作出绝对不起诉，但是该行

---

① 参见王锡友等：《三种不起诉的适用条件及对不起诉决定的监督与处理》，载《人民检察》2023 年第 18 期。

为有可能属于行政违法，有可能需要给予行政处罚。检察机关对犯罪嫌疑人作出绝对不起诉决定后移送行政机关本质上是一种线索移送，也就是检察机关在办理案件过程中，经审查认为不构成犯罪，但是发现其中存在行政违法的线索，检察机关作为法律监督机关，理当将该线索移送行政机关处理。因此，绝对不起诉后的行政处罚也属于行刑反向衔接的类型。①

1. 《刑事诉讼法》第 177 条第 3 款规定了不起诉案件的反向衔接，没有排除绝对不起诉的情形。《刑事诉讼法》第 177 条第 3 款规定："人民检察院决定不起诉的案件，应当……对被不起诉人需要给予行政处罚、处分或者需要没收其违法所得的，人民检察院应当提出检察意见，移送有关主管机关处理。有关主管机关应当将处理结果及时通知人民检察院。"这里没有限定不起诉的类型，因此，法律规定并未将绝对不起诉排除在应当审查行政处罚必要性的不起诉案件类型之外。

2. 绝对不起诉后移送行政处罚有利于解决不刑不罚。我国刑法立法采取的是"定性＋定量"的模式，很多罪名，犯罪与行政违法的区别仅在于犯罪数额和情节的不同。因此，很多案件因没有达到刑法规定的"数额较大"或"情节严重"无法成立犯罪，检察机关进而作出绝对不起诉决定，但是这些案件中的事实属于行政违法。因此，不能认为已作出绝对不起诉决定了，不构成犯罪了，就必然不能给予行政处罚。如果被不起诉人具有下列情形的，应当审查是否应当移送行政处罚：（1）没有犯罪事实，但有行政违法行为；（2）情节显著轻微、危害不大，不认为是犯罪的，但属于行政违法。比如盗窃行为没有达到刑法规定的数额较大，虽然不构成盗窃罪，但属于行政违法行为，法律不能对这种盗窃行为视而不见；故意伤害没有造成轻伤后果，虽然不构成故意伤害罪，但属于违法行为，法律显然不能容许殴打他人的行为。

---

① 参见李勇、丁亚男：《检察环节行刑反向衔接类型化规则构建》，载《中国检察官》2024 年第 5 期。

（二）反向衔接适用的条件

有观点认为，绝对不起诉情形下，行刑反向衔接的适用应注重阶层体系下的必要性审查。主要应从以下三方面进行审查。

1. 不符合犯罪构成要件而被不起诉时，应审查有无行政处罚依据。实践中，不符合犯罪构成要件的原因有多种，由于行政法与刑法的规范保护目的存在差异，行政处罚和刑事处罚并非一一对应的关系，必须确保该行为在行政法上具有明确的处罚依据和方式，由此才能获得正当性和可执行性。

2. 基于违法阻却事由而出罪时，不宜开展行刑反向衔接。我国的违法阻却事由通常包括正当防卫、紧急避险和超法规的违法阻却事由。在存在违法阻却事由时，不宜开展行刑反向衔接。对于正当防卫而言，基于法秩序统一原理，如果行为人因正当防卫而出罪，不可能在行政法上得出相反评价，否则会使公民在面临不法侵害时畏首畏尾，失去自力救济的时机；在紧急避险中，根据《民法典》第182条规定，因紧急避险造成损害的，由引起险情发生的人承担民事责任，而引起险情的人显然不是紧急避险人，所以该条第2款规定，危险由自然原因引起的，紧急避险人不承担民事责任，可以给予适当补偿。基于法秩序统一原理，在民事法上无须承担赔偿责任时，在行政法上也无须承担行政处罚责任，更不需要行刑反向衔接。同样，在被害人有效承诺中，由于个人对某些法益的处置具有自决权，因而即使产生损害，也不能违背公民自决权而进行行刑反向衔接。在自救行为中，更不允许损及行为人的正当权利，产生法理冲突。

3. 基于责任阻却事由而出罪时，应区分情况审查。一方面，在当事人因不具有违法性认识可能性而出罪时，应当进行必要性审查，需要移送行政执法机关的，应当移送。因为其既然存在认识犯罪事实且将其实现的意思，就具有应当唤起违法性意识、形成反对动机的机会，却决意实施，因而具有可谴责性。另一方面，在不具有期待可能性而出罪的案件中，此时作出法定不起诉决定后，再次进行行刑反向衔接，会造成法规范的相互冲突和矛盾，影响公民的自由选择。[①]

行政法与刑法的规范保护目的存在差异。在质的区别上，刑法保护法益不受侵犯，法益是全体社会成员最为重要的利益，对法益的侵犯具有较高的可责性；而行政法所维护的是行政利益。在量的区别上，刑事违法行为具有更高的社会危害性或者说更高的法益侵害性。[②] 被不起诉人的行为不构成犯罪，但仍有可能构成行政违法。对于没有犯罪事实，或情节显著轻微、危害不大，不认为是犯罪的，应当审查其行为是否具有行政处罚的法律依据，是否具有行政处罚的主观要件，是否未超过行政处罚追责时效，是否具有行政处罚必要性。其中，是否具有行政处罚的依据，重点审查是否属于"违法行为轻微""初次违法"等。《行政处罚法》第33条第1款规定，"违法行为轻微并及时改正，没有造成危害后果的，不予行政处罚。初次违法且危害后果轻微并及时改正的，可以不予行政处罚。"《关于公安机关适用行政处罚若干问题的指导意见》中明确：关于"违法行为轻微"的认定，应当结合违法行为的性质、情节、主观过错等因素综合考量，并且列举了一般可以认定为"违法行为轻微"的情形；关于"初次违法"的认定，是指行为人第一次实施公安行政违法行为，并且列举了视为初次违法的情形。关于行政处罚的主观要件，"没有主观过错"的调查核实，前文已阐述。在审查案件时，可以参照适用，综合考量是否需要移送行政处罚。

【案例3-8：赵某涉嫌危险驾驶罪法定不起诉行刑反向衔接案】

2023年11月5日21时52分左右，赵某饮酒后驾驶小型普通客车，

---

① 参见邱鹏宇：《行刑反向衔接必要性审查要点》，载《检察日报》2024年5月25日，第3版。

② 参见王莹：《论行政不法与刑事不法的分野及对我国行政处罚法与刑事立法界限混淆的反思》，载《河北法学》2008年第10期。

在行驶过程中被查获，现场呼气酒精含量测试显示其醉酒，民警遂将其带至医院血检。经鉴定，送检的赵某血样中乙醇含量为132mg/100ml，已超过醉酒驾驶机动车的标准。

根据"两高两部"《关于办理醉酒危险驾驶刑事案件的意见》第12条第1款的规定，检察机关认为赵某的行为符合《刑法》第13条的规定，作出法定不起诉决定。检察机关刑检部门移送行政检察部门后，行政检察部门经审查发现赵某除了醉酒后驾车，还有未被行政处罚的使用伪造的机动车号牌等违法行为，遂向交警部门发出检察意见书，建议对赵某进行行政处罚。本案中，虽然赵某醉酒后驾车的行为不构成犯罪，但其行为及其他关联行为应当受到行政处罚。

第四节　附条件不起诉行刑反向衔接

一、附条件不起诉的适用条件和范围

附条件不起诉是指对于未成年人涉嫌刑法分则第四章、第五章、第六章规定的犯罪，可能判处一年有期徒刑以下刑罚，符合起诉条件，但有悔罪表现的，人民检察院可以作出附条件不起诉的决定。2012年我国刑事诉讼法将附条件不起诉制度写入未成年人特别程序的章节，将附条件不起诉限定为对涉嫌轻罪的未成年人"教育、挽救、感化"的重要制度适用，旨在发挥这一制度在未成年人犯罪治理方面的效果。在附条件不起诉的考验期内，由人民检察院对被附条件不起诉的未成年犯罪嫌疑人进行监督考察。未成年犯罪嫌疑人的监护人应当对犯罪嫌疑人加强管教，配合检察机关做好监督考察工作。

可见，适用附条件不起诉需要满足以下条件：一是主体条件，适用于未成年人犯罪案件；二是罪名条件，必须是涉嫌刑法分则第四章、第

五章、第六章规定的侵犯人身权利、民主权利、侵犯财产、妨害社会管理秩序的轻微犯罪；三是主观条件，行为人有悔罪表现；四是程序条件，人民检察院作出附条件不起诉的决定前，应当听取公安机关、被害人的意见，同时人民检察院决定附条件不起诉的，应当确定考验期，考验期的法定期限为 6 个月以上 1 年以下，从检察机关作出附条件不起诉的决定之日起算。

二、附条件不起诉的反向衔接

（一）反向衔接的合理性与必要性

检察机关对未成年犯罪嫌疑人作出附条件不起诉决定后，可以进行行刑反向衔接，对被不起诉人的行为进行行政处罚建议和监督。理由如下：

一是现有规定并未将附条件不起诉排除在行刑反向衔接适用范围之外。2011 年中共中央办公厅、国务院办公厅转发的《关于加强行政执法与刑事司法衔接工作的意见》及最高人民检察院于 2023 年 7 月下发的《关于推进行刑双向衔接和行政违法行为监督 构建检察监督与行政执法衔接制度的意见》，都明确人民检察院对作出不起诉决定的案件认为依法应当给予行政处罚的，应当提出检察建议或者司法建议，移送有关行政执法机关处理，没有将附条件不起诉这一类型排除在行刑反向衔接适用范围以外。

二是附条件不起诉的未成年犯罪嫌疑人的行为可能具有行政处罚可处罚性。虽然附条件不起诉是针对未成年人这一特殊主体设置的特殊制度，但由于附条件不起诉本质上是"相对不起诉＋附加条件"，其违法行为也会对社会秩序、公共安全等造成损害。对于附条件不起诉的未成年犯罪嫌疑人的行为是否需要给予行政处罚，不能一概而论，需要进一步审查。行政处罚是行政机关依法对违反行政管理秩序的公民、法人或者其他组织，以减损权益或增加义务的方式予以惩戒的行为。如果其行为具有可处罚性，则应当移送行政机关处理。行政处罚可以让他们认识到自己行为的错误，避免再犯。

（二）反向衔接适用的条件

最高人民检察院在关于行刑反向衔接工作的问答中明确，该类行刑反向衔接中行政处罚的适用应当保持谨慎。附条件不起诉行刑反向衔接的基本原理与相对不起诉基本相同，附条件不起诉后行政处罚的适用条件亦可以参照相对不起诉后行政处罚适用的条件，具有行政处罚的法律依据、未超过行政处罚的追责时效、具有行政处罚的必要性。但需要注意以下两点。

一是注重辨别未成年违法行为人的法定责任年龄。根据《行政处罚法》第 30 条的规定：不满 14 周岁的未成年人有违法行为的，不予行政处罚，责令监护人加以管教；已满 14 周岁不满 18 周岁的未成年人有违法行为的，应当从轻或者减轻行政处罚。《治安管理处罚法》第 12 条规定：已满 14 周岁不满 18 周岁的人违反治安管理的，从轻或者减轻处罚；不满 14 周岁的人违反治安管理的，不予处罚，但是应当责令其监护人严加管教。该法第 21 条规定：违反治安管理行为人系已满 14 周岁不满 16 周岁的，依照本法应当给予行政拘留处罚的，不执行行政拘留处罚。可以看出，对于不同年龄的未成年人是否给予行政处罚以及行政处罚的方式不同。

二是行政处罚必要性的标准更高。对未成年人进行行政处罚的必要性审查是一个复杂且需要特别考虑的过程。对未成年人的行政处罚应当谨慎进行，考虑到他们的身心发育客观情况、认识能力和处分能力有限、法治观念淡薄等，应避免严厉的惩罚手段。不仅要考虑法律的规定，还要考虑未成年人的特殊情况，确保处理方式既能保护社会秩序，又能促进未成年人的健康成长。

第四章　行刑反向衔接可处罚性审查

　　行刑反向衔接要防止陷入"不刑就行""一律移送""刑罚可免行政必罚"等误区,强化可罚性、必要性审查,结合个案的性质、情节、再犯可能性、预防必要性等进行实质性审查①。检察机关不能对所有不起诉案件均提出检察意见移交行政机关,如邻里纠纷引发的故意伤害案件,双方已经和解,检察机关作出相对不起诉后,如果再移送公安机关给予行政拘留的行政处罚,不仅没有必要,反而会进一步激化矛盾,将刑事和解的功能和效果抵消。② 最高检应勇检察长强调,要规范办理行刑反向衔接案件,坚持实事求是、依法监督,严格把握"可处罚性"原则。这里的"可处罚性",是行刑反向衔接工作的重点和关键所在。

第一节　可处罚性审查的概念

一、法律相关规定:可处罚性等于"需要给予行政处罚"

　　《刑事诉讼法》第 177 条第 3 款规定,对被不起诉人需要给予行政处罚、处分或者需要没收其违法所得的,人民检察院应当提出检察意

---

　　① 参见周佑勇:《行政执法与刑事司法的双向衔接研究——以食品安全案件移送为视角》,载《中国刑事法杂志》2022 年第 4 期。
　　② 参见李勇、丁亚男:《检察环节行刑反向衔接类型化规则构建》,载《中国检察官》2024 年第 5 期。

见，移送有关主管机关处理。有关主管机关应当将处理结果及时通知人民检察院。根据该条文，只有需要给予行政处罚的，人民检察院才提出检察意见，并移送有关主管机关。故从法律条文理解，可处罚性指的就是对被不起诉人需要给予行政处罚，但如何理解"需要给予行政处罚"，目前尚缺乏明确的规定。有论者认为，司法实务中出现盲目一律移送、标准把握不一等现象，不利于凝聚刑事司法与行政执法合力，做好不起诉"后半篇文章"。① 因此，检察机关必须牢牢把握可处罚性的原则，应当对是否移送主管机关进行处罚依法履行审慎审查的义务，既要坚决摒弃"不刑不行"，也要杜绝"不刑就行"，做到应罚尽移，不应罚则不移。

二、可处罚性的二层维度：违法性 + 必要性

最高检在《关于 2023 年度全国检察机关开展行政执法和刑事司法双向衔接情况的通报》中指出："行刑反向衔接制发检察意见的必要性考量不足。检察机关应当在充分考量被不起诉人已受到惩戒的情况、刑事和解情况等，以及被不起诉人是否具有不应或者免于行政处罚的情形后，对于依法应当予以行政处罚的，向行政主管部门制发检察意见。有的检察院对涉案金额仅数十元，应当适用'首违不罚'的被不起诉人，以行政机关仍需对行为人进行批评教育为由，制发检察意见。有的对故意伤害不起诉案件中，已作刑事和解且社会关系已经修复的，还制发检察意见。"2024 年 7 月的大检察官研讨班上，最高检应勇检察长强调，要规范办理反向衔接案件，坚持实事求是、依法监督，严格把握"可处罚性"原则。那么，可处罚性与必要性是什么关系？笔者认为，可处罚性为大概念，包含了必要性审查。可处罚性实际上包括了行为的违法性和处罚的必要性两个维度。

---

① 参见户恩波：《"四要件"准确把握"需要给予行政处罚"》，载《检察日报》2024 年 5 月 25 日，第 3 版。

最高人民检察院行政检察厅《关于贯彻落实〈关于推进行刑双向衔接和行政违法行为监督 构建检察监督与行政执法衔接制度的意见〉若干问题的解答二》指出："检察机关办理行刑反向衔接案件，应当重点审查三个方面：一是被不起诉人是否存在违反行政法律法规的行为；二是相关行政主管部门是否已对被不起诉人的违法行为作出行政处罚；三是有无制发检察意见的必要性。被不起诉人已经受到惩戒、惩罚的，或者已达成刑事和解并积极修复被损害的法益的，或者已超过行政处罚时效的，根据具体案情决定是否提出检察意见。"该解答的第一点实质上就是违法性审查，第二点和第三点则是制发检察意见的必要性审查，本质上与笔者提出的两个层次的论断是一致的。因此，笔者认为，对于可处罚性的审查，可以分为两个层次，第一层次是被不起诉人行为是否存在行政违法性，即该行为是否符合行政处罚的构成要件；第二层次为处罚的必要性，即如果该行为符合行政处罚的构成要件，还需审查被不起诉人是否存在符合不予行政处罚的特殊情形。两个层次之间是先后递进关系，行政违法性审查在前，处罚必要性审查在后。

三、可处罚性审查的要素

笔者认为，根据上述可处罚性审查的两个维度，其审查要素应当包括行为违法性要素和处罚必要性要素。

（一）行为违法性要素

《行政处罚法》第4条规定："公民、法人或者其他组织违反行政管理秩序的行为，应当给予行政处罚的，依照本法由法律、法规、规章规定，并由行政机关依照本法规定的程序实施。"该法第5条规定："行政处罚遵循公正、公开的原则。设定和实施行政处罚必须以事实为依据，与违法行为的事实、性质、情节以及社会危害程度相当。"依据上述规定，行政处罚需满足行为违法性的前提，具体要素包括事实、证据、法律适用、减轻从轻从重情节等，行刑反向衔接审查中还应包括是否存在对应的行政主管部门等要素。

（二）处罚必要性要素

处罚必要性要素又可以分为法定不罚要素和酌定不罚要素。

1. 法定不罚要素。法定的不需要给予行政处罚的要素包括但不限于以下方面：（1）被不起诉人已经死亡的；（2）超过处罚时效的；（3）被不起诉人已因同一行为被行政处罚的；（4）属于"首违不罚"行为的；（5）无责任能力者不罚；（6）证据不足；（7）无处罚依据。

2. 酌定不罚要素。根据个案情况酌情决定可以不给予行政处罚的常见情形有：（1）刑事和解并积极修复被损害的法益的；（2）未成年人附条件不起诉的；（3）涉及大学生等特殊群体的；（4）违法情节轻微的。

在行刑反向衔接案件具体办理中，要围绕以上要素进行违法性审查和必要性审查，准确把握可处罚性原则，本章第四节将具体展开论述。

第二节　可处罚性审查中存在的主要问题

司法实践中，对可处罚性的审查面临不少难题，特别是行政处罚的必要性审查标准难以把握，争议较大。

一、违法性审查

（一）行政处罚有时无"法"可依

行政法与刑法在对不法行为的惩处上具有一定互补性，但相关条文上并非一一衔接对应。部分不起诉案件可能存在无对应行政处罚条款、不法行为严重程度超出行政处罚规定、因理解差异导致同案不同罚等现象。如对协助虚报注册资本的第三人、非公司股东的实际控制人行政处罚缺乏直接法律依据。目前在行政法体系中，除《治安管理处罚法》对共同违法行为有基本处理原则及个别特别行政法规有对教唆、帮助行为的处罚内容外，绝大部分教唆和帮助行为均找不到相应处罚依据。《公司法》《市场主体登记管理条例》仅对虚报注册资本的公司、公司发起人及股东规定了处罚依据，而对于协助虚报注册资本的第三人、非公司股东的实际控制人等能否认定构成共同违法、能否进行处罚以及如何处罚等均未明确。又如，《治安管理处罚法》对于非法携带枪支行为明确行政处罚规定，对非法持有枪支的被不起诉人，其"持有"行为是否应当按照"举重以明轻"原则进行处罚存在一定争议。

（二）法律适用存在较大争议

主要表现在以下两个方面：一是检察机关与行政主管机关之间存在分歧。比较典型的就是交通肇事罪不起诉后是否要吊销机动车驾驶证的问题。根据《道路交通安全法》第 101 条第 1 款规定，违反道路交通安全法律、法规的规定，发生重大交通事故，构成犯罪的，依法追究刑事责任，并由公安机关交通管理部门吊销机动车驾驶证。对此，一种意见（多为公安机关）认为，根据《道路交通事故处理程序规定》第 82 条规定，必须在人民法院作出有罪判决后公安机关交管部门才能吊销机动车驾驶证。另一种意见（多为检察机关）认为，检察机关虽作出相对不起诉决定，但也是构成犯罪的，应当吊销机动车驾驶证。从笔者所在省情况看，对此认识也不统一，各地做法不一。二是行政部门自身执法标准也不统一。以某地级市为例，某区公安机关认为帮助网络信息犯罪中的卖卡行为不属于侵犯网络安全行为，不适用《网络安全法》，在 2022 年 12 月 1 日《反电信网络诈骗法》施行前的该类案件均未进行行政处罚，但同期该市其他区公安机关则认定上述行为应属于侵犯网络安全行为并作出行政处罚决定，造成同一地区同案不同罚。

（三）主管部门难以确定

我国条块分割、多头管辖的行政管理体制决定了行政权力的分散，经常出现同一行政事务存在多个行政机关均具有管辖权的现象。在案件本身是司法机关自行发现而非行政机关移送的情况下，行政主管机关往往较难判断。除此之外，一些行政处罚的执法部门法律法规没有明确规定，授权地方政府指定，而不少地方政府又未进行指定，造成行政处罚权真空。比如，非法吸收公众存款罪行刑反向衔接案件中，主管部门就需要地方政府的指定，而不少地方政府都没有指定主管部门，导致衔接工作无法开展。

二、必要性审查

在可处罚性原则的基础上，必须要考虑处罚的必要性，审查处罚是否与法益侵害性及预防必要性相匹配，避免对被不起诉人重复、过度处罚。

（一）对达成和解后不起诉的是否再进行行政处罚

在轻伤害案件中，被不起诉人与被害人达成和解，取得被害人的谅解后，检察机关刑检部门一般会作出相对不起诉决定。在此情况下，是否再移送公安机关进行行政处罚，实践中存在不同做法。从江苏检察实践看，一些检察机关选择不移送公安机关，主要理由是：此时社会关系已趋于稳定，已不具有再进行行政处罚的必要，再建议公安机关进行行政处罚可能会影响刑事和解工作的后续执行，甚至影响以后刑事和解工作的开展，且即使制发检察意见书建议行政处罚，公安机关一般也会依照《治安管理处罚法》第9条、《公安机关办理行政案件程序规定》第185条的规定，以"当事人达成协议的，不予处罚"为由，不予行政处罚。也有一些检察机关选择移送，主要理由是：刑事和解是在刑事案件层面达成的，是作出相对不起诉的重要考量因素，与行政处罚是两种不同性质的行为，不能再作为行政免罚的要素考量。《治安管理处罚法》第9条适用的条件为"对于因民间纠纷引起的打架斗殴或者损毁他人财物等违反治安管理行为，情节较轻的"，已移送检察机关审查起诉的案件，不属于治安管理案件中情节较轻的情形，而是治安管理案件中情节严重的，故不能以《治安管理处罚法》第9条作为不给予行政处罚的依据。公安部《公安机关对部分违反治安管理行为实施处罚的裁量指导意见》第6条也规定，达到刑事追诉标准，但因犯罪情节轻微，人民检察院作出不起诉决定或者人民法院判决免除刑事处罚的，属于违反治安管理"情节较重""情节严重"的情形。故对于开展过刑事和解的案件，依法还是应当移送公安机关进行行政处罚。最高人民检察院2024年11月26日《人民检察院行刑反向衔接工作指引》第9条列举了人民检察院负责行政检察工作的部门办理行刑反向衔接案件，可以不提出检察意见的八种情形，其中第（6）项是"当事人达成刑事和解，或情节轻微并获得被害人谅解的"，这说明在相对不起诉反向衔接过程中，当事人达成刑事和解可以不罚。

（二）部分罪名"行刑倒挂"可能引发新的矛盾

刑事责任与行政责任出现"倒挂"现象，违背刑法最后手段性的原则。当前，对于反向衔接移送案件，由于法律法规缺乏行政处罚的种类、裁量幅度的规制，有的行政执法机关会按照最高裁量幅度顶格予以处罚，导致刑事责任与行政责任失衡。另外，一些轻微犯罪案件，违法行为在经济惩罚、人身自由限制等方面承担的行政责任原本就比刑事责任重，只是刑事附随后果影响了"犯罪人"回归社会的进程。例如，盗窃、诈骗等治安类轻微刑事案件中，违法行为人被提起公诉一般会判处缓刑，但若不起诉给予行政处罚，则会被科以15日以下的行政拘留，导致短暂失去人身自由，反而让违法行为人认为行政处罚后果更严重。又如销售伪劣商品罪，刑事处罚罚金一般为违法所得的一倍，但行政罚款动辄数十万元，反而加重了违法者的实际责任。

（三）训诫、责令具结悔过等非刑罚措施能否替代行政处罚

《刑法》第37条规定，对于犯罪情节轻微不需要判处刑罚的，可以免予刑事处罚，但是可以根据案件的不同情况，予以训诫或者责令具结悔过、赔礼道歉、赔偿损失，或者由主管部门予以行政处罚或者行政处分。《人民检察院刑事诉讼规则》第373条规定，人民检察院决定不起诉的案件，可以根据案件的不同情况，对被不起诉人予以训诫或者责令具结悔过、赔礼道歉、赔偿损失。训诫、责令具结悔过等是对被不起诉人给予的一种非刑罚措施，主要目的在于防止和降低被不起诉人的再犯可能性，与社区矫正、社区帮教等具有相同作用。

上述非刑罚措施与行政处罚之间是何种关系，可否以上述措施代替行政处罚，对此实践中也存在分歧。从江苏检察实践看，一些地方检察机关选择不再移送行政主管部门进行处罚，主要理由是：训诫、责令具结悔过等措施可以代替行政处罚，如果不起诉后对当事人进行了训诫等，就不需要再制发检察意见书建议进行行政处罚，特别是在对应行政处罚的种类为警告、通报批评、罚款等具有同等效果的措施的情况下。《刑法》第37条规定的训诫、责令具结悔过、行政处罚、行政处分在性质上均属于非刑罚处罚措施，这里的行政处罚、行政处分本质上是刑事责任而非行政责任，虽有"行政"之名，却有"刑事"之实。[1] 一些检察机关则选择仍然移送行政主管部门进行处罚，主要理由是：训诫、责令具结悔过等为非刑罚措施，是刑法规定的在刑事处理程序中的措施，与行政处罚是完全不同性质的两种措施，不存在相互替代的基础，且这

---

[1]　参见李勇、佟鑫：《相对不起诉行刑反向衔接的规则构建》，载《人民检察》2024年增刊（总929期）。

两种处理措施的决定主体不同，训诫、责令具结悔过等是由刑事案件的办理部门决定的，行政处罚是由各行政机关决定的，行政处罚权是国家通过立法的形式明确赋予行政机关的，检察机关不能通过非刑罚措施代替行政机关让渡行政处罚权，因此，两者不能相互代替。

最高人民检察院 2024 年 11 月 26 日《人民检察院行刑反向衔接工作指引》第 9 条列举了人民检察院负责行政检察工作的部门办理行刑反向衔接案件，可以不提出检察意见的八种情形，其中第 5 项是"已经予以训诫或责令具结悔过、赔礼道歉、赔偿损失的"，这说明了在相对不起诉反向衔接过程中，训诫或责令具结悔过、赔礼道歉、赔偿损失与行政处罚、行政处分之间性质上的共性和一定的可替代性。

（四）对特定群体的处罚必要性的认识分歧

对于在校大学生等特殊群体，不起诉后是否要反向衔接给予行政处罚，实践中争议较大。有的地方检察机关认为没有处罚必要性，因为如果移送后公安机关作出行政拘留等行政处罚，那么被不起诉的大学生很有可能遭到学校开除的处理，这不利于挽救和教育年轻人，会给家庭和社会带来矛盾。例如下面这个案例：

【案例 4 - 1：袁某涉嫌诈骗罪相对不起诉行刑反向衔接案】

2023 年 8 月 7 日至 8 月 9 日，袁某明知上线从事电信网络诈骗犯罪活动，为获取非法利益，采取使用两部手机同时开放免提的方式，拨打上线提供的电话号码，让受话人添加虚假客服联系方式，为上线继续实施电信网络诈骗提供帮助。经查实，袁某拨打诈骗电话计 319 次，非法获利人民币 200.76 元。另查实，2023 年 8 月 8 日被害人王某接到袁某拨打的电话后，添加虚假客服微信被骗取人民币 85000 元。袁某经公安机关电话通知到案，归案后如实供述自己的犯罪事实；袁某已退缴全部违法所得 200.76 元，赔偿被害人王某全部损失 85000 元并获得被害人谅解；袁某所在的大学出具一份其在校表现良好的证明。宿迁市宿豫区检察院依法对该案作出相对不起诉决定。

宿迁市宿豫区检察院行政检察部门经综合考量，本案存在袁某系在校大学生、退缴全部违法所得、退赔获得被害人谅解、积极参与志愿活动等因素，经公开听证，决定对该案不再提出给予行政处罚的检察意见。有的地方检察机关则认为，大学生系成年人，对其不处罚缺乏法律依据，也有违法律面前人人平等的基本原则，仍然应制发检察意见。目前，该问题尚未形成共识，笔者认为需要结合个案具体处理。

第三节　可处罚性审查的原则、重点和方法

最高检应勇检察长指出，要善于从纷繁复杂的法律事实中准确把握实质法律关系，善于从具体法律条文中深刻领悟法治精神，善于在法理情的有机统一中实现公平正义。将"高质效办好每一个案件"落实到行刑反向衔接工作中，必须把握好"三个善于"，实现情理法相统一和"三个效果"相统一。

一、可处罚性审查的原则

（一）恪守检察权边界

行刑衔接机制的完善必须充分考虑治理现代化这一整体目标所带来的全新要求，且更加强调权力间的相互配合与共同规制。[①] 检察权与行政权各自独立又相互配合，权力的行使要遵循各自运行规律。这也对检察机关提出检察意见的规范性、尺度把握有了原则性的要求，一方面提出的意见要具体明确，包括法律适用、行政处罚种类等，不可蜻蜓点水

---

① 参见周全：《环境治理中行刑衔接机制的现实困境与完善路径》，载《湖北大学学报（哲学社会科学版）》2023 年第 2 期。

泛化要求给予行政处罚；另一方面，不可不区分类型地、盲目地直接规制裁量幅度，干预行政执法机关自由裁量权。这就要求检察权尊重行政权运行规律和程序，准确把握检察权原理和恪守检察权边界。探究反向衔接制度立法初衷，移送案件的目的在于通过多元制裁体系实现预防违法、犯罪行为，促进社会治理。

（二）遵循法秩序统一原理

法秩序统一原理，是指以公平、正义、人权等法的价值作为基本理念，实现各个部门法规范之间的协调一致。虽然各个法规范之间应当保持其独立性，受各自规范保护目的的约束，但是各个规范保护目的之间并不是非此即彼的排斥关系，而是在统一于宪法的规范保护目的下形成包容和交叉关系。① 我们强调反向衔接是为了解决"不刑不罚"的问题，但是这本身并不代表着"不刑必罚"。法秩序统一原理要求合理性的统一。但任何裁判结果都不能违背人之常情，也不能违背规律，更不能违背法律规定，此即天理、国法、人情的统一。在整体法秩序之下，法规范对于裁判结果的合理性也是统一的，这是行刑反向衔接工作的必然要求。依照法秩序统一原理，对不起诉人采取训诫、责令具结悔过等非刑罚措施，不再移送行政机关处罚，就可以得到合理解释。同理，司法实践中对于涉罪未成年人附条件不起诉的，且涉罪未成年人已接受矫治和教育，一般不再移送给予行政处罚。同样地，对于行刑"倒挂"，可能导致小过重罚的情形，也应遵循法秩序统一原理，充分考虑被不起诉人具有的从轻、减轻情形，在提出检察意见时建议行政主管机关依法从轻、减轻处罚。

---

① 参见李勇、丁亚男：《检察环节行刑反向衔接类型化规则构建》，载《中国检察官》2024 年第 5 期。

（三）坚持系统思维

行刑反向衔接应当和认罪认罚从宽制度等一体考虑，确保办案政治效果、法律效果和社会效果的统一。[①] 行刑反向衔接制度是社会治理的重要方式。[②] 检察机关借助反向衔接工作，通过对终端犯罪行为处置，层层回溯至犯罪的源头，深入剖析犯罪发生的机理、行为表征，提出社会治理对策，助力社会治理体系和治理能力的根本性提升。检察机关要将反向衔接工作置于社会矛盾纠纷多元化解体系中开展，对于达成和解双方相安无事，再行启动行政处罚可能会引发新的社会矛盾的，不再移送行政机关予以行政处罚。检察机关要充分发挥反向衔接解决责任分流的优势，实现针对不同危害行为的差异化责任处置，实现实质公平正义。例如，目前网络犯罪呈高发态势，环节多、链条长、关涉人员多、打击面广，但不是所有的犯罪嫌疑人都值得动用刑罚，此时对于情节轻微的可通过给予行政处罚，既消解刑事处罚阻碍罪犯回归社会进程，又实现对行为人矫治惩戒、维护管理秩序之目标。

（四）遵循比例原则

比例原则作为宪法性原则和公法中的"帝王条款"，由适当性、必要性与狭义比例原则三个子原则组成，三者是层层递进的关系。适当性原则是指手段能够促进所追求的目的之实现；必要性原则，又称为最小损害原则，所运用的手段造成的损害应当最小；狭义比例原则要求手段所增进的公共利益与其所造成的损害成比例。[③] 比例原则在行刑反向衔

[①]　参见姜昕等：《行刑双向衔接的内在逻辑与有效运用》，载《人民检察》2023年第2期。

[②]　参见李怀胜：《网络犯罪治理的行刑衔接：基本价值与运作模式》，载《南京师大学报（社会科学版）》2023年第3期。

[③]　参见范进学：《论宪法比例原则》，载《比较法研究》2018年第5期；刘权：《目的正当性与比例原则的重构》，载《中国法学》2014年第4期。

接中的应用主要体现为避免重复、过度处罚，即所给予的处罚应当与行为的法益侵害性及预防必要性成比例。例如，在刑事和解过程中已经对被害人进行赔偿，被害人也已经接受并表示谅解，就没有必要在宣布不起诉或免除刑罚宣判时再责令被不起诉人、被告人赔偿损失。对于在案件侦查过程中已经被刑事拘留的犯罪嫌疑人、被告人，在相对不起诉决定宣布或免除刑罚宣判时，就没有必要再建议行政机关给予限制人身自由的处罚。①

二、可处罚性审查重点、方法

（一）违法性审查以书面审查为主

检察机关办理行刑反向衔接案件，主要根据刑事案件卷宗和刑事检察部门的意见进行书面审查。违法性审查中，应当重点关注以下问题。

1. 主管机关的确定

可采取"四步走"审查办法，即第一步通过法律规范"罚则"部分具体内容确定管辖主体；第二步通过"三定方案"及权责清单进一步明确管辖主体；第三步通过互联网、案例库等查看有无类似处罚先例；第四步主动与行政机关加强沟通，必要时召开联席会议，就个案管辖问题进行协商。比如下面这个案例：

【案例4-2：鲍某涉嫌非法经营反向衔接案】

2023年11月，鲍某在未取得烟花爆竹经营许可证的情况下，为牟取利益向有经营许可证的人员购买价值100579元的烟花爆竹，并安排他人运输至泰州市用于销售。同年11月至12月，被不起诉人鲍某将购买的烟花爆竹销售给赵某某、卞某某等人，得款合计133105元。2023年12月16日，被不起诉人鲍某驾车运送加特林60箱至买受人倪某某指

---

① 参见李勇、丁亚男：《检察环节行刑反向衔接类型化规则建构》，载《中国检察官（司法实务）》2023年第5期。

定交货地点泰州市姜堰区张甸镇被群众发现并报警，被不起诉人鲍某在现场等候民警处理，到案后如实供述自己的罪行，公安机关依法扣押该60箱加特林，另扣押被不起诉人鲍某存放于泰州市海陵区花园半岛某号楼车库内的蓝色海洋2箱、孔雀开屏6箱、动感水母7箱及网红三分钟、网红顺风车各1箱。泰州市姜堰区人民检察院审查认为，鲍某的行为已构成非法经营罪，但情节轻微，具有自首、认罪认罚等从轻、从宽情节，依照刑法规定不需要判处刑罚，依据《刑事诉讼法》第177条第2款之规定，于2024年5月15日作出相对不起诉决定。

泰州市姜堰区人民检察院刑事检察部门将该案移送该院行政检察部门，因鲍某违法行为涉及泰州市多个市（区）的行政主管机关均有管辖权，需要由市级行政主管机关依法处理，遂于2024年5月29日将本案移送泰州市检察院审查。该院行政检察部门通过检索相关法律规范、锁定"罚则"，发现依据《烟花爆竹管理条例》，应急管理部门对违法经营、存储烟花爆竹具有处罚权，公安机关对违法运输、燃放烟花爆竹的行为及构成违反治安管理行为的非法经营和运输行为具有处罚权。经查询发现应急管理部门与公安部门均有对类似行为作出处罚的案例。为此，泰州市检察院积极与泰州市应急管理局、公安局沟通联系，将案件提交泰州市安全生产行刑衔接联席会议讨论，考虑到本案主行为为经营行为、涉案烟花爆竹已没收等因素，最终决定该案由应急管理部门管辖。

2. 无直接处罚依据的违法性认定

（1）确定重罪等无明确处罚依据案件，可以以手段行为处罚或"举轻以明重"的处罚方法。重罪案件是指可能判处3年以上有期徒刑的案件，一般是指严重暴力犯罪（如抢劫罪、强奸罪、故意杀人罪等）。行政法对于重罪案件相对不起诉后应当如何给予行政处罚往往没有作出规定。究其原因，可能是因为立法者在立法时认为重罪案件一般不可能作出相对不起诉的决定，故而在立法时并未对于重罪案件相对不起诉后应当如何给予行政处罚作出规定。但在司法实践中，即使是如故意杀人罪这样严重的暴力犯罪，也完全有可能因为行为人具有犯罪预备、中止、未遂、从犯、重大立功、自首等法定免除处罚的情形而作出相对不起诉的决定。但由于行政法未对重罪犯罪相对不起诉后规定行政处罚依据，从而导致比重罪更轻的轻罪相对不起诉后都要给予行政处罚，而重罪行为相对不起诉后却无法进行行政处罚，造成行政处罚上的失衡。

对于重罪案件，可以根据行为人在实施重罪行为过程中所实施的违反行政法的手段行为（重合范围内）或者根据"举轻以明重"的原则给予行政处罚。如行为人在故意杀人的过程中可能实施了殴打他人或故意伤害的行为，则可以对行为人实施的殴打他人或故意伤害行为给予行政处罚。

在对重罪案件进行行政处罚时，应注意仍处于犯罪预备阶段的重罪案件的处理。犯罪预备只是为了实施犯罪准备工具、创造条件，行为人的行为还没有进行到实行阶段，此时还不存在实行行为，因此只能以其准备工具、创造条件的行为是否违反了行政法规来进行处罚。如果行为人准备工具、创造条件的行为并未违反行政法规，则不能对其进行处罚。例如，如果行为人为了杀人准备了枪支，则可以对其非法持有枪支的行为进行处罚；但如果其只是准备了菜刀，而持有菜刀并不属于违反行政法规的行为，则无法对其进行处罚。

（2）对于部分轻罪来说，不起诉后可能找不到行政处罚依据，但其手段行为可能违反行政法规，则可以对其给予行政处罚。如职务侵占案没有对应的行政处罚依据，但如果行为人采用的是盗窃、诈骗的手段实施职务侵占行为，可以考虑以盗窃、诈骗来对其给予行政处罚。

（二）有限度的调查核实

检察机关原则上应当依据刑事在案证据判断是否具有可处罚性，但对于处罚必要性存在疑问的，可以进行有限的调查核实。调查核实的范围主要围绕是否具有不予处罚的法定情节，如是否超过行政处罚时效、被不起诉人是否因同一事由已被行政主管机关处罚过等。比如下面这个案例：

【案例4-3：潘某某等涉嫌诈骗罪相对不起诉行刑反向衔接案】

2020年5月19日上午，潘某某在某科技有限公司车间检查空调通风管道时不慎从高处跌落，后被送至射阳县人民医院治疗，孙某作为公司副经理陪同前往。住院治疗期间，潘某某、孙某向医院出具证明，称潘某某系在家中摔倒受伤，潘某某遂通过医保统筹账户支付医药费，骗得医疗保险基金共计人民币22820.79元。后经射阳县人力资源和社会保障局认定，潘某某属于工伤，并函告射阳县医疗保险基金管理中心。2022年6月14日，潘某某向射阳县医疗保险基金管理中心退还人民币22820.79元。同月24日，射阳县医疗保障局（以下简称射阳县医保局）将该线索移送射阳县公安局。2023年1月11日，射阳县公安局以潘某某、孙某涉嫌诈骗罪移送检察机关审查起诉。射阳县人民检察院审查认为，潘某某、孙某的行为涉嫌诈骗罪，但鉴于犯罪嫌疑人具有坦白、认罪认罚的法定从轻、从宽处罚情节以及全部退赃的酌定从轻处罚情节，可以认定为情节轻微。依照《刑事诉讼法》第177条规定，射阳县人民检察院于2023年9月13日对潘某某、孙某作出相对不起诉决定。

本案中，射阳县检察院向射阳县医保局制发检察意见，要求对潘某某等诈骗医保基金的行为给予行政处罚，射阳县医保局回函称潘某某等违法行为已超过两年，不应给予行政处罚。检察机关对此进行了调查核实，查明射阳县劳动人事争议仲裁委员会在2022年5月18日已向县医疗保险基金管理中心发函告知该案线索，而本案违法行为发生在2020年5月29日，未超出行政处罚两年的期限。后射阳县医保局依法作出了行政处罚。

（三）关联事实审查机制

检察机关对案件中发现被不起诉人还有其他关联行政违法事实的，

应当进行审查，并将案件线索及相关意见移送相关行政机关，建议对被不起诉人作出行政处罚，做到过罚相当。比如下面这个案例：

【案例4-4：王某某涉嫌掩饰、隐瞒犯罪所得罪存疑不起诉行刑反向衔接案】

2022年4月19日，王某某受张某某委托在未取得船长适任证书的情况下，驾驶船舶从浙江省舟山市定海区出发，前往舟山市岱山县长途岛南面海域抛锚，在明知铁块无合法来源手续的情况下关闭AIS（船舶自动识别装置），从不明船号的货船上过驳铁块1258.88吨，并与上家约定以明显高于市场价格的运费运往福建。2022年4月20日，该船航行至象山县檀头山附近海域时被宁波海警局查获。公安机关以王某某涉嫌掩饰、隐瞒犯罪所得罪移送检察机关审查起诉。象山县人民检察院刑事检察部门审查认为，查获前王某某将手机及上家所给手机卡丢入海中，致使现有证据无法认定王某某构成掩饰、隐瞒犯罪所得罪。象山县人民检察院于2023年8月17日对王某某作出存疑不起诉决定。

行政检察部门审查核实了以下情况：（1）掩饰、隐瞒犯罪所得的违法事实。现有证据虽然无法认定王某某的行为构成掩饰、隐瞒犯罪所得罪，但可以认定构成掩饰、隐瞒犯罪所得的违法行为，应当依法追究行政责任。（2）其他违法事实。王某某除存在违法收购赃物嫌疑的货物外，还存在未取得船长适任证书驾驶船舶和在航行过程中主动关闭AIS等危害海上交通安全的行为。2023年8月18日，象山县人民检察院向宁波海警局制发检察意见，建议：（1）根据《治安管理处罚法》第60条第3项之规定，对王某某掩饰、隐瞒犯罪所得的违法行为给予行政处罚。（2）根据《海商法》第32条、《治安管理处罚法》第64条第2项之规定，对王某某未取得船长适任证书驾驶船舶的违法行为给予行政处罚。2023年10月18日，象山县人民检察院向宁波海事局象山海事处制发检察意见，建议：根据《海上交通安全法》第36条之规定，对王某某主动关闭AIS的危害海上交通安全行为给予行政处罚。2023年11月2

日，海警部门针对王某某窝藏、转移、代销赃物的违法行为作出拘留 10 日、罚款 500 元的行政处罚，对未取得船长适任证书驾驶船舶的行为作出拘留 13 日、罚款 1000 元的行政处罚，合并执行拘留 20 日、罚款 1500 元。2023 年 11 月 27 日，海事部门针对王某某主动关闭 AIS 的危害海上交通安全行为作出罚款 30000 元的行政处罚，并对该船船长罗某某放任王某某关闭 AIS 的行为作出扣留船长适任证书 3 个月、罚款 5100 元的行政处罚。

第四节　不具有可罚性的常见类型

最高人民检察院于 2024 年 11 月 26 日发布的《人民检察院行刑反向衔接工作指引》第 9 条规定了"可以"不反向衔接的情形，即人民检察院负责行政检察工作的部门办理行刑反向衔接案件，具有下列情形之一的，可以不提出检察意见：（1）已满 14 周岁不满 18 周岁的未成年人、尚未完全丧失辨认或者控制自己行为能力的精神病人、智力残疾人有违法行为的；（2）初次违法且危害后果轻微并及时改正的；（3）主动消除或者减轻违法行为危害后果的；（4）受他人胁迫或者诱骗实施违法行为的；（5）已经予以训诫或责令具结悔过、赔礼道歉、赔偿损失的；（6）当事人达成刑事和解，或情节轻微并获得被害人谅解的；（7）当事人因同一违法行为已受到行政处罚的；（8）法律、法规、规章规定的其他情形。第 10 条规定了"应当"不反向衔接的情形，即人民检察院负责行政检察工作的部门办理行刑反向衔接案件，具有下列情形之一的，应当不提出检察意见：（1）违法行为超过行政处罚时效的；（2）不满 14 周岁的未成年人实施违法行为的；（3）精神病人、智力残疾人在不能辨认或者不能控制自己行为时实施违法行为的；（4）违法行为轻微并及时改正，没有造成危害后果的；（5）当事人有证据足以证明没有主观过错，且法律、行政法规未另行规定的；（6）具有法律、法规、规章规定的不予行政处罚的其他情形的。下面笔者根据相关法律规定和实践经验，对常见不具有可罚性的类型进行分析总结。

一、应当不罚

（一）作为自然人的被不起诉人已经死亡的

无论是因犯罪嫌疑人死亡的法定不起诉，还是对犯罪嫌疑人作出不起诉决定后被不起诉人死亡的，因被不起诉人已经不再具有行政相对人的资格，行政机关无法再对其作出处罚，也就不具有可处罚性。比如，《公安机关办理行政案件程序规定》第259条规定："经过调查，发现行政案件具有下列情形之一的，经公安派出所、县级公安机关办案部门或者出入境边防检查机关以上负责人批准，终止调查：（一）没有违法事实的；（二）违法行为已过追究时效的；（三）违法嫌疑人死亡的；（四）其他需要终止调查的情形。终止调查时，违法嫌疑人已被采取行政强制措施的，应当立即解除。"

（二）无责任能力者

1. 未满14周岁的未成年人。《行政处罚法》第30条规定："不满十四周岁的未成年人有违法行为的，不予行政处罚，责令监护人加以管教；已满十四周岁不满十八周岁的未成年人有违法行为的，应当从轻或者减轻行政处罚。"

2. 不能辨认或不能控制自己行为的精神病人、智力残疾人。《行政处罚法》第31条规定："精神病人、智力残疾人在不能辨认或者不能控制自己行为时有违法行为的，不予行政处罚，但应当责令其监护人严加看管和治疗。间歇性精神病人在精神正常时有违法行为的，应当给予行政处罚。尚未完全丧失辨认或者控制自己行为能力的精神病人、智力残疾人有违法行为的，可以从轻或者减轻行政处罚。"实践中，对精神病人、智力残疾人精神状态的认定，原则上要以相关的司法鉴定意见为准，但也可以根据当事人的病历以及周围群众的反映、案件的具体情况等方面综合判断。在有些案件中，如果周围群众长期以来公认甚至被侵害人本人也认为行为人是不能辨认或者不能控制自己行为的精神病人、智力残疾人，就没有必要再对其进行相关司法鉴定。对间歇性精神病人在实施违法行为时的精神是否正常，可以根据精神病司法鉴定意见、精神病人的发病情况，特别是其在实施违法行为时的表现等情况综合判断。

（三）超过行政处罚时效

1. 违反行政处罚法规定的一般处罚时效。《行政处罚法》第 36 条第 1 款的规定："违法行为在二年内未被发现的，不再给予行政处罚；涉及公民生命健康安全、金融安全且有危害后果的，上述期限延长至五年。法律另有规定的除外。"因此，一般的行政违法行为超过二年，涉及公民生命健康安全、金融安全且有危害后果的违法行为超过五年未被发现的不再处罚。

需要注意的是，上述"发现"，是指有权处罚机关或行使社会公权力机关通过日常执法检查、相关部门移送、违法单位主动报送、群众举报等各种方式途径发现违法行为。此外，关于行政处罚时效的计算。行政执法机关发现违法行为的时间，就是行政处罚时效的截止点。实践中，行政立案、刑事立案均可作为发现违法行为的时间。违法行为经群众举报查证属实的，也可以举报时间作为发现违法行为的时间。比如以下案例：

【案例 4 - 5：邱某某涉嫌盗窃罪相对不起诉行刑反向衔接案】

2022 年 10 月 7 日 21 时许，邱某某到雷某家中吃饭，将雷某放在梳妆台上的一枚价值 4833 元的戒指偷走。侦查阶段，邱某某与雷某达成赔偿协议并取得谅解。2023 年 3 月 7 日，公安机关以邱某某触犯《刑法》第 264 条之规定涉嫌盗窃罪移送检察机关审查起诉。安徽省砀山县人民检察院审查认为，邱某某的行为已构成盗窃罪，但具有自首、认罪认罚、退赔被害人并取得谅解情节，犯罪情节轻微，依照刑法规定不需要判处刑罚，依据《刑事诉讼法》第 177 条第 2 款之规定，于 2023 年 3 月 31 日对邱某某作出相对不起诉决定。

2023 年 8 月，砀山县人民检察院刑事检察部门认为，需要向行政执法机关提出给予邱某某行政处罚的检察意见，遂移送该院行政检察部门审查。针对邱某某的辩护人提出邱某某的盗窃行为已超过治安管理处罚法规定的 6 个月处罚时效的问题，行政检察部门审查认为，公安机关于 2023 年 1 月 10 日对"雷某戒指被盗案"刑事立案侦查，此时公安机关已发现邱某某有作案嫌疑，距离其作案时间未超过治安管理处罚法规定的行政处罚时效。公安机关在刑事司法程序终结后给予邱某某行政处罚，不违反法律规定。2023 年 8 月 23 日，砀山县人民检察院向砀山县公安局制发检察意见书，建议：（1）根据《刑法》第 37 条、《治安管理处罚法》第 49 条之规定，对邱某某的盗窃违法行为给予行政处罚；（2）根据《治安管理处罚法》第 19 条、《公安机关对部分违反治安管理行为实施处罚的裁量指导意见》第 6 条、第 8 条之规定，邱某某的行为属于"减轻处罚"的情形。砀山县公安局于 2023 年 9 月 7 日对邱某某处以治安拘留 7 日并处罚款 500 元的行政处罚决定，并抄送检察机关。

2. 违反治安管理的行为适用特别时效。《治安管理处罚法》第 22 条规定："违反治安管理行为在六个月内没有被公安机关发现的，不再处罚。前款规定的期限，从违反治安管理行为发生之日起计算；违反治安管理行为有连续或者继续状态的，从行为终了之日起计算。"因此，违反治安管理的行为处罚时效为 6 个月。

3. 违法行为有连续或者继续状态的，从行为终了之日起计算。《行政处罚法》第 36 条第 2 款规定："前款规定的期限，从违法行为发生之日起计算；违法行为有连续或者继续状态的，从行为终了之日起计算。"《治安管理处罚法》第 22 条第 2 款规定："……违反治安管理行为有连续或继续状态的，从行为终了之日起计算。"如何理解连续或者继续状态？有论者认为，"违法行为有继续状态是指违法行为或行为后果状态处于存续的情形。当行为后果的存续状态可以独立构成对相关行政管理规范之违反，且与违法行为本身的社会危害性相当时，即使违法行为已告终结，也应认定该行为有继续状态，从行为后果存续状态消除之日起算行政追责时效"。①

目前，有些领域有明确规定，或已经达成共识：（1）违法建设行为。全国人大法工委《对关于违反规划许可、工程建设强制性标准建设、设计违法行为追诉时效有关问题的意见》（法工办发〔2012〕20号）中明确，"违法建设行为因其带来的建设工程质量安全隐患和违反城乡规划的事实始终存在，应当认定其行为有继续状态"。司法实践中，法院对此也基本形成了统一认识，即从违法建筑状态消失之日起算处罚时效。（2）违法占用土地行为。最高人民法院行政审判庭《关于如何计算土地违法行为追诉时效的答复》（〔1997〕法行字第 26 号）认为，非法占用土地的违法行为，在未恢复土地原状之前，应视为具有继续状态，行政处罚的追诉时效从违法行为终了之日起算。（3）虚假广告宣传行为。对于商家在网络或以实体形式发布虚假广告的行为，有司法裁判认为，虽然行为人设置广告的行为即时结束，但在广告被撤下之前，一直存在并发挥着宣传作用，会持续给社会受众带来误导，故应当认定该行为具有继续状态。除上述行为类型外，对剽窃作品、公司违法设立、非法买卖土地等行为，实践中也倾向于认定相应违法行为具有继续状态，应当从行为所造成的后果状态完全消除之时起算行政追责时效。

---

① 高鸿、刘海燕、冯禹源：《陈某某诉某区综合行政执法局不履行行政处罚职责案——"违法行为有继续状态"的认定标准及解释方法》，2023 年全国法院优秀案例分析优秀奖。

（四）证据不足

《行政处罚法》第40条规定："公民、法人或者其他组织违反行政管理秩序的行为，依法应当给予行政处罚的，行政机关必须查明事实；违法事实不清、证据不足的，不得给予行政处罚。"实践中，不起诉后提出检察意见的多数为相对不起诉，此类案件事实清楚、证据充分，提出检察意见符合法律规定。但是对于存疑不起诉案件，有一定的争议。最高检行政检察厅《关于贯彻落实〈关于推进行刑双向衔接和行政违法行为监督 构建检察监督与行政执法衔接制度的意见〉若干问题的解答二》指出："存疑不起诉的案件是否提出检察意见，需根据不同情况具体审查确定。对于多次、多笔的违法行为中存在查明的部分事实清楚、证据充分的，对该部分可以提出检察意见。"实践中存在认识误区，把对于存疑不起诉能否提出检察意见等同于能否反向衔接，其实这是两个性质不同的问题。检察机关提出给予行政处罚的检察意见，特别是提出比较具体的检察意见，一般是针对相对不起诉案件，根据《刑法》第37条给予行政处罚，这里的行政处罚本质上是刑事责任承担方式，只不过是非刑罚化的刑事责任承担方式，既然是刑事责任承担方式，检察机关作出这样的检察意见当然要事实清楚、证据确实充分；而行刑反向衔接，是指刑事司法机关将案件反向移送给行政机关，既包括相对不起诉的刑事责任型反向衔接，也包括存疑不起诉的线索移送型反向衔接。因此，无论是相对不起诉，还是存疑不起诉，都属于反向衔接的范畴，只不过存疑不起诉的，检察机关作为线索移送，而不能提出明确的行政处罚意见，只有针对其中部分事实清楚、证据充分的，才可以提出行政处罚的检察意见。

【案例4-6：梁某某涉嫌假冒注册商标罪存疑不起诉行刑反向衔接案】

2020年4月至2022年1月，杨某某、涂某某在未取得某三家知名注册商标品牌权利人授权的情况下，购买上述品牌二手压力变送器、说明书等材料，并委托梁某某为其制作假冒注册商标的铭牌。杨某某、涂某某将旧压力变送器拆解、更换外壳、粘贴铭牌后通过网络对外销售，非法获利 410400 元。梁某某共制售假冒相关商标的铭牌 1150 余套，非法获利 3400 元。2022 年 8 月 25 日，金湖县公安局以杨某某、涂某某、梁某某三人涉嫌假冒注册商标罪移送检察机关审查起诉。2023 年 1 月 13 日，金湖县人民检察院以杨某某、涂某某犯假冒注册商标罪提起公诉。金湖县人民检察院审查认为，梁某某仅接受委托制作假铭牌，无充分证据证明其具有共同销售翻新产品的主观故意，无法认定其构成假冒注册商标罪，且行为属于非法制造、销售非法制造的注册商标标识，未达到刑事追诉的数额标准。金湖县人民检察院经检委会讨论决定，依据《刑事诉讼法》第 175 条第 4 款之规定，对梁某某作出存疑不起诉决定。

金湖县人民检察院刑事检察部门认为需要对被不起诉人梁某某给予行政处罚，将案件移送该院行政检察部门审查办理。行政检察部门经审查核实，查明虽然梁某某涉嫌假冒注册商标罪被检察机关作出存疑不起诉决定，但其实施的非法制造、销售非法制造的注册商标标识的违法行为事实清楚，符合《商标法》第 57 条规定的行政处罚条件。2023 年 11 月 13 日，金湖县人民检察院向金湖县市场监督管理局制发检察意见，建议根据《商标法》第 57 条、第 60 条第 2 款的规定对梁某某作出行政处罚。2023 年 12 月 25 日，金湖县市场监督管理局对梁某某依法作出罚款 3 万元的行政处罚决定，并抄送检察机关。

（五）没有处罚依据

《行政处罚法》第 38 条第 1 款规定："行政处罚没有依据或者实施主体不具有行政主体资格的，行政处罚无效。"比如，税务案件的处罚对象是纳税人。税务案件是以纳税人为行政处罚的对象，而纳税人一般是公司，故对税务案件建议行政处罚的对象一般应当是纳税人而非个人。

【案例 4－7：盛某某涉嫌虚开增值税专用发票罪相对不起诉行刑反向衔接案】

2020 年 6 月至 2022 年 12 月间，盛某某在经营某电器公司期间，明知该公司与他人实际控制的公司仅有部分真实货物交易，为抵扣税款，通过资金走账、支付开票费的方式，让他人虚开增值税专用发票 24 份，价税合计人民币 133 万余元，后用于抵扣公司税款人民币 13 万余元。2023 年 11 月 3 日，公安机关以盛某某触犯《刑法》第 205 条之规定涉嫌虚开增值税专用发票罪移送检察机关审查起诉。句容市人民检察院经审查认为，因盛某某具有自首、认罪认罚、退出全部违法所得等从轻、从宽处罚情节，依照刑法规定可以免予刑事处罚。句容市人民检察院依据《刑事诉讼法》第 177 条第 2 款之规定，于 2024 年 4 月 23 日对盛某某作出相对不起诉决定。

2024 年 4 月 26 日，句容市人民检察院刑事检察部门根据行刑反向衔接规定，将该案移送该院行政检察部门审查。该院行政检察部门审查后认为，案件中的纳税义务人系盛某某经营的句容市某电器公司，根据《税收征收管理法》的规定，本案中虚开增值税专用发票行政处罚对象应为纳税义务人，对盛某某个人行政处罚于法无据，税务部门已启动对句容市某电器公司的行政处罚程序，故行政检察部门决定终结审查。

（六）无危害性的行为

《行政处罚法》第 33 条第 1 款规定："违法行为轻微并及时改正，没有造成危害后果的，不予行政处罚。初次违法且危害后果轻微并及时改正的，可以不予行政处罚。该款第一种情形应当认为是没有社会危害性的行为，故不予处罚。"

（七）当事人有证据足以证明没有主观过错

《行政处罚法》第 33 条第 2 款规定："当事人有证据足以证明没有

主观过错的，不予行政处罚。法律、行政法规另有规定的，从其规定。"

二、可以不罚

（一）被不起诉人为限制行为能力人的

被不起诉人是已满 14 周岁不满 18 周岁的未成年人、尚未完全丧失辨认或者控制自己行为能力的精神病人、智力残疾人，有违法行为的，可以不罚。

（二）法律规定可以从轻、减轻处罚的

主要包括：（1）初次违法且危害后果轻微并及时改正的；（2）主动消除或者减轻违法行为危害后果的；（3）受他人胁迫或者诱骗实施违法行为的；（4）盲人或者又聋又哑的人违反治安管理的。符合上述条件的，可以不罚。

（三）已经予以训诫或责令具结悔过、赔礼道歉、赔偿损失的

基于训诫或责令具结悔过、赔礼道歉、赔偿损失与行政处罚之间性质上的共性和一定的可替代性，反向衔接过程中，对于已经予以训诫或责令具结悔过、赔礼道歉、赔偿损失的，可以不罚。

（四）当事人达成刑事和解，或情节轻微并获得被害人谅解的

《治安管理处罚法》第 9 条规定："对于因民间纠纷引起的打架斗殴或者损毁他人财物等违反治安管理行为，情节较轻的，公安机关可以调解处理。经公安机关调解，当事人达成协议的，不予处罚。"对于民间纠纷引起的故意伤害因公安机关调解而相对不起诉的案件，如果调解协议具有自愿性、合法性且积极履行的，可以不罚。

（五）被不起诉人已因同一行为被行政处罚的

如果被不起诉人已经因同一行为被行政处罚的，一般来说不再需要提出检察意见，此为行刑反向衔接的应有之义，同时也是行政处罚法规定的"一事不再罚"的基本要求。《行政处罚法》第29条规定："对当事人的同一个违法行为，不得给予两次以上罚款的行政处罚。"但需要注意的是，通常认为，该条规定只是明确了不得给予两次以上的罚款，对于是否还能给予罚款以外的行政处罚，立法并不禁止。比如，根据"两高两部"《关于办理醉酒危险驾驶刑事案件的意见》第20条之规定，醉酒驾驶机动车，在给予其吊销驾驶证的行政处罚外，还应当按照道路交通安全法规定的相应情形，给予其罚款、行政拘留的行政处罚。按照此规定，对于之前已经吊销驾驶证的，检察机关仍然可以制发检察意见，要求公安机关给予罚款、行政拘留的行政处罚。

（六）已经通过有效补救措施，恢复受损法益的

如生态环境犯罪案件中的被不起诉人已通过增殖放流、补植复绿等行为承担生态环境修复责任的，则可以考虑不再移送行政主管机关进行行政处罚。

（七）盗窃近亲属财物，近亲属表示谅解的

由于当事人之间存在亲属等特殊关系，不起诉后移送行政主管机关予以行政处罚可能造成家庭关系难以愈合、被不起诉人回归家庭困难等不良后果，因此没有必要再移送行政机关进行处罚。

（八）已被公安机关在刑事侦查中采取过限制人身自由的强制措施的

《治安管理处罚法》第92条规定："对决定给予行政拘留处罚的人，

在处罚前已经采取强制措施限制人身自由的时间，应当折抵。限制人身自由一日，折抵行政拘留一日。"《公安机关办理行政案件程序规定》第163条规定："对决定给予行政拘留处罚的人，在处罚前因同一行为已经被采取强制措施限制人身自由的时间应当折抵。限制人身自由一日，折抵执行行政拘留一日。询问查证、继续盘问和采取约束措施的时间不予折抵。被采取强制措施限制人身自由的时间超过决定的行政拘留期限的，行政拘留决定不再执行。"《公安部关于刑事拘留时间可否折抵行政拘留时间问题的批复》（公复字〔2004〕1号）指出，如果行为人依法被刑事拘留的行为与依法被行政拘留的行为系同一行为，公安机关在依法对其裁决行政拘留时，应当将其刑事拘留的时间折抵行政拘留时间。如果行为人依法被刑事拘留的时间已超过依法被裁决的行政拘留时间的，则其行政拘留不再执行，但必须将行政拘留裁决书送达被处罚人。根据上述规定，行政拘留处罚与已被公安机关在刑事侦查中采取过拘留、逮捕、指定居所监视居住等限制人身自由的强制措施可以相抵。

【案例 4-8：兰某某等 66 人涉嫌介绍卖淫罪相对不起诉行刑反向衔接案】

2022 年 6 月至 2023 年 3 月，唐某某在湖南省长沙市开福区某公寓酒店组织卖淫。为招揽客源，唐某某在长沙市内各出租汽车驾驶员微信群发布消息，承诺每介绍一名嫖客可获得回扣 200 元。为牟取非法利益，兰某某等 66 名出租车驾驶员于载客期间，向乘客推荐前述卖淫场所，并电话联系唐某某安排人员接待嫖客，从中收取回扣。公安机关认为，兰某某等 66 人的行为触犯了《刑法》第 359 条第 1 款、第 361 条第 1 款之规定，涉嫌介绍卖淫罪，于 2023 年 7 月移送检察机关审查起诉。长沙市开福区人民检察院审查认为，兰某某等 66 人的行为已构成介绍卖淫罪，但情节轻微，具有自首、坦白、认罪认罚、退赃等从轻、从宽处罚情节，依照刑法规定不需要判处刑罚，依据《刑事诉讼法》第 177 条第 2 款之规定，于 2023 年 8 月 28 日至 9 月 15 日，陆续对兰某某等 66

人作出相对不起诉决定。

本案中，检察机关行政检察部门经审查，对兰某某等66人已经采取的强制措施种类及时间、退赃情况一一核实，开福区人民检察院向长沙市公安局开福分局（以下简称开福分局）制发检察意见，建议：（1）根据《刑法》第37条、《治安管理处罚法》第67条、《行政处罚法》第28条第2款之规定，对兰某某等66人介绍卖淫的违法行为依法给予行政处罚。（2）根据《治安管理处罚法》第92条之规定，对决定给予行政拘留处罚的人，在处罚前已经采取强制措施限制人身自由的时间，按照"限制人身自由一日，折抵行政拘留一日"的规定执行，并将已经刑事拘留人员的名单、刑事拘留的时间以及主要的证据材料作为附件一并移送。开福区人民检察院还通过"行政执法与刑事司法双向衔接平台"将该检察意见推送至开福分局。开福分局采纳了检察机关的意见，于2023年10月20日至23日，对兰某某等66人作出行政拘留5至15日不等、罚款人民币500元至1000元不等的行政处罚决定，并回复检察机关将依据《治安管理处罚法》第92条之规定，对于作出行政拘留的违法行为人，在处罚前已经采取刑事拘留的将在执行时予以依法折抵，所有违法所得共计26860元已全部收缴并上缴国库。兰某某等66人全部接受行政处罚，缴纳了全部罚款。

（九）涉及未成年人附条件不起诉的

最高人民检察院行政检察厅《关于贯彻落实〈关于推进行刑双向衔接和行政违法行为监督 构建检察监督与行政执法衔接制度的意见〉若干问题的解答二》指出："对于被附条件不起诉考验期满后决定不起诉的未成年人，经检察机关监督考察，矫治教育效果良好，不需要移送有关主管机关给予行政处罚或者其他处分的，不制发检察意见。对决定不起诉的未成年人开展行刑反向衔接工作，存在《预防未成年人犯罪法》规定情形的，可以建议公安机关等优先适用矫治教育措施，实现分级预防和有效干预；存在违反其他行政规定情形的，应当结合个案实际情况，审慎判断是否需要移送行政主管部门给予行政处罚。"

（十）涉及特殊群体的

比如，前述对在校大学生等特定群体的处罚必要性上，认识和做法并不一致，但不可否认确实应当考虑处罚的必要性。又如，涉及罹患重症者骗取医保的，行政处罚将使得有些家庭陷入困境的，对于此类弱势群体，是否一定要处罚，还需综合考虑案件实际情况。

【案例4-9：刘某涉嫌交通肇事罪相对不起诉行刑反向衔接案】

2022年9月22日，刘某超载驾驶轻型厢式货车，在高速公路行驶途中，撞上因拥堵而停在行车道上的重型半挂车，造成刘某右腿截肢、载乘人李某（刘某丈夫）下半身瘫痪，被撞车辆轻微受损，无其他人员伤亡。经公安机关认定，刘某负事故全部责任。某县人民检察院审查认为，刘某的行为已构成交通肇事罪，但犯罪情节轻微，具有初犯、自首、取得被害人谅解等情节，遂于2024年5月24日对刘某作出相对不起诉决定。

某县人民检察院开展行刑反向衔接工作，认为刘某超载驾驶违反了道路交通安全法的规定，依法可给予罚款的行政处罚；但此次事故造成刘某伤残、其丈夫高位截瘫，教训十分惨痛，是否还有必要给予行政处罚，需要进一步调查论证。该院遂与公安机关及刘某所在村委会沟通，了解到刘某一家因事故失去主要经济来源，丈夫李某尚需大笔资金手术，家中还有重病的老母亲要赡养、三名幼童要抚养，刘某已不具备缴纳罚款的能力。考虑到刘某家住农村又残疾，不便至某县参加听证会，该院遂采取远程视频方式召开公开听证会，刘某表示惨痛的后果让其深受教训，听证员均建议检察机关不提出行政处罚的检察意见。经综合考量，该院认为，刘某系过失犯罪，认罪悔罪态度较好，已取得被害人谅解；其本人已为超载驾驶付出右腿截肢的代价，亦不具备再犯可能性；

其家庭因事故陷入困境，其本人受到深刻教训。基于教育与处罚相结合原则，该案的行政处罚教育功能已实现，再行处罚刘某缺乏必要性，该院遂作出终结审查决定。

（十一）其他不宜给予行政处罚的

实践中，还存在一些需要个案平衡和综合判断的案件，必须具体问题具体分析，考验着办案人员的智慧和担当。对于此类个案，检察机关如认为不需要给予行政处罚的，一般应当在程序上更加规范严格，有必要通过公开听证等程序确保最终决定的公平公正。

第五章　行刑反向衔接机制

行刑反向衔接机制包括检察机关刑事检察部门与行政检察部门的横向内部衔接，上下级检察机关之间的纵向内部衔接，也包括检察机关与行政机关之间的外部衔接，还包括跨区域检察机关、行政机关之间的外部衔接。

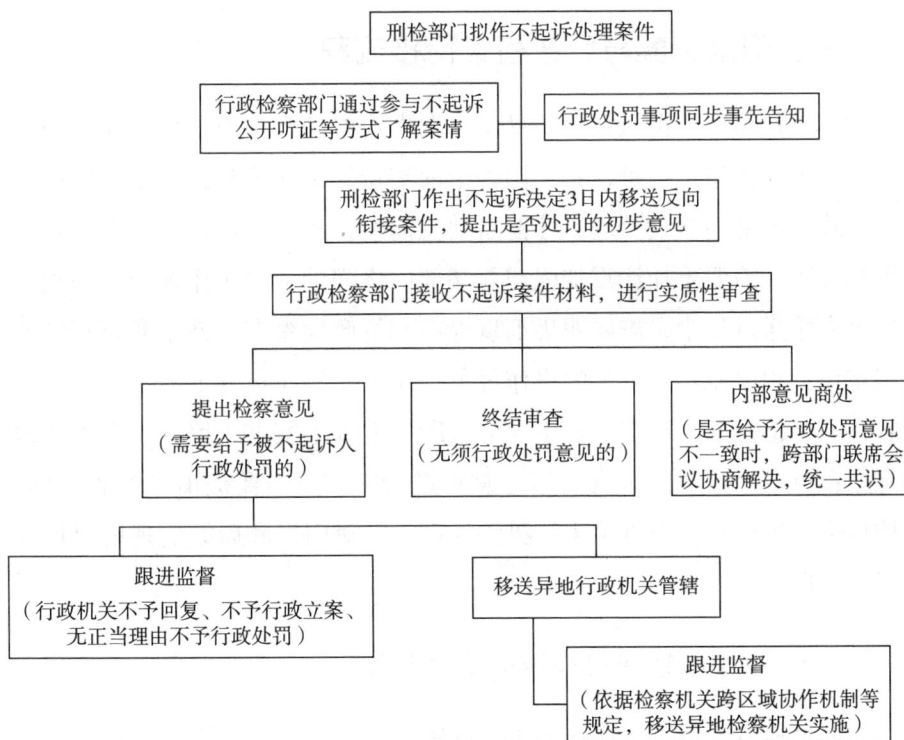

检察机关行刑反向衔接流程图

第一节　内部衔接机制

2023 年 7 月，最高人民检察院出台《关于推进行刑双向衔接和行政违法行为监督 构建检察监督与行政执法衔接制度的意见》，提出积极构建检察监督与行政执法衔接制度，调整优化检察机关内部分工，明确授予行政检察部门牵头负责反向衔接工作，刑事检察部门配合做好不起诉案件的内部移送，共同研究解决办案中遇到的问题，形成一体履职的工作合力。2024 年 11 月，最高检出台《人民检察院行刑反向衔接工作指引》对具体操作作了进一步规定。

一、刑事检察与行政检察衔接流程

对于行刑反向衔接案件的处理，刑事检察和行政检察部门在处理流程上是先后关系。刑事检察部门处于前端位置，在不起诉决定作出后移送行政检察部门接续处理，才能启动反向衔接程序。行政检察部门处于后端位置，需要更加注重加强与前端部门之间的紧密协作配合，特别是在个案移送过程中，需要明确刑事检察和行政检察在案件事实审查、文书制作、程序流转等方面的操作规范。从总体的职责分工和工作原则来看，刑事检察部门负责对被不起诉人所涉案件事实进行审查，提出移送意见；行政检察部门负责对移送意见进行审查，需要提出检察意见的，按规定审批后，移送有关主管机关处理，并对回复和后续处理情况加强跟踪督促。

（一）刑事检察部门移送意见的提出

刑事检察部门可以在作出不起诉决定之日起 3 日内提出是否需要对被不起诉人给予行政处罚的意见，同时将案件相关证据材料等通过案件管理部门移送行政检察部门审查。

刑事检察部门在提出移送意见时，需要注意以下几点：一是刑事检察部门向行政检察部门移送不起诉案件时，应当附下列材料：（1）是否需要给予行政处罚的意见；（2）不起诉决定书；（3）案件电子卷宗材料；（4）是否已作出行政处罚的说明或书面证明材料。二是刑事检察部门承办检察官在拟对案件作出不起诉决定时，应当同步审查被不起诉人是否具有违反行政管理秩序的行为，以及是否具有公职人员等特定身份，审查情况应当在案件综合审查报告中专门列项予以说明。三是刑事检察部门向行政检察部门提出处理意见应当制作《关于×××一案行刑衔接的处理意见》，写明采取和解除刑事强制措施，查封、扣押、冻结涉案财物情况，对被不起诉人予以训诫或者责令具结悔过、赔礼道歉、赔偿损失情况，被不起诉人及关联人的基本情况、认定事实、建议处罚的相关法律规定等。四是案件中有在案、仍未处理的涉案财物的，刑事检察部门应同时移送在案涉案财物清单，并在提出的意见中写明是否需要没收的意见。五是具有申诉、起诉、复议、复核等法定情形的，刑事检察部门可以暂缓移送；已经移送的，及时通知行政检察部门，行政检察部门自收到刑事检察部门抄送的申诉书、刑事自诉书、复议或复核申请书等法律文书之日起，中止审查。

（二）行政检察部门对移送意见的审查

行政检察部门应当遵循全面审查原则，对是否需要给予被不起诉人行政处罚依法审查，必要时可以按照相关诉讼规则、规定开展调查核实。行政检察部门审查案件，可以听取有关主管机关的意见，必要时可以听取被不起诉人、被害人及其法定代理人的意见。听取意见情况应当记录在案，必要时可通过组织召开听证会等形式进行公开审查。

行政检察部门审查移送意见，对于重大疑难复杂案件无法形成一致意见的，可以召开检察官联席会议进行讨论，必要时可以邀请刑事检察部门派员列席。重大疑难复杂案件，主要包括以下情形：（1）涉及重大国家利益、社会公共利益的案件；（2）在全省、全国范围内具有重大社会影响的案件；（3）重大的涉外或者涉港、澳、台的案件；（4）上级院交办、督办的案件；（5）行民交叉等法律关系复杂的案件；（6）当事人或者利害关系人多次控告、申诉，存在严重信访隐患的案件；（7）根据现有规定难以准确定性的新类型案件。

（三）检察意见的提出和终结审查

行政检察部门审查认为符合行政处罚条件的，经检察长批准，提出检察意见。行政检察部门提出检察意见后，一般应根据案涉违法事实所属行政管理范围和行政机关的法定职权，移送辖区同级行政主管机关处理。

检察意见书应当明确具体、说理充分、语言简洁、有操作性，一般应包括以下内容：（1）主送单位名称；（2）案件来源；（3）作出不起诉决定的基本情况；（4）采取和解除羁押性强制措施情况；（5）查封、扣押、冻结涉案财物情况；（6）对被不起诉人予以训诫或责令具结悔过、赔礼道歉、赔偿损失等情况；（7）被不起诉人的违法事实、情节及证据；（8）应当给予行政处罚的意见；（9）有关行政主管机关书面回复处理结果或者办理情况的期限。

非同级检察机关提出检察意见可以采取以下方式：（1）层报上级提出。需要向上级行政主管机关提出检察意见的，应当层报上级行政主管机关所对应的同级人民检察院决定并提出。上级人民检察院经审查，认为不应当提出检察意见的，作出终结审查决定书，并及时告知层报人民检察院。（2）指令下级提出。需要向下级行政主管机关提出检察意见的，应当指令下级行政主管机关所对应的同级人民检察院提出，并附审查终结报告、案件证据材料等。下级人民检察院经审查，认为不应当提出检察意见的，应当及时向上级人民检察院报告，由上级人民检察院决定。上级人民检察院决定提出检察意见的，下级人民检察院应当提出检察意见，并在审查终结报告中予以说明。

对于不符合行政处罚条件的案件，经检察长批准，作出终结审查决定。行政检察部门作出的审查处理决定，应当书面通报刑事检察部门。

（四）处理结果的反馈

行政检察部门应当跟踪检察意见的落实情况，并积极反馈刑事检察部门。之所以强调行政检察部门将监督情况反馈刑事检察部门，这是因为非刑罚处罚意义上的行政处罚、行政处分的不履行，可以成为检察机关撤销不起诉决定的理由，而是否撤销相对不起诉也是刑事检察业务，由刑事检察部门审查决定。关于刑事检察反馈流程，可以通过办案系统线上实时反馈、线下表格每月定时反馈等方式，确保刑事检察部门及时有效掌握行刑反向衔接情况。

二、刑事检察与行政检察衔接方式

最高人民检察院《关于推进行刑双向衔接和行政违法行为监督 构建检察监督与行政执法衔接制度的意见》改变了原来由刑事案件承办人直接审查是否进行反向衔接的办案模式，刑事案件审查与行政处罚案件审查相分离，由刑事检察部门对作出不起诉决定的案件，移送行政检察部门审查是否制发检察意见书。一方面行刑反向衔接工作刚刚起步，需要移送行政处罚的罪名范围还不够明确和完善，大多数根据承办人以往办案经验进行移送，导致有的案件未及时移送；另一方面在实践操作中刑事检察与行政检察部门在移送标准上存有争议。

（一）行政检察部门受邀同步审查

1. 同步审查的方式。建议在全国检察业务应用系统中为行政检察部门开通查阅刑事不起诉案件情况的权限，以便行政检察部门及时掌握行刑反向衔接的案件线索。对于刑事案件重大疑难复杂，可能涉及被不起诉人人数、违法事实笔数较多，或者移送行刑反向衔接存在行政主管机关、行政处罚依据不明确，对行政处罚的必要性可能存在认识分歧等情形，刑事检察部门在作出不起诉决定前，可以填制《邀请同步审查函》商请行政检察部门同步参与案件审查活动。行政检察部门可以通过列席刑事检察部门检察官联席会议、不起诉案件公开听证会等方式全面了解案情，提出意见建议，共同保障行刑反向衔接案件高质效办理。

2. 同步审查的重点内容。行政检察部门受邀参与审查拟作不起诉处理的案件，重点审查犯罪嫌疑人是否存在行政违法行为、实施行政处罚的法规依据、刑事和解与退赃退赔情况等涉及行政处罚裁量的情节，对犯罪嫌疑人被不起诉后是否应予行政处罚、可能受到行政处罚的种类提出意见，供刑事检察部门办案参考。比如在某"聊天 App"诈骗系列案中，由于涉案人员众多，刑检部门拟作出不起诉决定时，邀请行政检察部门提前介入、了解案情，经过紧密协作配合，行政检察部门在刑事案件结案当日即制发检察意见三份。

（二）专业"外脑"同步咨询

为解决不起诉案件审查和反向衔接中的专业问题，对办案过程中的复杂事实认定不清、法律适用不明、行政机关权责不清等问题，会同刑事检察部门加强与相关行政机关提前会商、个案研讨，同时采取专家咨询、邀请特邀检察官助理联合办案等方式，实现精准衔接。针对行政管辖法律适用、涉案物品和证据移送等问题，听取特邀检察官助理意见，有效解决事实认定和证据采信等问题。

（三）同步告知法律后果

为增强被不起诉人对行政处罚的接受度、认可度，保障行政机关高效履行执法职责。除了在不起诉案件开展认罪认罚过程中进行反向衔接释法说理，还可以通过建立"同步告知"机制，在刑事检察部门对被不起诉人宣告不起诉决定的同时，行政检察部门制作《移送行政处罚告知书》，同步告知被不起诉人行刑反向衔接的相关规定、可能受到行政处罚的风险及后果，以降低行政机关处罚难度、节约执法司法成本。

（四）内部意见商处机制

刑事检察部门提出的是否建议给予行政处罚的意见，是行政检察部门决定是否制发检察意见的重要参考。行政检察部门经审查，对是否建议给予被不起诉人行政处罚的意见与刑事检察部门意见不一致的，可以通过听取刑事办案检察官意见、召开跨部门检察官联席会议等方式与刑事检察部门交换意见，共同研究解决。刑事检察部门提出不需要给予行政处罚的意见，行政检察部门经审查后，意见一致的，由检察官作出终结审查决定。

经跨部门检察官联席会议讨论后意见仍不一致的，列明刑事检察部门的意见和行政检察部门的意见以及相关材料，报行政检察部门的分管检察长决定。部门之间意见分歧较大，案件较为疑难复杂的，经检察长决定，提交检察委员会讨论决定。

三、行刑反向衔接与行政公益诉讼、行政违法行为监督的关系

行刑反向衔接体现了检察机关一体履职的办案理念，通过行刑反向衔接实现了案件从刑事检察向行政检察、公益诉讼检察的过渡，行刑反向衔接成为行政违法行为监督和检察行政公益诉讼的案件来源。[①] 行刑反向衔接是实现转化的必经程序，有其独特性。检察机关开展的行刑反

---

① 参见杨宽：《检察机关开展行刑反向衔接范围探讨》，载《中国检察官》2024年第 11 期。

向衔接是检察监督与行政执法的一种衔接机制，但检察监督与行政执法的衔接也包括行政公益诉讼。在违法行为损害公共利益的情况下，存在竞合。如对于涉嫌污染环境的犯罪，检察机关作出不起诉决定，对于生态环境部门承担的责令违法行为人修复治理的职责，可以将行政公益诉讼案件办理作为跟进监督的手段。

第一，从法理层面看，检察行政公益诉讼监督的是行政违法行为，包括行政机关违法行使职权或者不作为，是具有责难性的监督方式。行刑反向衔接对行政机关提出的履职要求，并非对行政机关的责难。因此，检察机关开展行刑反向衔接与行政公益诉讼、行政违法行为监督存在本质区别。

第二，从规范层面看，最高检将行刑反向衔接和行政违法行为监督作为两项独立的工作提出要求。对行刑反向衔接中制发的检察意见，将行政违法行为监督作为其跟进监督措施，适用检察建议的监督方式，二者不存在隶属关系。行政违法行为监督与检察行政公益诉讼都是对行政违法行为的监督，只是行政公益诉讼的监督范围限定在损害公益的行政违法行为①，二者是一般与特殊的关系，因此最高检在对行政违法行为监督的工作要求时，涉及与行政公益诉讼的区分。行政违法行为监督与行刑反向衔接的互不隶属性，意味着行刑反向衔接与行政公益诉讼也不存在隶属关系，而是两项相互独立、接续跟进的检察职能，在对反向衔接的后续跟踪中，发现行政违法行为损害公共利益的，应当作为公益诉讼案件线索移送公益诉讼检察部门。

---

① 参见刘艺：《社会治理类检察建议的特征分析与体系完善》，载《中国法律评论》2021年第5期。

第二节　外部衔接机制

法秩序统一性原理强调整体法秩序内部协调，要求从法秩序全局角度出发对个案进行判断，避免部门法之间的相互矛盾和冲突。对于行刑衔接来说，法秩序统一性原理的目标就是《中共中央关于全面推进依法治国若干重大问题的决定》所要求的"实现行政处罚和刑事处罚无缝对接"，推动行政法与刑事法在行政犯处置上的统一适用，维护两法之间的秩序和谐，从而为法律规制对象提供一个稳定而可预测的整体。[①] 反向衔接工作质效集中体现在行政处罚措施能否有效落实，而行政处罚能否有效落实依赖行政执法与刑事司法规范衔接。外部衔接是指检察机关与行政机关等外部单位之间的衔接。检察机关通过与行政机关等外部机关建立完善行刑衔接机制，有利于推动执法司法贯通协调，统一执法司法标准，以检察之力助推严格执法、依法行政，保障法律统一正确实施。

一、完善行刑衔接工作运行机制

（一）健全行刑衔接工作领导机制

加强党的领导，强化本地党委全面依法治市（区）委员会统筹协调作用，建立完善行刑衔接工作联席会议制度，研究解决工作中的重大问题。必要时提请党委政法委督促指导依法开展行刑衔接工作，组织开展执法监督检查。定期召开联席会议，研究落实上级有关重大决策部署，统筹研究行刑衔接工作中的重大事项、协调解决重大问题，开展案情通

---

① 参见李勇、丁亚男：《检察环节行刑反向衔接类型化规则构建》，载《中国检察官》2024 年第 5 期。

报、咨询会商、提前介入、争议解决、考核评价等工作；定期开展类案分析、研判总结行刑衔接工作情况，形成意见建议，为党委和政府决策提供参考。

（二）健全协调配合机制

在行刑衔接工作中要加强协调配合，形成工作合力。检察机关应当在提出检察意见之日起 3 日内，将《检察意见书》和不起诉决定一并送达有关主管机关，并要求有关主管机关自收到《检察意见书》之日起九十日以内将处理结果或者办理情况书面回复人民检察院。因情况紧急需要立即处理的，检察机关可以根据实际情况确定回复期限。必要时检察机关可以将检察意见抄送同级司法行政机关，主管机关实行垂直管理的，可以将检察意见抄送其上级机关。完善案件移送标准和程序，在食品药品、公共卫生、养老服务、自然资源、生态环境、应急管理、劳动保障、城市管理、交通运输、教育培训等领域推动形成统一的证据标准和移送标准。建立完善的金融税收、证券期货、知识产权、网络空间等重点专业领域执法司法协同机制。

（三）建立健全案情通报制度

加强案件办理情况通报，行政执法机关定期向公安机关、检察机关、司法行政机关通报涉嫌犯罪案件及移送情况；检察机关定期向行政执法机关、司法行政机关通报反向衔接案件处理情况；在处理反向衔接案件时，可以围绕落实依法处置、舆论引导、社会面管控"三同步"要求，完善重大敏感案事件舆情信息通报机制和工作协调机制。

（四）强化人大监督、政协民主监督、群众监督和舆论监督

推动完善执法公开、司法公开制度机制，主动接受人大监督和政协民主监督，及时研究办理人大代表、政协委员提出的涉及行刑衔接工作

的意见建议。自觉接受群众监督，畅通群众反映问题渠道，建立健全群众举报投诉的快速响应和联合调查机制。重视舆论监督，建立健全对舆论反映涉行刑衔接问题的预警监测、分析研判、核查处理工作机制。

二、证据移交与转化

（一）证据材料移交和接收衔接流程

行政检察部门在与行政主管机关沟通检察意见书送达时，为了便于后续行政处罚程序顺利进行，行政主管机关一般会提出一并移送与案件事实有关的证据材料的需求，此时就涉及证据材料的移交和接收衔接问题。对于上述问题的处理，实践中，根据检察意见书接收对象的不同，一般可以区分公安机关和其他行政主管部门分别处理。这是因为公安机关具有刑事侦查和行政执法双重属性，在证据来源、取证对象等方面具有同一性；而其他行政主管机关在案件来源、取证要求等方面，与刑事诉讼规定具有一定的差异性。

1. 与公安机关之间的证据材料移交和接收流程。人民检察院在不起诉决定书中认定案件事实的证据，主要依靠公安机关刑事侦查手段获取。检察机关提出检察意见要求公安机关给予行政处罚的，基于公安机关内部完善且统一的刑事案件和行政案件办理规定，公安机关完整采信并转化刑事证据为行政处罚所用，在程序上并无障碍。因此，人民检察院在送达检察意见书时，可以将完整的刑事侦查卷宗和检察环节形成的材料一并移送公安机关，有条件的，可以协调公安机关法制部门统一扎口接收案件证据材料。

2. 与其他行政主管机关之间的证据材料移交和接收流程。行刑反向衔接案件也有不少涉及市场监管、税务等专业性较强的行政执法领域，此类行政执法领域在其系统内有明确的关于案件来源、受理流程、取证规范等规定，与刑事诉讼规定有着较大差异。这就给刑事诉讼证据移交和接收带来一定阻碍，需要与行政主管机关加强协商，在流转程序上进行调整，以符合行政处罚程序的要求。笔者结合实务中与行政主管机关形成的流程做法，即可以在《检察意见书》基础上，再行制作案件《移送书》和《移送清单》，以基于满足行政执法程序受理案件和取证的需要。具体来说，《移送书》内容包括当事人身份信息、案件来源、认定的违法事实、涉嫌违反的法律条款及移送理由。如果不移交涉案物品，说明涉案物品已由公安机关依法处置。同时标注附件为《不起诉决定书》《移送清单》。《移送清单》需要简要写明证据名称，如"第一次讯问笔录""第二次讯问笔录""××鉴定报告"，以及相应页数；证据材料最好提供原件，如无法提供原件，提供复印件的，在证据首页加盖单位公章，注明"复印件与原件一致，共几页"，在多页间盖骑缝章。此外，如果涉案扣押有物品的，且要求由行政主管机关没收的，需在《移送书》及《移送清单》中注明，上述材料汇总后一并移送。行政主管机关在接收案件材料后，就行刑反向衔接案件立案标准、证据收集及固定保全等问题咨询检察机关，或者主动听取检察机关意见建议的，行政检察部门应当及时答复；书面咨询的，行政检察部门应当及时书面回复。

（二）证据转化

《刑事诉讼法》第 50 条第 2 款规定了物证，书证，证人证言、被害人陈述，犯罪嫌疑人、被告人供述和辩解，鉴定意见，勘验、检查、辨认、侦查实验等笔录，视听资料、电子证据等八种刑事证据。《行政处罚法》第 46 条第 1 款亦将行政处罚活动中的行政证据限定为八种，即书证，物证，视听资料，电子数据，证人证言，当事人的陈述，鉴定意见，勘验笔录、现场笔录。虽然刑事证据与行政证据在排序、种类上略有差异，但二者无论是在内在的证据属性抑或外在的证据形式方面都具

有高度一致性。① 从《刑事诉讼法》第 54 条第 2 款"行政机关在行政
执法和查办案件过程中收集的物证、书证、视听资料、电子数据等证据
材料，在刑事诉讼中可以作为证据使用"的规定可以看出，行政证据转
化为刑事证据有明确的法律依据。但刑事证据是否可以转化为行政证据
使用，仅规定在《公安机关办理行政案件程序规定》第 33 条，即"刑
事案件转为行政案件办理的，刑事案件办理过程中收集的证据材料，可
以作为行政案件的证据使用"。因此，有观点认为刑事证据转化为行政
证据缺少法律支撑。

一般认为，我国行政案件的证明标准要低于刑事案件的证明标准，
如《刑事诉讼法》第 55 条明文规定，只有"证据确实、充分的"，才可
以认定被告人有罪和科以刑罚，但《行政处罚法》与《行政诉讼法》
均没有"证据确实、充分"的明确要求。基于证据衔接是畅通行刑双向
衔接的核心环节，经司法机关依法收集并查证属实的刑事证据，均可转
化为行政证据使用，但应根据不同的证据类型设定不同的转化规则。有
观点提出"实物证据核实使用，言词证据有限使用，鉴定证据补强使用
的原则"。②

笔者认为，具体到行刑反向衔接中，应遵循以下规则：其一，实物
证据直接转化规则。对于物证、视听资料、电子数据等实物证据，原则
上可以直接转化为行政证据，这是由实物证据存在方式的相对稳定性、
还原事实的相对客观性等特性决定的。其二，对于犯罪嫌疑人供述和辩
解、证人证言、被害人陈述等言词证据，一般而言，刑事证据要求更
高，一般情况下是可以直接使用的，但是行政执法机关需进一步审查并
综合全案证据进行判断。其三，针对鉴定意见、评估报告、检验报告等

① 参见董坤：《行、刑衔接中的证据问题研究——以〈刑事诉讼法〉第 52 条第 2
款为分析文本》，载《北方法学》2013 年第 4 期。
② 参见蒋云飞、向立：《刑事证据向行政证据转化的理论分析与制度建构》，载
《重庆理工大学学报（社会科学版）》2022 年第 11 期。

特殊证据，具有一定的客观性和专业性，且刑事案件要求更高，原则上可以直接作为行政证据使用，但应进行核实。

三、征求意见机制

《人民检察院行刑反向衔接工作指引》第 17 条规定，人民检察院发出《检察意见书》之前，可以征求有关行政主管机关的意见。行政执法领域涵盖经济社会生活的方方面面，行政检察部门在办理行刑反向衔接案件时，为了确保检察意见的精准性，在审查案件作出决定之前征求有关行政主管机关的意见是十分必要的。

（一）征求意见的案件范围

生态环境、资源保护、食品药品安全、知识产权、信息技术、卫生健康、金融、证券、税务等行政执法领域专业性强，需要运用专业知识办理案件。在办理此类案件时，行政检察部门原则上需要征求行政主管机关的专业意见。需要注意的是，征求意见时，可以注重发挥特邀检察官助理的作用。

（二）征求意见的方式

行政检察部门在征求行政主管机关意见时，可以向行政主管机关提供相关案件材料、工作文件和资料，邀请行政主管机关工作人员列席检察官联席会议、出席公开听证会等活动。

（三）征求意见的内容

行政检察部门可以围绕以下内容征求行政主管机关意见：（1）了解行政执法专业领域法律法规、行政处罚裁量标准等；（2）协助分析研判专业性较强的案件线索；（3）协助审查涉及专业性证据材料；（4）回答、解释、说明涉案专业问题。需要强调的是，涉及刑事和行政法律适用等实体问题存在争议的，需在征求意见的过程中与行政主管机关达成共识。例如，同一行为主体的多个行为在刑事法上被评价为整体行为，但在行政法上却分别违反了不同的法律规范，构成独立、可分的行政违法行为的，应当在征求行政主管机关意见基础上，建议其依据相应的处罚依据，分开评价、分别计罚，确保罚当其错。

第三节　异地衔接机制

同区域内行刑反向衔接只是反向衔接的一种常规形态，随着网络违法犯罪的泛化，违法行为实施地、结果发生地、被害人居住地往往不是同一地，因此检察机关对刑事案件作出不起诉决定之后，可能面临异地行刑反向衔接的情形。面对违法行为发生在异地，需要由异地行政机关处罚时，检察机关该如何打通区域限制，开展反向衔接工作？

因行政处罚地域管辖和职能管辖的差异，检察机关开展异地行刑反向衔接时，一般会面临以下三种情形：一是跨区域同级行政机关的衔接。比如南京市玄武区检察院因开展反向衔接，需要向本市鼓楼区市场监督管理局或合肥市瑶海区市场监督管理局制发检察意见，此种情形下检察机关与行政机关均属于同级机关，级别对等。二是跨区域上级行政机关的衔接。比如在环保类行政处罚中，处罚权限一般属于市级主管机关职责。若南京市玄武区检察院因开展反向衔接工作，需要向无锡市生态环境局制发检察意见，就会出现级别不对等的情形。三是作出不起诉的人民检察院需要向下级行政主管机关提出检察意见。

一、异地衔接的难点

从地域管辖来看，《行政处罚法》第 22 条规定："行政处罚由违法行为发生地的行政机关管辖。法律、行政法规、部门规章另有规定的，从其规定。"违法行为发生地既包括违法行为实施地，也包括违法结果发生地。由此可以看出，行政处罚地域管辖具有一定的交叉性，由此产生跨市甚至跨省管辖的情况，与常规的反向衔接工作相比，在案件跨区域移送层面存在较大难题。

从职能管辖来看，一般是根据案涉违法事实所涉行政管理范围和行政机关法定职权来确定行政主管机关。对于国家在城市管理、市场监管、生态环境、文化市场、交通运输、应急管理、农业等领域推行建立综合行政执法制度，有关部门相对集中行使行政处罚权的，以该集中行使行政处罚权的部门为行政主管机关。对于依法承接县级人民政府部门的行政处罚权的乡镇人民政府、街道办事处，以该乡镇人民政府、街道办事处为行政主管机关。对于法律、行政法规授权的具有管理公共事务职能的组织在法定授权范围内实施行政处罚的，该组织可视为行政主管机关。对于行政机关依法委托符合法定条件的组织行使行政处罚职权的，以委托的行政机关为主管机关。另外，可以探索检察意见移送对象难以确定时的处理规则。比如，行政主管机关难以确定的，可移送本级人民政府，由本级人民政府确定行政主管机关。由此可以看出，在开展异地衔接时，还会面临制发检察意见的检察机关与受移送的行政主管部门存在级别不对等的情形。

二、异地衔接的方式

（一）跨区域同级行政机关可以直接移送

一般而言，行政检察部门应当自检察意见书作出之日起 3 个工作日内，将检察意见书连同不起诉决定书及相关案件材料直接送达辖区内同级行政主管机关。需要向异地同级行政主管机关提出检察意见的，应当征求其所在地同级人民检察院意见，经协商可以直接移送的，直接移送异地同级行政主管机关。行政机关所在的同级检察院同意的，可以委托该检察院送达。被提出意见行政主管机关所在地人民检察院提出不同意见，而办理案件的人民检察院坚持认为应当提出检察意见的，应层报共同的上级人民检察院处理。

对于行政机关内部案件移送机制完善、异地执法办案经验成熟的行政执法领域，检察机关也可以与本地行政机关加强沟通协作，依托本地行政机关进行案件移送。比如，利用网络实施违法犯罪等反向衔接案件，存在违法行为在外地、部分违法结果在本地的特点，行政案件管辖不明或者存在争议，异地移送方式和路径不明确，导致部分反向衔接案件存在办理难题。对此，针对行政主管机关自身拥有完善的案件移送渠道和机制，可以通过与本地执法机关加强协作，采取"本地行政执法机关先行接收反向衔接案件，由其开展行政调查后依法再行移送处理"的异地反向衔接办案模式，有利于解决一个领域的案件异地移送问题。

（二）跨区域上级行政机关层报移送

《人民检察院行刑反向衔接工作指引》第 18 条第 1 款规定，作出不起诉决定的人民检察院认为需要向上级行政主管机关提出检察意见的，应当层报与该行政主管机关同级的人民检察院决定并提出。该条规定的情形是，比如南京市玄武区检察院办理反向衔接案件，需要移送南京市生态环境局给予行政处罚，此时该案件应当层报南京市检察院决定是否向南京市生态环境局提出检察意见。但是，如果南京市玄武区检察院办理的反向衔接案件需要移送镇江市生态环境局给予行政处罚，此时应当如何处理？根据《人民检察院行刑反向衔接工作指引》第 18 条第 3 款规定，作出不起诉决定的人民检察院认为需要异地提出检察意见的，应当书面征求行政主管机关所在地同级人民检察院意见。行政主管机关所在地同级人民检察院应当在 15 个工作日内书面回复是否同意提出检察意见并说明理由。意见不一致的，层报共同的上级人民检察院决定。此时南京市玄武区检察院作为作出不起诉决定的检察院，应当层报南京市检察院决定是否向镇江市生态环境局提出检察意见，由南京市检察院书面征求镇江市检察院的意见，经同意后，移送镇江市生态环境局处理。

（三）向下级行政主管机关指令移送

在异地衔接中，作出不起诉的人民检察院需要向下级行政主管机关提出检察意见的，应当如何移送？笔者认为，可以参照《人民检察院行刑反向衔接工作指引》第18条第2款和第3款的规定分别处理。比如南京市检察院办理反向衔接案件，需要向本市辖区内的下级行政主管机关提出检察意见的，可以直接指令对应的下级检察院提出；需要向本市辖区外的下级行政主管机关提出检察意见的，根据《人民检察院行刑反向衔接工作指引》第18条第3款的规定，经征求行政主管机关所在地同级人民检察院同意后，可以直接向行政主管机关提出检察意见。

三、异地跟踪督促

（一）跟踪督促的方式

应当给予行政处罚的检察意见送达有关行政主管机关后，行为人最终是否受到行政处罚，还需要有关行政主管机关依法作出，并将处理结果回复检察机关。为了掌握检察意见的采纳情况，监督行政主管机关依法行政，检察机关还需要跟踪督促行政主管机关及时处理回复。对此，《人民检察院行刑反向衔接工作指引》第21条至第23条作出了相应规定。根据不同的情形，检察机关可采取相应的跟踪督促方式。一是对给予行政处罚存在分歧的，应当积极沟通协调。二是有关行政主管机关存在违法情形的，检察机关可以督促其纠正。此处需要注意的是，最高检《关于人民检察院在履行行政诉讼监督职责中开展行政违法行为监督工作的意见》第20条规定，检察机关在反向衔接工作中发现行政违法行为的，参照该意见办理。但《人民检察院行刑反向衔接工作指引》第

22 条对监督范围进行了限制，主要针对超期不予回复、不予行政立案、无正当理由不予行政处罚这三种情形，而对行政主管机关处罚是否适当或关联行政行为违法等情形，不主动进行监督。尊重行政主管机关的裁量权和行政相对人依法维权的自由选择，避免影响行政主管机关日常执法效率。

（二）异地跟踪督促案件移送

检察机关在开展异地反向衔接工作中发现异地行政机关的行政违法行为符合《人民检察院行刑反向衔接工作指引》第 22 条规定情形的，一般应当按照"对等监督"原则将案件材料移送至行政机关所在地的同级检察院。受移送的检察院应当自收到案件材料后 30 日内将处理决定或意见书面回复移送的检察院，情况复杂或者有待查证的，可以延长 30 日，并书面告知移送线索的检察院。上级检察院需要向下级有关单位提出检察建议的，应当指令对应的下级检察院提出检察建议。

第四节　案件听证机制

广义的听证，一般是指在国家机关作出决定之前，给有利害关系的人发表意见的机会，对特定事项进行质证、辩驳的程序，其内涵在于听取利害关系人的意见，外延则涉及立法、执法和司法三大领域。[1] "所谓检察听证，是指人民检察院对于符合条件的案件，组织召开听证会，就事实认定、法律适用和案件处理等问题听取听证员和其他参加人意见的案件审查活动。"[2] 检察听证程序最重要的价值之一在于让检察权的行使建立在"充分提供证据、发表意见"之上，因为听证程序设立的初

---

[1]　杨惠基：《听证程序概论》，上海大学出版社 1998 年版，第 1 – 2 页。
[2]　霍敏：《检察听证制度完善研究》，载《国家检察官学院学报》2022 年第 1 期。

衷就在于提供一个平台给予利害关系人提出不同意见的平等机会，从而保证经过听证作出的决定是基于公平公正的。[①] 行刑反向衔接案件听证，是指人民检察院行政检察部门在办理行刑反向衔接案件过程中，就事实认定、法律适用和案件处理等问题，当面集中听取当事人、听证员和其他听证参加人意见的活动。

一、听证适用范围

行刑反向衔接听证的内容主要包括事实认定、法律适用、移送对象、案件处理、有重大社会影响等方面争议。具体来说符合以下情形的，可以召开听证会：（1）对是否具有处罚法定性、必要性存在争议的；（2）可能超过行政处罚时效的；（3）需要终结审查处理的敏感案件；（4）案件社会关注度高，对于类似案件具有示范意义的；（5）有重大舆情风险，需要通过听证引导社会舆论的。

二、听证会参与人

反向衔接案件听证会参加人应包括被不起诉人、行政主管机关、听证员、承办检察官或者检察官办案组成员、检察辅助人员等。根据案件情况，可以通知刑事案件检察官或者其他相关人员参加听证会。反向衔接案件的听证应当根据案件争议焦点和听证目的，有针对性地邀请下列人员担任听证员：（1）对涉及专业领域事实认定的案件，邀请至少一名具有相关行业或专业背景的专家担任听证员；（2）对涉及法律适用问题的案件，邀请至少一名法律专家担任听证员。公开听证的案件，允许公民旁听的，在听证方案中明确参加旁听的方式和途径，也可以邀请群团组织、新闻媒体等派员旁听。

---

① 参见杨坤、万毅、刘亦峰、谢科：《听证在检察机关办案中应用问题研究》，三联书店 2021 年版，第 35－36 页。

三、听证会的启动和准备

承办检察官或主办检察官可以根据案件办理需要建议召开听证会。拟召开听证会的，由承办检察官或者主办检察官提出意见和理由提交部门负责人审核，并报请分管检察长批准。决定举行听证的，承办检察官或者主办检察官应提前制定听证方案，并确定听证会参加人，在听证会召开3日前告知听证会参加人案由、听证的时间和地点。告知当事人检察官及听证员的姓名和身份、询问当事人是否申请回避。申请回避的，应当要求其说明理由。

承办检察官或者主办检察官在举行听证前应全面审查案件，通过阅卷、调查核实等方式厘清争议焦点，明确听证内容，准确设置听证会议题。听证员确定后，承办检察官或者主办检察官应当在听证会召开3日前将案件有关材料送达听证员。向听证员介绍案件情况、需要听证的问题、案件争议焦点和相关法律规定。听证一般在检察机关专门的听证场所举行，根据案件办理的实际需要，经检察长批准也可以在其他场所举行。听证会席位设置按照《人民检察院检察听证室设置规范》《检察机关听证室建设技术指引》的规定执行，在反向衔接案件听证中，被不起诉人和行政主管机关一般于检察官所在的主持席左右两侧分别设置席位。

听证方案一般应包括以下内容：（1）听证目的和议题：包括听证需解决的问题，以及围绕案件争议焦点，在事实认定、证据采信、法律适用、争议解决等方面设置的听证内容；（2）听证会召开的时间和地点；（3）听证会参加人员：包括听证员身份、人数，参加听证的当事人、主持人及其他检察人员等；（4）听证议程：结合听证案件具体情况，依次列明听证会的各项议程；（5）组织实施：包括组织人员、会务保障（安全、场所、设备等）、邀请新闻媒体、是否有公民旁听、参加旁听的方式和途径等相关听证前准备工作，以及听证会后的案件处理预案、新闻宣传报道方案等。

四、听证会程序

听证会一般由承办检察官或者主办检察官主持。检察长、副检察长或者担任部门负责人的检察官参加办案组办理案件的，应当担任听证主持人。听证会由书记员负责记录，司法警察维持秩序。听证会开始前，由书记员宣布听证纪律。听证会一般按照下列步骤进行：（1）介绍案件情况和需要听证的问题；（2）被不起诉人陈述意见；（3）行政主管机关发表意见；（4）检察官、听证员向被不起诉人、行政主管机关提问；（5）主持人宣布休会。由听证员就听证事项进行闭门讨论，并制作评议笔录，由听证员签名；（6）主持人宣布复会。听证员评议形成一致意见的，可以推选一名代表宣读听证意见；未形成一致意见的，听证员可以各自发表听证意见；（7）主持人对听证会进行总结，宣布听证会结束。根据案件的具体情况和类型，主持人可以简化或者省略以上部分步骤，也可以合并或交叉进行。

五、听证结果运用

承办检察官或者主办检察官应当将组织听证、听证意见、是否采纳及其理由等情况，在案件审查报告中写明。听证员的意见是人民检察院依法处理案件的重要参考。承办检察官或者主办检察官根据案件审查情况，结合听证意见，全面客观提出对案件的处理意见，经检察官联席会议研究，依法作出处理决定，向各方当事人宣告、送达，并将作出的决定和理由告知听证员。承办检察官或者主办检察官拟不采纳听证员一致意见或者多数意见的，应当经检察官联席会议讨论、部门负责人审核，报分管检察长作出决定。听证意见的采纳情况应当告知听证员。决定不采纳听证员一致意见或者多数意见的，应当向听证员说明理由。

第六章 行刑反向衔接中的跟进监督

跟进监督的概念，当前尚未有较为通行的观点。《人民检察院民事诉讼监督规则》明确使用了"跟进监督"的表述，其中第124条明确规定，出现相应情形，检察机关可以再次监督或者提请上级人民检察院监督。结合"跟进监督"一词本身的文义以及民事检察跟进监督的规定，可以看出跟进监督主要是指检察机关初次监督后，被监督单位仍未履职或违法履职的，检察机关可再次监督或者提请上级检察机关监督。对于行刑反向衔接案件，最高人民检察院《关于推进行刑双向衔接和行政违法行为监督 构建检察监督与行政执法衔接制度的意见》相关规定体现了跟进监督的理念，但具体内容较为原则，2024年11月最高人民检察院印发的《人民检察院行刑反向衔接工作指引》第三章第三节中使用了"跟踪督促"的表述，对跟进监督作了相应细化。

第一节 跟进监督概述

一、跟进监督规范概览

2023年7月14日最高人民检察院印发《关于推进行刑双向衔接和行政违法行为监督 构建检察监督与行政执法衔接制度的意见》明确了行刑反向衔接跟进监督的职权及要求，即"行政检察部门对行政主管机关的回复和处理情况要加强跟踪督促，发现行政主管机关违法行使职权或不行使职权的，可以依照法律规定制发检察建议等督促其纠正"。该规定实际上明确了行刑反向衔接跟进监督的概念，即行刑反向衔接检察意见书发出后，检察机关对行政主管机关的回复和处理情况进行跟踪督促，发现行政主管机关违法行使职权或不行使职权的，通过制发检察建议等方式督促纠正。从规定的文义不难看出，首先，行刑反向衔接跟进监督的主体一般为制发检察意见的检察机关。其次，跟进监督的核心要件为存在"行政主管机关违法行使职权或不行使职权"情形，对于具体可监督情形，规定未予以列明。最后，跟进监督的方式包括但不限于依法制发检察建议。

2024年11月26日印发的《人民检察院行刑反向衔接工作指引》第三节使用了"跟踪督促"概念，其中第21条明确了检察机关行刑反向衔接后的跟踪及沟通要求，第22条对可跟进监督情形进行了不完全列举式规定，即"具有不予回复、不予行政立案、无正当理由不予行政处罚等违法情形"，第23条明确了检察机关除采用检察建议等方式跟进监督外，还可以采取通报、报告形式，实现检察监督与司法行政部门监督、上级行政主管机关上下级监督、人大监督衔接，督促行政主管机关依法履职。

从上述规定不难看出，相较于最高人民检察院《关于推进行刑双向衔接和行政违法行为监督 构建检察监督与行政执法衔接制度的意见》，《人民检察院行刑反向衔接工作指引》的变化主要有两个方面。一是进一步明确并限缩了行刑反向衔接可跟进监督的情形。最高人民检察院《关于推进行刑双向衔接和行政违法行为监督 构建检察监督与行政执法衔接制度的意见》规定"行政主管机关违法行使职权或不行使职权的"可跟进监督，而《人民检察院行刑反向衔接工作指引》明确列举的可跟进监督情形仅有"不予回复、不予行政立案、无正当理由不予行政处罚"。对于已明确列举的情形，原则上可跟进监督，而对于未列举情形，是否跟进监督应当审慎。二是进一步明确并拓宽了行刑反向衔接跟进监督的方式。最高人民检察院《关于推进行刑双向衔接和行政违法行为监督 构建检察监督与行政执法衔接制度的意见》中规定跟进监督可采用制发检察建议等方式，《人民检察院行刑反向衔接工作指引》进一步明确了通报同级司法行政机关、提请上级人民检察院通报上级机关、报告同级党委和人民代表大会常务委员会。实践中，跟进监督的方式也不一定只能选择一种，可以同时运用多种方式推动行政主管机关履职。

二、跟进监督的常见情形

对比行刑反向衔接跟进监督中，《人民检察院行刑反向衔接工作指引》已列明的行政主管机关"不予回复、不予行政立案、无正当理由不予行政处罚"三种情形，可以看出行刑反向衔接跟进监督侧重于督促行政主管机关依法履行行政职权。

（一）行政主管机关不予回复

对于不予回复情形的监督，需要在检察意见书制发后，对行政主管机关的落实情况进行跟踪督促，及时向行政主管机关了解受理、立案、调查、决定、送达等不同行政处理阶段的办理情况。对此情形的监督，首先需要明确检察意见书的回复期限。2021年9月6日最高人民检察院印发的《关于推进行政执法与刑事司法衔接工作的规定》第9条明确检察意见回复期限为2个月。2023年7月14日最高人民检察院印发《关于推进行刑双向衔接和行政违法行为监督 构建检察监督与行政执法衔接制度的意见》后，各地检察机关开展了实践探索，如部分地区行政主管机关反馈个案中2个月可能不够作出行政处罚决定，限缩了其法定期限，有检察机关与行政主管机关会签机制，明确行政主管机关可以在法定期限内处理后一定期限内回复。2024年11月26日印发的《人民检察院行刑反向衔接工作指引》第20条规定，除紧急情况以外的回复期限为90日，现规定已经基本涵盖了行政法律法规规定的处理法定时限，因此现在应统一为 90 日。

对于不予回复的跟进监督需要注意以下几点：一是鉴于《人民检察院行刑反向衔接工作指引》第 21 条对检察机关提出了跟踪和沟通的要求，在行政主管机关到期未回复情况下，制发检察建议跟进监督前应先行沟通，询问未予回复原因；二是对于不予回复的监督重点仍应回到行政主管机关是否履职上来，如沟通后发现行政主管机关已经进行履职，只是未予回复的，可以通过沟通方式解决而不是跟进监督；三是《行政处罚法》第 60 条对于行政机关作出行政处罚决定的期限规定为 90 日，部分单行法律法规规定了特别期限、可延长或扣除情形，如《治安管理处罚法》规定较为特殊，基础办案期限规定为自受理之日起 30 日，案情重大、复杂的可以延长 30 日。因此，需要注意《人民检察院行刑反向衔接工作指引》第 20 条规定的仅为回复期限，并非行政主管机关作出行政处罚决定的期限，如行政主管机关在 90 日内已经立案，未作出行政处罚决定并不违反法定期限的，不宜跟进监督。

【案例 6-1：汪某涉嫌诈骗罪相对不起诉行刑反向衔接案】

汪某于 2022 年 9 月向钟某借款 3000 元。同年 9 月 26 日，汪某谎称通过银行卡向钟某转款 10500 元用于偿还借款，其中 500 元是利息，并要求钟某向其返还多转的 7000 元。为了获取钟某信任，汪某还将两张分别显示 5500 元、5000 元的银行卡转账截图发送给钟某，钟某遂向汪某支付宝转账 7000 元。后钟某发现汪某的还款一直未到账便询问汪某，汪某以各种理由推脱，并于同年 10 月删除钟某微信。公安机关以汪某涉嫌诈骗罪移送审查起诉，后检察机关以情节轻微为由作出不起诉决定并于 2023 年 8 月 8 日向公安机关制发检察意见，建议对汪某进行行政处罚。公安机关未立案也未回复，检察机关于 2023 年 11 月 6 日制发检察建议，后公安机关于 2023 年 12 月 11 日对汪某作出行政拘留 11 日的行政处罚决定。

本案中，行政主管机关收到检察意见书后未立案也未回复，检察机关采用检察建议形式跟踪督促，最终督促行政主管机关依法履职。案例发生在《人民检察院行刑反向衔接工作指引》施行前，适用原 2 个月回复期限规定。从案例可见，检察机关并非简单以不予回复制发检察建议，而是了解未予立案情况下，重点针对行政主管机关不予立案进行监督。

（二）行政主管机关不予行政立案

《行政处罚法》对于立案、不予立案的情形未有明确规定，部分单行法律法规及规章中有具体规定，如《市场监督管理行政处罚程序规定》《中国人民银行行政处罚程序规定》。符合行政主管机关立案条件的情形一般包括：行为人存在行政违法行为，主管机关有管辖权，在追究时效内，不违反一事不再理原则。不予立案的情形一般包括：行为人系不满 14 周岁的人、精神病人、不能辨认或控制自己行为的人，行为人不存在违法行为，行政主管机关没有管辖权，已超过法定追究时效，违反一事不再理原则等。行刑反向衔接案件中，关于行为人情况、违法行为、危害后果等事实，经过刑事审查起诉程序一般都已较为清楚，移送前也会对追究时效等要素进行审查。因此，跟进监督环节中行政主管机关不予立案的常见原因大多是在管辖权、一事不再理原则、违法主体情况等方面存在争议。

对于不予立案的跟进监督需要注意以下几点：一是对于管辖权消极冲突。检察机关移送前已经对行政主管机关职能管辖、级别管辖、地域管辖进行审查，一般来讲移送后如行政主管机关认为其无管辖权的理由系明显违反法律规定的，应当制发检察建议督促履职；但如涉及不同级别、不同类型、不同行政区域行政主管机关管辖权争议的，法律规定较为模糊的，可通过推动多机关会商等形式，形成一致意见，促进衔接顺畅。二是对于是否有处罚依据的争议。例如，非国家工作人员受贿行刑反向衔接中，不同行政主管机关在法律适用方面存在争议，有观点认为可以直接适用国家工商行政管理局《关于禁止商业贿赂行为的暂行规定》第 9 条对受贿人进行行政处罚，也有观点认为后续施行的《反不正当竞争法》仅规定了对行贿人的行政处罚，实质上已经废止了国家工商行政管理局《关于禁止商业贿赂行为的暂行规定》第 9 条之规定。对此，学界也有一定争议，此类情况中跟进监督不是目的，重点应通过会商、向上一级报告等形式，形成相对一致的做法，并推动立法层面的响应。

【案例 6－2：卢某涉嫌销售假冒注册商标的商品罪相对不起诉行刑反向衔接案】

2024 年 2 月 11 日，卢某以 A 市科技发展有限公司名义向贾某销售一批全自动卷发器，销售金额为 74880 元。贾某收货后，于同年 3 月将其中部分全自动卷发器销售至境外时被海关查获，涉案全自动卷发器均为假冒注册商标的商品。公安机关以销售假冒注册商标的商品罪移送审查起诉，检察机关以情节轻微为由作出不起诉决定，并向 A 市某区市场监督管理部门制发检察意见，建议对卢某进行行政处罚。A 市某区市场监督管理部门之后回函，认为无管辖权故不予立案。后检察机关制发检察建议，A 市某区市场监督管理部门对卢某作出罚款的行政处罚。

本案中，行政主管机关收到检察意见书后未予立案，且明确说明不予立案的理由为无管辖权，实际系对法律适用错误导致的不作为。行政主管机关的管辖权问题是在制发检察意见书之前应当研究的问题，如果前期已经过充分调查确认被移送行政主管机关有管辖权的，应在充分沟通基础上积极履行跟进监督职责。

（三）行政主管机关无正当理由不予行政处罚

《行政处罚法》第 30 条、第 31 条、第 33 条、第 57 条规定了不予处罚的情形，包括行为人系未满 14 周岁，违法事实轻微并及时改正，未造成危害后果，无主观过错等，《治安管理处罚法》等单行法律法规也有特别规定。在移送前审查阶段，对于是否具有此类情形已经进行了初步审查，《人民检察院行刑反向衔接工作指引》中列明的应当不移送以及可以不移送的情形中，实质上也吸纳考量了类似情形。

对于行政主管机关无正当理由不予行政处罚的跟进监督，主要涉及以下几个方面：一是应重点审查是否有正当理由，审查行政主管机关不予行政处罚的理由是否具有法定性，对于相关情形的认定是否准确。二是因此类情况跟进监督中往往需要对相关情形认定的准确性、不予行政处罚理由的正当性、给予行政处罚的必要性等进行判断，可充分运用检察听证等形式，提升跟进监督精准性。

一般来讲，行刑反向衔接案件违法事实都较为清楚，那么可能不予处罚的只有违法行为轻微并及时改正，没有造成危害后果或初次违法且危害后果轻微并及时改正。检察机关和行政主管机关的分歧主要在于违法行为危害程度、危害后果等方面，对于此类案件的跟进监督应当审慎，应在尊重行政主管机关自由裁量权的前提下，充分采取听证等形式听取意见，确有处罚必要性的，才进行跟进监督。

【案例6-3：葛某某涉嫌侵犯公民个人信息罪相对不起诉行刑反向衔接案】

2019年1月至2021年1月间，葛某某等五人利用工作便利从本市多家医院获取并出售新生儿信息2000余条，获利6万元。检察机关后作出相对不起诉决定。检察机关制发检察意见后，行政主管机关作出不予处罚处理。检察机关认定行政主管机关作出不予处罚的决定违反了《网络安全法》第44条之规定，在组织召开听证并充分听取多方意见基础上，向行政主管机关制发了检察建议。后行政主管机关采纳检察建议，作出行政处罚决定。

本案中，行政主管机关作出不予处罚处理，如不跟进监督可能导致公共利益受到损害。检察机关为提升监督精准性，在充分听证并听取意见基础上，制发检察建议督促进行行政处罚。

（四）行政主管机关已进行处罚但适用法律错误

基于《人民检察院行刑反向衔接工作指引》在可跟进监督情形范围方面有限缩性导向，同时在跟进监督中需要贯彻行刑反向衔接案件办理的基本原则以及行政法理论的相关原则，以实现检察监督与权益救济的均衡。因此，跟进监督需综合考虑公共利益、个体权益、司法成本等因素。

对于行政主管机关已进行处罚但适用法律错误的跟进监督，应重点注意以下几点：一是对于法律适用错误是否跟进监督，可参照民事跟进监督理念进行类型化处理。对于行政主管机关工作人员违法导致的法律适用错误，原则上应当监督，"基础类"法律适用错误跟进监督优先于"前沿类"的法律适用错误监督，相关法律适用争议较大的一般不宜监督，宜放在个案中作具体讨论。① 二是一般来讲对于行政主管机关已作出行政处罚的，因其已经履行法定职责，即使存在法律适用错误或者瑕疵，但实体上并无明显不当的也不宜监督。因法律适用错误导致处罚程序错误或实体处罚失当情况，应区分处理。如认为程序违法或者实体处罚过重的，相对人不服的可以通过行政复议、诉讼途径救济，检察跟进监督不宜替代行政复议、行政诉讼救济途径，如有必要后续可以衔接到行政非诉执行监督中；对于实体处罚过轻的，要综合考量要实现的公共利益与跟进监督的司法成本以及重新作出处理的行政成本，充分论证跟进监督的必要性。

【案例6-4：王某某涉嫌违法收购、出售陆生野生动物罪相对不起诉行刑反向衔接案】

2020年8月，王某某通过网络从张某、安某处购买国家保护野生动物，检察机关以情节轻微为由对王某某、安某作出相对不起诉决定，因

---

① 参见冯小光、纪闻：《比例原则视域下民事检察跟进监督启动的审查思路》，载《人民检察》2023年第8期。

张某违法数额较小对其作出绝对不起诉决定。后检察机关认为对三人应当移送行政处罚，故分别向某县、A 市、B 县自然资源部门发出检察意见书。跟进督促中发现，其中一家行政主管机关依据《野生动物保护法》第 52 条第 1 款遗漏"没收违法所得"行政处罚，适用法律错误，故制发检察建议书，建议依法纠正，推动行政主管机关撤销原行政处罚决定，对王某某重新作出行政处罚决定。

本案中，行政主管机关收到检察意见书后，虽然作出了行政处罚决定，但遗漏了相关罚则确定的处罚种类，跟进监督情形属于行政主管机关适用法律法规错误，系"等外"情形，检察机关可跟进监督制发检察建议督促纠正但应审慎。案例中没收违法所得具有法定性，如不予没收将导致违法行为人因违法行为获益，与行政法基本原则相悖，不予监督会导致公共利益受损，有监督必要性。

第二节　跟进监督的方式

一、跟进监督的方式概述

行刑反向衔接跟进监督采取何种方式，最高人民检察院《关于推进行刑双向衔接和行政违法行为监督 构建检察监督与行政执法衔接制度的意见》仅列明了检察建议，对于其余监督方式用了"等外"规定。从"行政主管机关违法行使职权或不行使职权"这一核心要件出发，在刑事、民事、行政、公益诉讼检察职能中扫描、对应，可筛选出以该核心要件为基础的检察履职方式，具体包括行政违法行为监督、行政公益诉讼、移送线索、报告通报。

（一）行政违法行为监督

《中共中央关于加强新时代检察机关法律监督工作的意见》中明确，

检察机关要全面深化行政检察监督，在履行法律监督职责中发现行政主管机关违法行使职权或者不行使职权的，可以依照法律规定制发检察建议等督促其纠正，这是行政违法行为监督的职权依据。该意见对于行政违法行为监督概念的表述，与最高人民检察院《关于推进行刑双向衔接和行政违法行为监督 构建检察监督与行政执法衔接制度的意见》表述高度一致，区别仅在于行政违法行为监督的线索来源为"在履行法律监督职责中发现"，行刑反向衔接案件跟进监督的案件来源为检察意见书制发后"行政主管机关的回复和处理情况"。

不难看出，一般意义上的行政违法行为监督与行刑反向衔接意义上的行政违法行为监督，逻辑上是一般和特殊，包含与被包含的关系。在行刑反向衔接案件中制发检察建议跟进监督，其本质是对行政主管机关的行政违法行为进行监督，只是行政违法行为监督的案件来源更广，除行刑反向衔接案件外，还包括民事监督案件、行政监督案件、刑事公诉案件等。

（二）行政公益诉讼

《行政诉讼法》第25条第4款规定，"人民检察院在履行职责中发现生态环境和资源保护、食品药品安全、国有财产保护、国有土地使用权出让等领域负有监督管理职责的行政机关违法行使职权或者不作为，致使国家利益或者社会公共利益受到侵害的，应当向行政机关提出检察建议，督促其依法履行职责。行政机关不依法履行职责的，人民检察院依法向人民法院提起诉讼。"从文义解释角度不难看出，行政机关违法履职、不履职这一要件也可能触发检察机关的行政公益诉讼职权，但不同于一般行政违法行为监督，检察机关行政公益诉讼履职需受法定领域的限制，同时还应符合"致使国家利益或者社会公共利益受到侵害"这一法定要件。检察机关制发检察意见将案件移送行政主管机关，如果行政主管机关不履职或不正确履职的行为导致社会公共利益受损，且符合法定的行政公益诉讼条件，检察机关可以按照行政公益诉讼程序办理。

（三）线索移送

行刑反向衔接跟进监督的核心要件是存在行政违法行为，要实现深层次的监督，不仅包括对事的监督，还应包括对人的监督，具体应参照《关于人民检察院在履行行政诉讼监督职责中开展行政违法行为监督工作的意见》规定处理。一是发现存在公职人员涉嫌违法违纪、职务犯罪线索的，可以依照相关文件规定的移送程序办理，移交纪检监察机关处理；二是发现其他涉嫌刑事犯罪线索的，移送公安机关依法处理；三是检察机关自行侦查，行政检察部门在反向衔接案件办理中，发现属于检察机关侦查部门管辖的司法工作人员相关涉嫌职务犯罪线索的，应依照《人民检察院内部移送法律监督线索工作规定》的移送条件、程序、方式办理。

（四）报告、通报

《中共中央关于加强新时代检察机关法律监督工作的意见》中明确了各级人民代表大会及其常委会、政协、纪检监察机关等对检察机关行使职权的监督与支持。《人民检察院行刑反向衔接工作指引》第 23 条也明确了该跟进监督方式。在行使检察职权中，如被建议单位在规定期限内经督促无正当理由不予整改或者整改不到位的，可通过上级检察机关通报被建议单位的上级机关、行政主管部门或者行业。这也是将检察机关法律监督与行政主管机关上下级监督协同的体现。

二、跟进监督方式的界分

如前所述，行刑反向衔接跟进监督的方式有多种，因核心要件的共性，相关职权会发生交叉，由此可能产生实务争议及处理不一，需进一步厘清几种跟进监督方式的边界及如何选择。其中，厘清边界是"准入"性分析，即判断该情形具体符合哪种履职方式的法定要件，如不符合基本要件，则该种跟进监督方式不应纳入选择之列。跟进监督方式的选择是"优先"性考量，即在符合多种跟进监督方式要件的情况下，如何选择更为优先、适宜的监督方式。

跟进监督方式的选择最易产生冲突的是行政违法行为监督与行政公益诉讼，从二者要件可见，行刑反向衔接跟进监督中行政违法行为监督与行政公益诉讼监督存在交叉的情况是极有可能发生的，区别仅在于启动行政公益诉讼除行政主管机关违法履职、不履职行为外，还需符合属于特定领域及损害国家利益、社会公共利益的要件。如果案件中的行政违法行为符合特定领域以及损害国家利益、社会公共利益要件，则二者存在交叉。二者最核心的界分点应在于行政违法行为的可诉性。《关于人民检察院在履行行政诉讼监督职责中开展行政违法行为监督工作的意见》中明确表述为"对于发现的行政违法行为损害国家利益和社会公共利益，具有可诉性的，依法按照行政公益诉讼程序办理"。

我国对行政行为的监督体系包括行政主管机关内部监督，审判机关对行政行为合法性的审理程序，检察机关实际是置于其中，以检察建议方式督促行政主管机关启动内部纠错，或以公益诉讼程序启动人民法院的合法性审理程序。[①] 行政违法行为监督暂无法律依据，而行政公益诉讼有法律及司法解释规定。对于行刑反向衔接中行政主管机关违法履职或不履职行为的可诉性判断，除应满足特定领域外，还应考虑以下要件：一是职权法定性，包括被诉行政主体、职权的法定性；二是国家利益及公共利益受侵害，包括受侵害主体的不特定性、多数性，如销售有毒有害食品犯罪侵害不特定消费者权益，或受侵害利益本身属于国家利益或社会公共利益，如犯罪行为造成国有财产损失的情况；三是履职的现实可能性，例如虽然行政法律法规规定了某行政主管机关的概括性监

---

① 参见张彬、张一博：《行政公益诉讼诉前程序基本理论探析》，载《人民检察》2017 年第 4 期。

管职权，但某类职权在当前受技术因素、客观情况等限制，不具备履职的现实可能性，此种行为显然是不具备可诉性的，即使诉至法院，法院也无法判决履职；四是行政公益诉讼可诉性还有程序性要求，即经过审前程序督促履职仍不履职的，才能提起行政公益诉讼。

关于线索移送，行政主管机关怠于履职、不履职案件中对人的监督与对事的监督一般不冲突，因此，一般不涉及不同监督方式的选择问题，发现存在公务人员违法违纪、职务犯罪、触犯检察机关自行侦查罪名或其他犯罪的，可以在对事监督的同时移送相关线索。值得注意的是，对人监督适宜节点的选择，一般来讲对人的监督应与对事监督同步开展或在对事监督之后。

三、跟进监督方式的选择

从前述几种跟进监督方式的界分上来看，线索移送是可以与行政违法行为监督、行政公益诉讼同步进行的，程序启动上不存在冲突。需要作出选择的主要是行政违法行为监督和行政公益诉讼。在前述可诉性分析的基础上，应坚持具备可诉性则行政公益诉讼优先的原则。因为行政违法行为监督、行政公益诉讼审前程序中，督促行政主管机关履职的文书均是检察建议，一般来讲，如果先以行政违法行为监督立案制发检察建议后，行政主管机关违法履职或不履职，发现符合公益诉讼条件的，仍要进行公益诉讼立案制发行政公益诉讼检察建议。显然，并无必要制发两份相同或相似内容的检察建议，这也不符合司法活动的效率原则及节约司法资源的考量。为避免出现此类情况，对于预判符合行政公益诉讼条件及可诉性标准的，宜优先进行行政公益诉讼立案，制发行政公益诉讼检察建议，可在保障效率基础上便于后续跟进提起诉讼，即使不一定最终提起诉讼的，也可以通过公益诉讼磋商等程序，增加督促履职的方式。

值得注意的是，监督方式的选择应当置于监督必要性考量之后，

《人民检察院行刑反向衔接工作指引》中仅明确列明"不予回复、不予行政立案、无正当理由不予行政处罚"情形应当监督,对于已列明情形原则上应当监督。而对于行政主管机关已行政处罚但处罚错误情形,是否跟进监督及如何监督是值得探讨的。例如行政主管机关遗漏处罚种类情形,一般此种情况下,行政相对人不会提起复议或行政诉讼,如检察机关不跟进监督,可能导致公共利益受损,此时可以制发检察建议监督。但如行政主管机关已进行行政处罚但处罚过重,行政相对人是有异议和诉讼救济途径的,此种情况下是否监督或者是在行刑反向衔接程序中跟进监督还是衔接到行政非诉执行监督中,应结合个案情况区分情形作具体处理。总之,是否监督、如何监督要结合个案情况及监督效率、效果作具体考量,而不能机械地对应监督方式要件。

第七章　不起诉案件政务处分衔接

一般认为，行刑反向衔接是指司法机关将案件移送给行政机关给予行政处罚、行政处分。最高人民检察院 2023 年 7 月发布的《关于推进行刑双向衔接和行政违法行为监督 构建检察监督与行政执法衔接制度的意见》也指出，反向衔接是指"司法机关向行政执法机关移送行政处罚案件"。① 但是，该文件仅涉及行政处罚，未涉及政务处分或者其他处分的表述。然而，《刑法》第 37 条规定，"对于犯罪情节轻微不需要判处刑罚的，可以免予刑事处罚，但是可以根据案件的不同情况，予以训诫或者责令具结悔过、赔礼道歉、赔偿损失，或者由主管部门予以行政处罚或者行政处分"，明确了不起诉案件中涉及应给予不起诉人行政处分的内容。在实践中，也存在大量案件涉及被不起诉人需受到政务处分或者其他处分的情况。那么，反向衔接是否仅指"司法机关向行政执法机关移送行政处罚案件"，是否还包括政务处分、其他处分？

《中共中央关于加强新时代检察机关法律监督工作的意见》指出，"健全检察机关对决定不起诉的犯罪嫌疑人依法移送有关主管机关给予

---

① 《关于推进行刑双向衔接和行政违法行为监督 构建检察监督与行政执法衔接制度的意见》中指出，"行政执法和刑事司法衔接，也称'两法衔接'，包括行政执法机关向司法机关移送涉嫌犯罪案件的正向衔接和司法机关向行政执法机关移送行政处罚案件的反向衔接，是检察机关加强与行政执法机关衔接配合，共同推进法治中国建设的重要内容"。

行政处罚、政务处分或者其他处分的制度"。因此，广义上看，反向衔接也包括司法机关向其他相关单位移送给予其他处分。最高人民检察院2024 年 11 月发布的《人民检察院行刑反向衔接工作指引》采纳了上述意见，其中第 24 条规定，检察机关"发现需要对被不起诉人给予政务处分的，应当按照规定将案件线索移送有关机关处理"。据此，本书将"反向衔接"定义为司法机关向行政执法机关、其他相关单位移送行政处罚、政务处分案件线索。

第一节　不起诉案件政务处分衔接的性质

一、处分的类型

目前，针对公职人员违纪违法行为有四种处置模式：刑事处罚、党纪处分、监察机关处分、任免机关单位处分。刑事处罚是法律规定中最为严格的惩戒。党的纪律处分即党纪处分，在《中国共产党章程》第七章"党的纪律"中有多处使用"纪律处分"的表述，《中国共产党纪律处分条例》对党纪处分亦有严格规定，故党纪处分的外延和内涵均指向明确，在此不再赘述，这里重点阐述监察机关政务处分、任免机关单位处分。

关于监察机关处分、任免机关单位处分，长期以来存在概念外延交织、并列的现象。《监察法》第 11 条①和第 52 条②明确使用了"政务处分"的概念。2020 年 6 月公布的《公职人员政务处分法》第 3 条规定，"监察机关应当按照管理权限，加强对公职人员的监督，依法给予违法的公职人员政务处分。公职人员任免机关、单位应当按照管理权限，加强对公职人员的教育、管理、监督，依法给予违法的公职人员处分"，再次确认了"政务处分"是监察机关对公职人员的处分是一种外部处分权，而任免机关单位③对公职人员的处分是一种内部处分权。这里的"政务处分"与"处分"是针对不同惩戒主体而设立的专有概念，与 2018 年 12 月修订的《公务员法》第 61 条④的概念表述相一致。随着监察体制的完善，我国已逐步建立起监察机关政务处分与任免机关单位处

----

①　《监察法》第 11 条规定："监察委员会依照本法和有关法律规定履行监督、调查、处置职责：（一）对公职人员开展廉政教育，对其依法履职、秉公用权、廉洁从政从业以及道德操守情况进行监督检查；（二）对涉嫌贪污贿赂、滥用职权、玩忽职守、权力寻租、利益输送、徇私舞弊以及浪费国家资财等职务违法和职务犯罪进行调查；（三）对违法的公职人员依法作出政务处分决定；对履行职责不力、失职失责的领导人员进行问责；对涉嫌职务犯罪的，将调查结果移送人民检察院依法审查、提起公诉；向监察对象所在单位提出监察建议。"

②　《监察法》第 52 条规定："监察机关根据监督、调查结果，依法作出如下处置：（一）对有职务违法行为但情节较轻的公职人员，按照管理权限，直接或者委托有关机关、人员，进行谈话提醒、批评教育、责令检查，或者予以诫勉；（二）对违法的公职人员依照法定程序作出警告、记过、记大过、降级、撤职、开除等政务处分决定；（三）对不履行或者不正确履行职责负有责任的领导人员，按照管理权限对其直接作出问责决定，或者向有权作出问责决定的机关提出问责建议；（四）对涉嫌职务犯罪的，监察机关经调查认为犯罪事实清楚，证据确实、充分的，制作起诉意见书，连同案卷材料、证据一并移送人民检察院依法审查、提起公诉；（五）对监察对象所在单位廉政建设和履行职责存在的问题等提出监察建议。监察机关经调查，对没有证据证明被调查人存在违法犯罪行为的，应当撤销案件，并通知被调查人所在单位。"

③　机关单位是"机关"和"单位"的合成词，"机关"指国家权力机关，"单位"指事业单位和国有企业等机构。

④　《公务员法》第 61 条规定："公务员因违纪违法应当承担纪律责任的，依照本法给予处分或者由监察机关依法给予政务处分；违纪违法行为情节轻微，经批评教育后改正的，可以免予处分。对同一违纪违法行为，监察机关已经作出政务处分决定的，公务员所在机关不再给予处分。"

分并行的双轨惩戒制度。据此，《中共中央关于加强新时代检察机关法律监督工作的意见》规定的"健全检察机关对决定不起诉的犯罪嫌疑人依法移送有关主管机关给予行政处罚、政务处分或者其他处分的制度"中，"其他处分"指任免机关单位处分。

二、"行政处分"与"政务处分"之辨析

"一般认为，我国行政处分制度的正式确立是从 1957 年国务院颁布的《关于国家行政机关工作人员的奖惩暂行规定》开始的。"[①] 这一时期的"行政处分"和"纪律处分"概念的内涵和外延相一致，均针对国家行政机关工作人员违法违纪行为。监察机关作出的处分和行政任免机关作出的处分，均称为"行政处分"。1993 年 8 月公布的《国家公务员暂行条例》中，公务员特指行政机关工作人员。[②] 2005 年公布的《公务员法》重新定义公务员的概念，其中第 2 条规定，"本法所称公务员，是指依法履行公职、纳入国家行政编制、由国家财政负担工资福利的工作人员"。据此，公务员的工作单位已经不仅仅指行政机关，还涵盖立法机关、司法机关以及其他政治机关。"行政"一词与"公务员"概念的外延相背离，导致"行政"与"处分"分离，"行政处分"已不属于一个严格的法律概念。2010 年修正后的《行政监察法》将原来的"行政处分"修改为"处分"，即明确监察机关作出的是政务处分、任免机关单位作出的处理决定法定名称是"处分"，此是《行政监察法》对公务员概念调整后作出的有效回应。

三、不起诉案件政务处分衔接的性质

"'两法衔接'指的是行政执法和刑事司法衔接，包括行政执法机关

---

① 惠生武：《关于行政处分权行使主体的思考》，载《人文杂志》1988 年第 2 期。
② 《国家公务员暂行条例》第 3 条规定："本条例适用于各级国家行政机关中除工勤人员以外的工作人员。"

向司法机关移送涉嫌犯罪案件的正向衔接和司法机关向行政执法机关移送行政处罚案件的反向衔接。"① 党纪处分由中国共产党纪律检查委员会（按照惯例简称纪委）作出、政务处分由监察委员会（按照惯例简称监察委）作出、处分由任免机关单位作出，上述处分的作出主体均不是行政执法机关，故不起诉案件需给予政务处分等的衔接，严格来说，不属于行刑反向衔接的范畴。但实践中存在大量案件，在检察机关作出不起诉决定后，经审查认为需要由相应机关单位作出政务处分等，仍应作为案件线索移送相应部门。

《中国共产党纪律检查委员会工作条例》第 7 条和《监察法实施条例》第 3 条均明确了"党的纪律检查委员会与国家监察机关合署办公"，纪委执纪、监察委执法。两委根据党纪国法在执纪与执法过程中分别行使检查权与监察权，实现有效的纪法衔接。"党的先锋队性质和党的执政地位决定了纪严于法、纪在法前，受到政务处分的同时往往也应受党纪处分。"② 政务处分制度与中国共产党的纪律相贯通，坚持纪法贯通，主要体现在处分情形、处分规则相贯通。政务处分的情形设定借鉴和吸收了《中国共产党纪律处分条例》等党内法规关于党纪处分情形的具体规定。如《公职人员政务处分法》第 33 条第 2 款规定，对不按照规定纠正特定关系人违规从事经营活动，且不服从职务调整的公职人员给予处分，这条就借鉴了 2018 年《中国共产党纪律处分条例》第 97 条③关于党员领导干部亲属违规从事经营活动的规定。比如纪委对于具有中共党员身份的公职人员进行政务处分时，一般应当与党纪处理有效匹配。具体在轻重程度匹配上，通常而言警告和严重警告两项党纪处分一般与警告、记过、记大过和降级四项政务处分相匹配；撤销党内职务、留党

---

① 参见最高检印发的《关于推进行刑双向衔接和行政违法行为监督 构建检察监督与行政执法衔接制度的意见》。

② 王琦：《纪检监察监督与司法监督贯通衔接机制研究》，载《河北法学》2023年第 9 期。

③ 经 2023 年修订后，相应内容调整至第 107 条。——编者注

察看和开除党籍三项党纪处分一般与撤职、开除两项政务处分相匹配。例如，根据中央纪委、国家监察委网站公开披露的某投资集团有限公司原首席发展顾问窦某某违法违纪案件，H 省纪委监察委明确指出窦某某存在多项严重违法违纪行为，经省纪委常委会会议研究并报省委批准，决定给予窦某某开除党籍处分；由省监察委给予其开除公职处分；收缴其违纪违法所得；将其涉嫌犯罪问题移送检察机关依法审查起诉，所涉财物一并移送。上述案件体现了政务处分与党纪处分相匹配、相统一原则。

因此，不起诉案件政务处分反向衔接不属于严格意义上的反向衔接，但为了促进纪法有效衔接，基于现实需要，可以认为不起诉案件政务处分反向衔接属于广义上的反向衔接，正因为如此，《中共中央关于加强新时代检察机关法律监督工作的意见》要求"健全检察机关对决定不起诉的犯罪嫌疑人依法移送有关主管机关给予行政处罚、政务处分或者其他处分的制度"。最高人民检察院 2024 年 11 月发布的《人民检察院行刑反向衔接工作指引》第 24 条亦明确规定，检察机关发现需要对被不起诉人给予政务处分的，应当及时将案件线索移送有关机关处理。

第二节　不起诉案件政务处分衔接规则

一、不起诉案件中政务处分处理

不同于普通身份人员，对不起诉案件中公职人员，还需要结合违法行为性质和情节，判断是否应追究政务处分等责任。比如违反中央八项规定精神违规收受礼品礼金的，如果数额较小、未达到受贿罪数额标准，应受到政务处分等；如果数额较大、达到构成受贿罪数额标准，应移送检察机关审查起诉。根据相关工作规定，检察机关对于作出不起诉决定的案件，应当在作出决定之日起 7 个工作日内向纪检监察机关通报，纪检监察机关应当对相应事实进行核实，作出相应处分。在此，对于作出不起诉决定后，涉及需要给予政务处分的，存在检察机关应如何移送的问题。

不起诉决定分为三种，即法定不起诉、相对不起诉和存疑不起诉。《中国共产党纪律处分条例》第 33 条规定，党员犯罪情节轻微，人民检察院依法作出不起诉决定的，应当给予撤销党内职务、留党察看或者开除党籍处分。① 这是否意味着纪检监察机关只有对相对不起诉案件中的党员才有处分权。实际并非如此，纪检监察机关作出党纪处分、政务处分，是以党章党规和国家法律法规为依据，而非仅仅依据刑法的相关规定。《中国共产党纪律处分条例》第 33 条仅是针对相对不起诉案件的处理规定，该条例第 30 条第 1 款还规定了党员存在其他违法行为的处理，即"党组织在纪律审查中发现党员有刑法规定的行为，虽不构成犯罪但须追究党纪责任的，或者有其他破坏社会主义市场经济秩序、违反治安管理等违法行为，损害党、国家和人民利益的，应当视具体情节给予警告直至开除党籍处分"。可见，纪检监察机关不仅对相对不起诉案件中的党员和监察对象具有处分权，对法定不起诉和存疑不起诉案件中的党员和监察对象存在其他违法行为但不构成犯罪的，同样可以作出相应处理。

相对不起诉的情形较为明确，对于该类被不起诉人，检察机关已经认定被调查人的行为构成犯罪，只是认为其犯罪情节轻微，不需要判处刑罚而作出不起诉决定。对此，监察机关在进行必要的调查核实后，应当依法依规依纪给予相应的政务处分。

法定不起诉和存疑不起诉案件中，被不起诉人的行为不构成犯罪或

---

① 《中国共产党纪律处分条例》第 33 条第 1 款规定："党员犯罪情节轻微，人民检察院依法作出不起诉决定的，或者人民法院依法作出有罪判决并免予刑事处罚的，应当给予撤销党内职务、留党察看或者开除党籍处分。"

依法不应追究刑事责任的，就不构成犯罪来讲，前者为事实上不构成犯罪，后者则是因事实不清、证据不足，根据疑罪从无的原则无法认定构成犯罪。但刑法具有补充性，只有当一般部门法不能充分保护某种法益时，才由刑法保护；只有当一般部门法不足以抑制某种危害行为时，才由刑法禁止。而且违纪与违法、犯罪的构成要件、追诉时效不同，证据标准也存在差异，因此行为人不构成犯罪或不应追究刑事责任与不应受政务处分并非同一概念，不可简单地以行为人不构成犯罪为由而不对其进行政务处分。在上述两种不起诉案件中，监察机关应当对案件进行调查核实后，依照政务处分的具体规定来认定被不起诉人是否存在其他违法行为，进而作出相应处理。

检察机关对不起诉的刑事案件，认为需要给予被不起诉人政务处分的，向监察机关或者主管机关移送的是案件线索，而不是案件，具体理由如下：根据有关规定，对依法受到刑事责任追究的监察对象，需要给予政务处分的，原则上可以不再履行立案手续，而检察机关的不起诉决定不是此规定涵义范围内的追究刑事责任，因此对于检察机关决定不起诉的监察对象，需要给予政务处分的，监察机关仍然需要履行立案调查手续。

针对公职人员的职务犯罪行为，在监察委向检察机关移送起诉前，大部分案件已作出"双开"决定，实践中也很少有监察委移送检察机关起诉的案件，检察机关经审查后作出不起诉决定的。实践中，我们遇到的案件类型大多是公职人员的"非职务违法"行为，即普通刑事案件中的衔接。

【案例 7-1：王某某故意伤害案】

王某某为某区街道城市综合行政执法局公职人员，且为中共党员。2022 年 5 月 20 日，王某某受单位指派，至案发地点配合有关部门对孙某 1 所有的危房开展"人房分离"工作。当日 13 时许，孙某 1 的妹妹孙某 2 强行进入现场，执法人员随即上前制止。王某某使用执法记录仪拍摄执法过程，孙某2见状向其挥手阻止其拍摄，双方发生争执，其间王某某用脚踹踢被害人孙某2胸部，致使孙某2右侧第3—7肋骨骨折。经公安机关物证鉴定室鉴定，被害人孙某2的损伤程度属轻伤二级。

2022年5月24日，王某某经公安机关电话通知到案，后如实供述了上述犯罪事实。案发后，王某某赔偿被害人孙某2并取得其谅解。

该案件在经过不起诉处理后，检察院向王某某所在单位制发建议给予王某某党纪处分的检察意见。2024年1月16日，检察院收到街道城市综合行政执法局邮寄的、由区纪委出具的给予王某某党内严重警告的处分决定和区监察委出具的给予王某某撤职处分的决定。其中，撤职处分的结果为将王某某由四级主办降为一级行政执法员。

上述案例中，公职人员王某某故意殴打他人，导致他人受伤，检察机关对其作出相对不起诉决定。根据《公职人员政务处分法》第14条的规定，公职人员犯罪情节轻微被不起诉或免予刑事处罚的，其行为已经构成犯罪，属于严重违法行为，应当给予撤销或开除处分。检察机关应及时将案件线索予以移送。

【案例7-2：张某某危险驾驶案】

2022年7月16日20时许，犯罪嫌疑人张某某无驾驶证酒后驾驶小型越野客车过程中被交警查获，后被带至医院提取血样送检，经鉴定，张某某血样中检出乙醇成分，含量为99.9mg/100ml。

2022年10月26日，公安机关将张某某危险驾驶案移送区检察院审查起诉。审查起诉期间，检察机关审查发现张某某自述系中共党员，于2018年曾因危险驾驶被判处拘役一个月，但直至2022年其党员身份并未受到影响。2022年11月3日，检察机关将本案起诉至区法院，并于次日将张某某犯罪情况通报区纪委。

本案中，检察机关对张某某作出起诉决定，但其作为公职人员身份，应受到政务处分，检察机关应及时将情况通报相关单位。

二、政务处分衔接规则

《公职人员政务处分法》未明确划定公职人员职务违法行为的管辖权限。在双轨制下，监察机关和任免机关均有权对公职人员职务违法行为进行处置，但具体到个案上，是由任免机关处置，还是由监察机关处置，并没有明确的划分。根据《公职人员政务处分法》第 3 条的规定，监察机关和任免机关根据管理权限加强对公职人员的监督，对违法的公职人员实施惩戒。该条款的含义不是从纵向上区分两者的职权范围，而是明确赋予他们处置公职人员职务违法行为的权限。此外，《公职人员政务处分法》第 16 条规定，对公职人员的同一违法行为，监察机关和公职人员任免机关、单位不得重复惩戒，由此确立了"一过不二罚"原则和"处分先占"原则，即对同一个违法行为只能进行一次惩戒，只要监察机关和任免机关、单位中的一个主体进行了惩戒，另一主体就不得再进行惩戒。上述规定只解决了处罚次数的问题，对于政务处分、处分的适用范围并未明确界分。在这种背景下，惩戒管辖权存在一定的模糊，导致检察机关在作出不起诉决定后，认为需要给予处分的，存在是移送给监察机关还是任免机关、单位的困惑。

实务中，也存在法律规定的冲突、评价标准不一致带来的困惑。例如，唐某是某区区长，张某是该区某事业单位负责人，两人曾多次共同参加辖区内具有业务合作关系的企业宴请，并收受礼金礼卡，情节较重。对于两人违纪违法行为，虽然两人公职身份不同，但根据《中国共产党纪律处分条例》和《公职人员政务处分法》的规定，唐某和张某的行为均应受到撤销党内职务和政务撤职处分。①

现行法律法规未对特殊公职人员的惩戒管辖权作出特别规定。《公

---

① 参见陈伟、周玲：《监察全覆盖视域下政务处分与处分的双轨制运行》，载《温州大学学报（社会科学版）》2022 年第 3 期。

职人员政务处分法》的处分情形是通过系统梳理《公务员法》《法官法》《检察官法》等法律法规关于处分的内容，从中概括提炼出来的。《公职人员政务处分法》突出对各类公职人员违法行为的共性进行规定，而没有对差异化的违法行为进行规定。如果法律对某些特殊公职人员作出了特别的规定，则不适合由监察机关行使政务处分权，而应该尊重任免机关的处分权。比如，法官惩戒委员会和检察官惩戒委员会是党的十八大后我国司法制度的重大改革成果，关于法官和检察官的惩戒制度的改革也在新修订的《法官法》《检察官法》中得以体现。此外，对于人大代表或由人大选举、任命的公职人员的惩戒，应采取特别审慎的态度。考虑到应尽可能地确保检察机关案件线索移送效果、保障监察机关和任免机关顺利开展工作、降低惩戒成本等，检察机关确立线索移送对象时，应当遵循职能最优和便利性原则，参照以下规则。

（一）严重、复杂案件由监察机关进行处置

这里所说的"严重复杂案件"，是指当事人违法行为的情节和后果都比较严重复杂，造成的影响面较广、较恶劣，对当事人可能处以撤职或开除处分的案件。《监察法》赋予监察委员会采取讯问、留置、搜查、扣押等调查措施的权力。鉴于监察委员会具有地位的独立性、职责的专门性、调查手段的多样性等特点，将严重、复杂案件划归监察机关进行处置，有利于排除办案干扰、顺利查清违法事实等。

同时，明确具体应当移送给哪级监察委，要厘清监察对象的管辖权问题。一是本级监察委管辖内。本级监察委管理权限内的本地区行使公权力的公职人员出现职务违法和职务犯罪问题，由本级监察委受理和调查，也就是线索处置、核查、审查调查以管理权限为主、地域管辖为辅，所以优先由党员组织关系所在地、监察对象所在管理部门对应的纪检监察机关管辖。二是本辖区内上级垂直管理单位管辖。本辖区内上级垂直管理单位的公职人员出现职务违法和职务犯罪问题，按照管理权限

应由本级监察委管辖的，与其主管单位沟通或向其通报后将线索移交监察委；中央驻省级单位厅局级干部职务犯罪问题，报国家监察委批准，由省级监察委调查办理。三是监察委派驻机构管辖。驻在单位、乡镇（街道、社区）及其行业、系统中应由监察委派驻机构监察的对象，其职务违法问题按照管理权限和监察委授权，由监察委派驻机构受理和调查。

（二）简单、轻微案件由任免机关进行处置

这里所说的"简单、轻微案件"，是指当事人违法行为的情节和后果比较简单、轻微，造成的负面影响较小，对当事人可能处以警告、严重警告或降级处分的案件。任免机关的惩戒具有内部制裁性，惩戒的功能主要是维护任免机关内部的管理秩序、规范工作人员的行为，使之遵守业已确立的行为规范。任免机关不是专门的监督机关，《监察法》《公职人员政务处分法》并没有赋予其采取较多调查措施的权限，在实际工作中往往难以承担严重复杂案件的调查工作。将简单轻微案件划归任免机关处置，主要是基于其惩戒的性质、特征、功能、权限等方面的考虑，既有利于督促任免机关认真履行主体责任，在单位内部达到管理、监督、震慑的效果，也有利于咬耳扯袖、抓早抓小。

（三）区分领导职务和非领导职务

党的十八大以来，我国推进依法治国、党风廉政建设和反腐败斗争无不突出抓好"关键少数"，这个"关键少数"就是指领导干部。对于领导干部的职务违法行为，不论轻重与否都应交由监察机关处置，以期获得更好的执纪执法效果。对于非领导职务公职人员的职务违法行为，可以交由任免机关处理。

（四）对特殊公职人员的特别规则

此处讨论的特殊公职人员主要指法官、检察官和人大代表。司法机

关具有对法官、检察官惩戒优先权。基于法官、检察官职业的特殊性，特别是他们的职务违法行为往往具有较高的专业性，将他们的职务违法问题交由法官惩戒委员会、检察官惩戒委员会进行处置更为妥当。人大具有对人大代表的惩戒优先权。鉴于人大在我国的特殊地位、人大代表的特殊身份，监察机关对人大代表职务违法行为的管辖应秉持谦抑性原则，在管辖权限上应赋予人大机关对人大代表职务违法行为的惩戒优先权。

（五）区分违法行为的性质

根据《公务员法》《公职人员政务处分法》等规定，对公职人员的义务可以划分为廉洁义务、服从义务、忠诚义务、符合专业规范要求等。"监察体制改革的目标以及《监察法》的立法目的决定了对公职人员违反廉洁义务行为的处分构成了政务处分权的重心，因此，对公职人员违反廉洁义务的处分应专属于政务处分权的范围。"[1] 公职人员的忠诚义务基于其行使公权力时维护国家尊严和荣誉等，其对应《公职人员政务处分法》中保守国家秘密、不得泄露国家秘密等，发生违法行为时主要审查涉案人员的政治素养，移送监察机关审理更为合适。公职人员的服从义务主要是基于对主管单位规章制度的遵守，为确保单位内部政令通畅，相关违法线索移送任免单位较为合适。对于公职人员履职符合专业规范要求的义务，其所在单位对此一般有系统的考核方案，较之监委机关有更为专业的判断，故相关违法线索移送任免机关审查更符合高效原则。

---

[1]　王思远、毕少斌：《功能适当原则下政务处分与行政性处分的界分——基于〈政务处分法〉第 3 条展开》，载《西南政法大学学报》2022 年第 5 期。

中 编

行刑反向衔接规则

第八章　行刑反向衔接的受理及调查核实

2024 年 11 月 26 日，最高检出台的《人民检察院行刑反向衔接工作指引》，对行刑反向衔接的受理及调查核实进行了原则性的规定，本章结合实践工作进行具体阐述。

第一节　行刑反向衔接受理

受理环节是行刑反向衔接工作的起点，主要涉及检察机关内部刑事检察部门与行政检察部门之间的分工问题。行政检察部门是行刑反向衔接机制的关键枢纽，在"内""外"分别衔接刑事检察部门与行政机关。行政检察部门与刑事检察部门应当一体履职，在案件移送上达成一致。

一、内部分工和归口管理原则

行政检察部门牵头负责行刑反向衔接工作，具体负责向有关行政主管机关移送行政处罚案件，分析汇总工作情况，做好外部协调等工作。刑事检察部门对依法决定不起诉的案件，应当移送负责行政检察工作的部门审查是否应对被不起诉人提出给予行政处罚的检察意见。未成年人检察、知识产权检察等综合履行刑事、民事、行政和公益诉讼检察的专门检察部门按照分工和管辖案件类别，统筹履行行刑反向衔接相关工作职责。

二、材料审查和补正职责

人民检察院决定不起诉的案件，刑事检察部门自作出不起诉决定之日起 3 个工作日内，通过检察业务应用系统将案件移送负责行政检察工作的部门，并同步移送不起诉案件审查报告、不起诉决定书、相关证据材料等。刑事检察部门移送不起诉案件时，可以提出是否需要对被不起诉人给予行政处罚的意见。

负责行政检察工作的部门应当审查刑事检察部门移送的材料是否齐全。材料不齐全的，负责行政检察工作的部门应当告知刑事检察部门补齐相关材料后接收。

三、内部移送和登记受理

负责行政检察工作的部门接收案件材料后，应当在检察业务系统及时登记并按照随机分案为主、指定分案为辅的原则，确定承办案件的独任检察官或者检察官办案组。

上级检察院对受理的行刑反向衔接案件，认为需要交由下级检察院办理的，应当通过检察业务应用系统制作《交办通知书》，并将有关案件材料移送下级检察院。下级检察院应当依法登记办理，在规定期限内提出处理意见并反馈上级检察院。下级检察院受理的行刑反向衔接案件，认为需要由上级检察院办理的，应当通过检察业务应用系统层报与行政主管机关同级的上级检察院办理。

第二节　行刑反向衔接的调查核实

检察调查核实权是国家公权力的组成部分，是人民检察院为履行法律监督职责，依法向有关单位和个人调查收集证据材料或者核实相关案件情况的活动。① 完整的检察调查核实权运行程序应当包括案件受理、核实查证、作出结论三方面内容。据此，检察调查核实权是指检察机关为保障法律监督权正确行使，依法收集司法机关、行政执法机关违法行使职权或者不行使职权的线索，通过调阅有关文书或者卷宗材料、询问有关人员、对必要的勘验检查鉴定等进行核实查证，查明是否存在诉讼违法行为或者行政违法行为，并作出是否提出抗诉、纠正意见或者检察建议结论的权力。该权力不同于刑事侦查权，不具有限制人身自由或者财产权利的强制性。②

最高检《人民检察院行刑反向衔接工作指引》第 11 条规定，人民检察院负责行政检察工作的部门办理行刑反向衔接案件，确需调查核实的，依照《人民检察院行政诉讼监督规则》等有关规定办理。该条规定了检察机关行政检察部门在办理行刑反向衔接案件时，参照行政检察调查核实权的有关规定进行调查核实。

一、检察调查核实权的立法渊源

早期，检察机关结合检察工作需要，单独或联合其他政法机关通过制定和发布司法解释或规范性文件对调查核实权予以规定。例如，2001年 10 月最高人民检察院制发《人民检察院民事行政抗诉案件办案规则》（已失效）；2010 年 7 月最高人民法院、最高人民检察院、公安部、国家安全部、司法部联合发布《关于对司法工作人员在诉讼活动中的渎职行为加强法律监督的若干规定（试行）》；2011 年 3 月最高人民法院、最高人民检察院发布《关于对民事审判活动与行政诉讼实行法律监督的若干意见（试行）》；2013 年最高人民检察院制发《关于侦查监督部门调

---

① 参见张杰：《检察机关法律监督刚性视域下的调查核实权》，载《政法论坛》2023 年第 3 期。

② 参见万春：《检察法制建设新的里程碑——参与〈人民检察院组织法〉修订研究工作的体会》，载《国家检察官学院学报》2019 年第 1 期。

查核实侦查违法行为的意见（试行）》；2014 年 10 月最高人民检察院通过《人民检察院复查刑事申诉案件规定》（已失效）；2014 年 8 月最高人民检察院发布《人民检察院办理减刑、假释案件规定》；2021 年最高人民检察院出台《人民检察院民事诉讼监督规则》和《人民检察院行政诉讼监督规则》，等等。主要用于应对刑事检察、民事检察、行政检察等领域的工作职能需求，通过这些司法解释或规范性文件对检察调查核实权的措施、程序、规范等内容予以明确。但总的来说，这些解释或规范关于调查核实权的规定较为分散和粗疏，缺乏对检察调查核实权全面、统一的规范。

此外，程序法对人民检察院行使调查核实权也有一些碎片化的规定。例如，2012 年修正后的《民事诉讼法》第 210 条规定，人民检察院因履行法律监督职责提出检察建议或者抗诉的需要，可以向当事人或者案外人调查核实有关情况；2012 年修正后的《刑事诉讼法》第 55 条规定，人民检察院接到报案、控告、举报或者发现侦查人员以非法方法收集证据的，应当进行调查核实；2017 年修正后的《民事诉讼法》和《行政诉讼法》规定了检察机关为行使抗诉权和检察建议权，可以对当事人进行调查核实。但是这些规定均没有对检察调查核实权的权力边界和行使范围进行明确的规定。

由于立法的缺失，实践中检察机关开展调查核实工作遇到一些困难和阻力。直至 2018 年 10 月 26 日，第十三届全国人大常委会第六次会议修订《人民检察院组织法》，其中第 21 条规定，"人民检察院行使本法第二十条规定的法律监督职权，可以进行调查核实，并依法提出抗诉、纠正意见、检察建议"。自此人民检察院拥有调查核实的权力获得了法律意义上的明确授权和确认。2019 年 2 月 26 日，最高人民检察院发布《人民检察院检察建议工作规定》，该规定进一步明确了检察调查核实权的措施、程序、规范等内容。①

　　为进一步巩固立法成果，加强调查核实权的行使，2021 年 6 月 15 日，中央下发的《中共中央关于加强新时代检察机关法律监督工作的意见》，对加强检察机关调查核实权又作了进一步规定。该《意见》第 13 条指出：检察机关要加强对监督事项的调查核实工作，精准开展法律监督。检察机关依法调阅被监督单位的卷宗材料或者其他文件，询问当事人、案外人或者其他有关人员，收集证据材料的，有关单位和个人应当协助配合。对于无正当理由拒绝协助调查和接受监督的单位和个人，检察机关可以建议监察机关或者该单位的上级主管机关依法依规处理。

二、行刑反向衔接调查核实权的内涵和特征

　　查明案件相关事实是检察监督的先决条件，因此检察监督权天然蕴含调查核实的内核。诚然，"四大检察"基于各自业务内容、监督对象等不同，不同检察业务的调查核实权具有自身的特点。行政检察调查核实权的权力属性派生于检察监督权，是检察监督权的分支和具体环节。作为行政检察案件类型之一，行刑反向衔接案件的调查核实权归根到底是检察机关调查核实权在行政检察中的运用和体现，履行调查核实权要解决的是是否符合提出检察意见的条件、能否启动监督措施等问题，即在反向衔接提出检察意见环节和跟进监督环节，查明监督案件事实以及与监督案件办理相关的事实。

　　调查核实权的具体特征如下：

　　1. 目的的特定性。调查核实权来源于法律监督，服务于法律监督，目的和范围都局限于法律监督。检察机关之所以具有调查核实权，归根到底是因为宪法法律赋予检察机关法律监督职能；同时，检察机关开展

---

　　①　参加卞建林：《论检察公益诉讼中的调查核实权》，载《法治研究》2024 年第 3 期。

调查核实，目的也是为了服务保障检察机关法律监督职能的行使。这一目的与范围，决定了检察调查核实权不同于公安机关查清犯罪事实、抓获犯罪嫌疑人的刑事侦查权，也不同于监察机关查清职务犯罪情况调查公职人员违法活动的监察调查权。

2. 手段的有限性。检察机关行使调查核实权手段相对平和，不同于公安刑事侦查包括的技术侦查、刑事强制措施等，也不同于《监察法》赋予监察机关的调取、查封、扣押以及技术调查等调查措施。

3. 程序的法定性。调查核实权的具体行使应当遵循法定程序，即依据刑事、民事、行政三大诉讼法及人民检察院刑事、民事、行政、公益诉讼监督规则规定的程序进行。

4. 调查核实对象的多样性。在我国部门法体系中，行政法律体系相较于刑事和民事法律体系，其内容最为庞杂，数量上也远超其他两大法律体系，这也决定了行政检察监督任务的复杂性和多样性。行政检察监督中，涉及的监督案件事实相关主体包括与案件有利害关系的行政相对人、行政机关、其他利害关系人等，也包括与案件没有利害关系但掌握相关事实证据的个人或组织。作为行政检察监督的重要部分，反向衔接调查核实权也具有同样的属性。

5. 调查核实能力的专业性。调查核实是一项主动性的检察权能，要求履行调查核实权的办案人员具有一定的法律专业知识和调查能力。但是，行政法律体系极其庞杂，涉及具体的行政行为领域多，行政执法本身具有较强的专业性，这意味着，作为监督者的检察人员应具备匹配的行政执法专业能力。特别是在一些特殊的反向衔接案件中，如涉及知识产权、金融证券等领域，要求办案人员既要具备法律专业能力，又要具备相应的技术背景，才能找准问题，全面深入调查。①

---

① 参见韩成军：《行政检察调查核实权的规范化运行》，载《国家检察官学院学报》2021 年第 5 期。

三、行刑反向衔接调查核实权运行中存在的问题

(一) 性质和定位不明晰

行刑反向衔接调查核实权的定位和性质在立法和理论层面并未明确统一。主要存在以下问题：一是权力性质问题。行刑反向衔接调查核实权究竟是源于行政检察法律监督权还是具有相对独立性。二是权力定位问题。行刑反向衔接调查核实权是否仅是跟进监督提出行政违法监督检察建议的手段和前提，其在提出检察意见阶段是否可以运用。

(二) 调查核实理念存在偏差

在实务办案中，部分案件承办人对行刑反向衔接调查核实权的重要作用和意义认识不足，把其等同于书面调查核实，或因办案时间、法律效力、程序保障等问题不愿意甚至害怕开展调查核实工作。仅对前端刑事诉讼提供的材料和卷宗进行书面审查，对于那些案件的关键事实、证据，仅通过书面审查难以认定的，没有做到主动依职权调查核实。没有深入调查，就难以实现跟进监督，影响反向衔接工作的落实，同时也背离了检察机关法律监督属性。

(三) 法律依据供给不足

现行法律、法规和司法解释对检察机关的调查核实权仅有一些零散规定。《行政诉讼法》和最高人民法院《关于适用〈中华人民共和国行政诉讼法〉的解释》均没有具体规定，在行政诉讼部分法律适用参照民事诉讼法律的大背景下，《民事诉讼法》中赋予检察机关在办理民事申请监督案件中的调查核实职权。《人民检察院组织法》第 21 条第 1 款规定："人民检察院行使本法第二十条规定的法律监督职权，可以进行调查核实，并依法提出抗诉、纠正意见、检察建议。"最高人民法院、最

高人民检察院《关于对民事审判活动与行政诉讼实行法律监督的若干意见（试行）》第 3 条也对人民检察院行使调查活动的范围进行了规定。具体到行刑反向衔接调查核实权，《人民检察院行刑反向衔接工作指引》第 11 条规定，人民检察院负责行政检察工作的部门办理行刑反向衔接案件，确需调查核实的，依照《人民检察院行政诉讼监督规则》等有关规定办理。该条规定仅是原则性地提出检察机关行政检察部门在办理行刑反向衔接案件时，参照行政检察调查核实权的有关规定进行调查核实。2021 年修订的《人民检察院行政诉讼监督规则》第四章第二节规定了行政检察调查核实权的范围、方式等，很大程度上弥补了过去规范性依据不足的问题，但其仅是检察机关制定的司法解释，法律位阶仍然较低。可以说，行刑反向衔接调查核实权仍存在具体内容不明确、调查措施程序缺失等问题，其在立法保障上仍有较大空间。

（四）配套规范机制未建立

就行刑反向衔接调查核实权的规范而言，有关审批流程、人员构成、核查程序设定上都缺少细致、明确的规定。目前没有区分反向衔接案件在何种阶段、采用何种审批方式行使调查核实权。现有法律未对反向衔接案件中的不同调查核实权行使的流程做出清晰和特别规定。《人民检察院行政诉讼监督规则》第 60 条规定了 6 种调查核实方式，但仅是对其中部分调查核实方式作出笼统和粗略的程序规定，且未对调查核实措施的流程、期限做出进一步规定，也没有明确行刑反向衔接案件的特别规定。

四、优化行刑反向衔接案件调查核实权的运行规则

（一）明确行刑反向衔接调查核实权的主要内容

1. 调查核实权适用的范围和阶段。检察机关办理反向衔接案件可分

为提出检察意见阶段和跟进监督提出检察建议阶段，上述阶段的启动和流转均离不开调查核实工作的推进。首先是提出检察意见阶段。检察机关行政检察部门收到刑事检察部门移送的不起诉案件后，需要通过查阅卷宗材料等调查核实的方式对案件事实进行全面审查和评估，进而形成提出检察意见移送处罚或者终结审查的决定。其次是跟进监督提出检察建议阶段。此时的调查核实权主要是针对行政主管部门收到检察意见后，出现了《人民检察院行刑反向衔接工作指引》第 22 条①规定的督促纠正情形，需要检察机关及时固定相关证据材料，夯实启动监督措施的事实基础。

2. 调查核实的具体内容。在提出检察意见阶段，检察机关行使调查核实权进行审查的内容一般应包括在案证据是否能够证明被不起诉人实施了违法行为和是否具有行政处罚的法律依据以及是否有必要对被不起诉人进行行政处罚。在跟进监督提出检察建议阶段，调查核实的重点应是行政机关的具体违法事实和状态等，通过调查核实的主动性，深入掌握行政机关的职责范围、是否依法履行相关处罚职责。

（二）建立行刑反向衔接调查核实权配套规范

1. 细化调查核实审批程序。适当放宽开展调查核实的决策主体，有利于承办检察官及时行使调查核实权。承办检察官是案件的主要责任人，有权自行决定采取无须专业技术、无须经费等方式开展的调查核实；对需查询、调取、复制行政机关内部案卷等以行政机关为调查核实对象的方式，应报检察长批准。

2. 科学配置调查核实人员构成。一般由承办检察官组成的两人以上办案小组进行调查取证；对证据材料进行核实印证的，可由承办检察官

---

① 《人民检察院行刑反向衔接工作指引》第 22 条规定："有关行政主管机关收到《检察意见书》后具有不予回复、不予行政立案、无正当理由不予行政处罚等违法情形的，人民检察院应当依照法律规定督促其纠正。"

自行核实；无须现场核实印证的，也可由两名检察官助理或"检察官助理 + 司法警察"核实小组进行。①

3. 完善调查核实核查程序。一方面，应规范调查取证工作程序。在调查取证工作中，检察人员应对被调查者（非行政机关）亮明身份并出示相应法律文书。行政机关作为被调查对象的，检察人员应制作调查核实法律文书并送达被调查对象。行政机关不予配合的，行政机关应以公文方式向检察机关说明理由。另一方面，针对被调查人无正当理由拒不配合检察机关调查核实工作的情形，可以参照《人民检察院行刑反向衔接工作指引》第 23 条规定，经检察长决定，可以将有关情况书面通报同级司法行政机关，或者提请上级人民检察院通报其上级机关。必要时可以报告同级党委和人民代表大会常务委员会。

4. 优化调查核实方式运用。根据《人民检察院行政诉讼监督规则》第 60 条第 1 款的规定，检察官可以采取的调查核实方式包括：（1）查询、调取、复制相关证据材料；（2）询问当事人、有关知情人员或者其他相关人员；（3）咨询专业人员、相关部门或者行业协会等对专门问题的意见；（4）委托鉴定、评估、审计；（5）勘验物证、现场；（6）查明案件事实所需要采取的其他措施。第（1）到第（5）种方式已经在实践中广为运用。需要指出的是，《人民检察院行政诉讼监督规则》第四章第三节专门规定了听证程序，其中第 68 条规定，在事实认定、法律适用、案件处理等方面存在较大争议的，或者有重大社会影响的，可以进行听证，可见听证也具有调查核实的功能。

---

① 参见上海市杨浦区人民检察院课题组：《公益诉讼检察调查核实权优化路径》，载《中国检察官》2021 年第 7 期。

第九章　行刑反向衔接的审查

第一节　中止审查

中止审查，是指在办理行刑反向衔接案件过程中，因出现法定事由使案件无法继续进行，检察机关决定暂停审查，待法定事由消除后恢复审查的规则。行刑反向衔接案件的中止审查，受不起诉案件在司法救济阶段的影响，以中止的方式来配合刑事案件程序的完整运转，并保障当事人的合法权益能够得到有效救济，维护司法公平正义。

一、中止审查的情形

2024年11月，最高检印发《人民检察院行刑反向衔接工作指引》，其中第13条对中止审查的情形进行了规定。该条第1款规定："人民检察院负责行政检察工作的部门审查行刑反向衔接案件期间，有下列情形之一的，应当中止审查并制作《中止审查决定书》：（一）公安机关对不起诉决定要求复议或者提请复核的；（二）被害人或者其近亲属及其诉讼代理人对不起诉决定不服，提起申诉，或向人民法院提起刑事自诉的；（三）被不起诉人对不起诉决定不服提起申诉的。"

《人民检察院行刑反向衔接工作指引》第13条对中止审查规定了三种情形，其属于刑事案件的救济程序，并无反向衔接案件自身程序上的中止事由，也无其他的兜底条款。实践中，中止审查的三种情形在刑事案件办理过程中极少，意味着反向衔接中止审查的适用也极少。检察机关在中止审查时，要准确适用上述三种规定的情形，杜绝出现"其他"

中止审查的情形，坚决避免借中止审查延长办案期限。

（一）公安机关要求复议、复核的情形

《刑事诉讼法》第 179 条规定，对于公安机关移送起诉的案件，人民检察院决定不起诉的，应当将不起诉决定书送达公安机关。公安机关认为不起诉的决定有错误的时候，可以要求复议，如果意见不被接受，可以向上一级人民检察院提请复核。《人民检察院刑事诉讼规则》细化了复议、复核程序，第 379 条明确了人民检察院在收到要求复议意见书后 30 日以内，经检察长批准，作出复议决定；第 380 条明确了上一级人民检察院应当在收到提请复核意见书后 30 日以内，经检察长批准，作出复核决定，通知提请复核的公安机关和下级人民检察院。实践中，公安机关申请复议、复核的情况较少。

（二）被害人或其近亲属及其诉讼代理人提起申诉或自诉的情形

《刑事诉讼法》第 180 条规定，对于有被害人的案件，决定不起诉的，人民检察院应当将不起诉决定书送达被害人。被害人如果不服，可以自收到决定书后 7 日以内向上一级人民检察院申诉，请求提起公诉。对人民检察院维持不起诉决定的，被害人可以向人民法院起诉。被害人也可以不经申诉，直接向人民法院起诉。实践中，被害人申诉、自诉的情况极少，正常情况下，检察机关在作出不起诉决定之前都会提前与被害人方进行充分沟通，听取其意见，被不起诉人认罪认罚、赔偿获得谅解后，被害人方大多会同意检察机关不起诉意见，极少出现反复的情况。

（三）被不起诉人提起申诉的情形

《刑事诉讼法》第 181 条规定，对于人民检察院依照本法第 177 条第 2 款规定作出的不起诉决定，被不起诉人如果不服，可以自收到决定

书后 7 日以内向人民检察院申诉。《人民检察院刑事诉讼规则》第 385 条规定，被不起诉人在收到不起诉决定后 7 日以内提出申诉的，应当由作出决定的人民检察院负责捕诉的部门进行复查；被不起诉人在收到不起诉决定书 7 日以后提出申诉的，由负责控告申诉检察的部门进行审查。经审查，认为不起诉决定正确的，出具审查结论直接答复申诉人，并做好释法说理工作；认为不起诉决定可能存在错误的，移送负责捕诉的部门复查。被不起诉人申诉的情形，较前两种情形略有不同，涉及检察机关两个部门，如其在 7 日内申诉的，应向刑事检察部门申诉，该情形同样极少；如其在 7 日后申诉的，应向控告申诉部门申诉，该情形偶有发生，被不起诉人在事后或因工作岗位、福利待遇等受到相对不起诉或行政处罚的影响，产生负面情绪，而进行申诉。不起诉人 7 日后提出申诉的情形下，此时反向衔接案件如仍在审查阶段，需与控告申诉部门对接，不起诉决定确实存在错误的，应及时中止审查。

二、中止审查的恢复

《人民检察院行刑反向衔接工作指引》第 13 条对中止审查的恢复作出规定。该条第 2 款规定："经复议、复核、复查，未变更、撤销不起诉决定的，自负责行政检察工作的部门收到复议、复核、复查决定之日起恢复审查。"该条第 3 款规定："对被害人刑事自诉案件，人民法院裁定不予立案或驳回起诉的，自负责行政检察工作的部门收到裁定文书之日起恢复审查。"

反向衔接的中止不是无限期的中止，复议、复核、复查程序有明确的办案期限规定，复议、复核最长期限为 30 日，复查期限根据《人民检察院刑事诉讼规则》第 386 条规定，人民检察院复查不服不起诉决定的申诉，应当在立案后 3 个月以内报经检察长批准作出复查决定。案情复杂的，不得超过 6 个月。对于中止审查的，应及时关注恢复期限，及时与刑事检察部门或控申部门对接，恢复案件的审查。

反向衔接案件的中止是权利救济型的中止，是为了配合刑事案件中公安机关和其他当事人提出异议的审查，是一种司法救济机制。这也和其他诉讼中止有所区别，其他诉讼中止可能存在权力保障型中止的情况，当刑事诉讼程序遇到障碍时，为了保障侦查机关、公诉机关及人民法院的职权在将来能够得到有效的行使。在充分保障当事人权利的同时，也应兼顾办案期限，如果不及时恢复审查，一方面，可能会影响反向衔接的工作效率，违背高质效办案的要求；另一方面，可能会影响证据的固定，随着时间的推移，案件实物证据可能灭失，言词证据也可能因为违法行为人、当事人记忆影响而降低证明力，也可能因为违法行为人不想面临行政处罚而出现反复，因此中止审查期间过长不利于反向衔接案件的办理。

三、中止审查和延长审查期限的区别

对于反向衔接案件的审查期限，《人民检察院行刑反向衔接工作指引》第 12 条规定，人民检察院负责行政检察工作的部门办理行刑反向衔接案件，自负责行政检察工作的部门登记受理之日起 10 个工作日内审查终结。案情重大、疑难、复杂的，可以报请检察长延长审查期限。因反向衔接案件办案期限较短，可以在案件重大、疑难、复杂的情况下，适当延长审查期限。实践中，适用中止审查的情形相对较少，适用延长审查期限的情形相对较多，应将二者严格区分。

延长审查期限是指在原有审查期限内无法完成审查工作，需要额外增加时间以完成审查任务的情况。延长审查期限通常是当案件情况复杂、证据材料众多或需要进一步调查核实等情况下，检察机关在新的审查期限内继续完成审查工作。而中止审查是指检察机关在审查起诉过程中，因出现特定情形导致审查工作无法继续进行，而暂时停止审查活动的情况，待相关情形消失后再恢复审查。中止期间不计入办案期限。恢复审查前，检察机关需要对中止审查期间的情况进行了解和核实，确保审查工作的连续性和准确性。

检察机关延长审查期限和中止审查在定义、原因与条件以及恢复等方面均存在显著区别，因此不得将不计入审查期限（征求异地人民检察院意见的期间）、延长审查期限的事由作为中止审查理由。

四、中止审查的程序问题

虽然中止审查的适用率不高，但程序也应当尽可能规范和完善。为防止中止审查规则被滥用，中止审查决定书应严格履行审批制度，由检察长负责审批；因中止的开始和恢复均以刑事案件复议、复核、复查程序为准，上述程序开始和结束均会通知公安机关和当事人，且对办案结果无实质性的影响，故中止和恢复无须再另行通知当事人。

这里需特别讨论的是，当不起诉决定书作出后，检察机关已经迅速发出检察意见，之后公安机关和当事人再提出复议、复核、申诉等情形，该如何继续办理行刑反向衔接案件？此时有两种处理意见，一种意见认为反向衔接已完成审查，程序上已无法中止审查，需及时将相关情形告知行政机关，由行政机关最终作出中止行政处罚决定或撤销处罚决定；另一种意见认为可以及时申请作废检察意见书，再恢复到审查阶段，办理中止审查程序。从节约司法资源和维护司法权威的角度考虑，笔者认为选择第一种方式继续办理案件为宜。

第二节　终结审查

终结审查，是指在办理行刑反向衔接案件过程中，由于发生某种法定情形，导致不必要或不应当继续行政处罚，从而终结案件的审查。行刑反向衔接案件的终结审查，受证据材料、法律依据、可处罚性、不起诉被撤销等因素影响，最终得出不予处罚的结论，保障当事人合法权益，体现公正司法和依法行政。

一、终结审查的情形

《人民检察院行刑反向衔接工作指引》第15条对终止审查情形进行了规定。根据该条规定，承办检察官审查认为具有下列情形之一，不需要给予行政处罚的，应当制作《终结审查决定书》，报检察长批准：（1）刑事在案证据不能证明被不起诉人有违法行为的；（2）被不起诉人的违法行为没有相应的行政处罚依据或者行政处罚依据已经失效的；（3）具有本指引第9条规定的欠缺处罚必要性的情形，决定不提出检察意见的；（4）具有本指引第10条规定的不提出检察意见情形的；（5）不起诉决定被撤销的；（6）人民法院对被害人提起的刑事自诉案件作出判决，追究被不起诉人刑事责任的。对符合终结审查情形的，可以简化制作审查终结报告。

相较于中止审查，终结审查的适用情形较多，既有实体上的因素，也有程序上的因素。同时，终结审查的范围并不像中止审查作出了严格限定，给予了一定的裁量空间，特别是对于可处罚性原则的适用。下面对终结审查的情形分别讨论。

（一）刑事在案证据不能证明有违法行为的情形

该情形下，刑事案件表现为绝对不起诉和存疑不起诉。绝对不起诉属于事实已经查清，但是犯罪嫌疑人没有犯罪事实或者情节显著轻微，不认为是犯罪。存疑不起诉属于事实不清、证据不足，该情形下，部分案件因为欠缺证据，既无法刑事处罚也无法行政处罚；部分案件由于证据证明标准的不同，虽然不够刑事处罚，但仍能证明存在行政违法行为，可以行政处罚。对该情形下的终结审查，要严格按照相关法律规定。如故意伤害案件中，无法证明嫌疑人故意伤害行为和伤情存在因果关系，存疑不起诉后，虽然刑事上的因果关系无法证明，但是行政上可以证明行为人有殴打行为，仍可能通过《治安管理处罚法》第43条对其进行行政处罚。

（二）没有相应的行政处罚依据或行政处罚依据已经失效的情形

反向衔接案件在审查是否需要行政处罚时，首先需要考虑的是处罚法定原则，是否有明确的法律依据，其内在逻辑是行政法的合法行政原则。行政机关执法活动应当以明确的法律授权为前提和基础，法无授权即禁止，没有法律、法规、规章的规定，行政机关不得作出影响公民、法人和其他组织合法权益或者增加公民、法人或者其他组织义务的决定，这也是行政法的首要准则。当没有明确法律依据或依据已失效时，应当及时终结审查。

（三）欠缺处罚必要性的情形

处罚必要性需要审查的情形较多，《人民检察院行刑反向衔接工作指引》第9条表述为"可以"不提出检察意见，而不是"应当"。该条款给出的自由裁量空间较大，检察机关在此过程中应兼顾政治效果、法律效果、社会效果，同时还要考虑司法资源、行政成本、可操作性等多方面因素来综合评价作出判断。目前对于可处罚性没有统一的衡量标准，检察机关也暂未像行政机关一样，出台众多执法细则供基层参考，仍需要各基层办案单位自行判断裁量。

实践中，应重点把握以下几种情况：（1）对于未成年人的处罚，应积极适用《行政处罚法》第33条"处罚与教育相结合"的要求，以"教育、感化、挽救"为方针，基于最有利于未成年人原则，对于轻微违法案件，可以不予处罚，同时开展专门矫治教育。① （2）对于精神病人和智力残疾人的轻微违法，如通过责令其监护人严加看管和治疗的方

---

① 参见秦前红、王雨亭：《未成年人检察领域行刑反向衔接的制度建构》，载《人民检察》2024年第17期。

式就能改正的，没有必要进行拘留处罚，避免引发更多纠纷和矛盾。（3）对于初次轻微违法并及时改正的，可以适用《行政处罚法》第 33 条首违不罚的规定。但该条款较为宽泛，实践中对"初次违法""危害后果轻微""及时改正"的界定均争议较大，行政机关在单独适用该条款时也较为谨慎，检察机关适用时需严格把握"时间和空间上真正的初次""危害后果明显轻微""责令整改期限届满前及时改正"这几个要点，结合其他情节综合考虑是否不予处罚，避免滥用而造成负面影响。（4）对于主动消除或减轻违法后果的，如在刑事案件处理过程中，行为人已积极开展并完成生态损害修复的，已没有违法状态且没有现实危害性，没有再处罚的必要。（5）对于受胁迫和诱骗的，主观过错要件存在瑕疵，违法行为人基于胁迫和诱骗产生错误认识，虽有过错，但主观恶性较小，可以综合其他因素考虑不予处罚。（6）对于予以训诫、责令悔过、赔礼道歉、赔偿损失的，在违法行为人积极接受教育整改的基础上，如违法行为人积极退赃退赔，情节较为轻微的，也可以不予处罚。（7）对于刑事和解获得被害人谅解的，应尊重当事人的意见，在不损害国家利益、社会公共利益或者他人合法权益的情形下，可以不予处罚。较为典型的是治安管理案件中的邻里矛盾纠纷，不予处罚后能够达到较好社会效果。（8）对于当事人因同一行为已受到行政处罚的。这里不仅包括"一事不再罚"的情形，也包括同一违法行为由不同行政机关作出不同处罚方式的情形。如环境污染案件已由生态环境部门先行作出行为罚（责令停产停业、暂扣或吊销许可证），不起诉后，其他不同类型的处罚方式，如财产罚和人身罚可以视情况不予作出，对违法行为避免重复评价。

（四）不提出检察意见的情形

不提出检察意见的均为法定情形，主要依据《行政处罚法》第 29 条、第 30 条、第 31 条、第 36 条等规定。

根据《人民检察院行刑反向衔接工作指引》第 10 条规定，主要涉及以下几种情形：（1）对于超过处罚时效的。行政处罚的追诉时效通常为 2 年，如果违法行为在 2 年内没有被发现，那么行政机关在之后就不能再对该违法行为进行处罚。但如果违法行为涉及公民生命健康安全、金融安全且有危害后果的，追诉时效期限应延长至 5 年。追诉时效的期限从违法行为发生之日起计算，如果违法行为有连续或者继续状态的，从行为终了之日起计算。这里发现违法行为的主体应作扩大解释，既包括行政处罚的行政机关，也包括其他发现并移送线索的行政机关和司法机关。（2）对于不满 14 周岁和无民事行为能力人，在法律上被认为是无法对自己的行为负责的，因此行政机关不应对他们进行行政处罚。但这并不意味着他们完全不受法律约束，当他们的行为造成损害时，可能需要承担一定的民事赔偿责任，应提醒监护人有义务管理和教育未成年人和无民事行为能力人，防止他们再次违法，并确保他们得到必要的医疗或心理帮助。（3）对于轻微违法并及时改正没有危害后果的，应当不予处罚。过罚相当原则是立法机关制定行政处罚法律规范时遵循的基本原则，体现了法律的宽容和对个体权益的保护。同时对该种情形不提出检察意见旨在鼓励违法行为人主动停止违法、终止损害结果并积极改正，获得宽大处理的结果，有助于实现法律的公正和社会的和谐。应当注意的是，该种情形"应当"不予处罚与该《指引》第 9 条第 3 项中规定的轻微违法及时改正"可以"不处罚的主要区别在于，是否有危害后果。（4）对于没有主观过错的，且法律、行政法规未另行规定的。2021 年《行政处罚法》修订后，在第 33 条规定了相对人主观过错的内容，首次于总则中规定相对人主观过错是判断是否应受行政处罚的必要前提条件之一，即"主观过错条款"，彰显了责任主义和人权保障的价值理念。[1] 对于该种情形的理解有两个方面，一方面举证责任在当事人，主

---

① 肖鑫：《论〈行政处罚法〉主观过错条款的理解与适用》，南昌大学 2024 年硕士学位论文。

观过错是刑事案件犯罪构成要件之一，所以在刑事案件不起诉后，可以根据刑事案件的认定，确认是否存在行政违法行为的主观故意，包括直接故意和间接故意，但如果刑事案件中对部分行政违法行为的主观故意未明确，那么，行政处罚中当事人需提供不存在主观故意的证明；另一方面规定了违法行为人即便没有主观故意，但法律、法规规定了相关过失行为需要接受处罚的，同样需要予以行政处罚，不能将所有欠缺主观故意的行为一概而论，如交通肇事罪是过失犯罪，欠缺主观故意，但《道路交通安全法》有明确规定，该类违法行为需要予以处罚。

（五）不起诉决定被撤销或法院对自诉案件追究被不起诉人刑事责任的情形

这两种情形为中止审查后，经过复议、复核、复查程序，认为需要撤销不起诉决定，重新作出起诉决定，或者法院刑事自诉案件作出判决，此时会由中止程序直接转为终结审查程序，直接依据相关文书及时终结审查即可。

二、终结审查的程序问题

终结审查是反向衔接案件的结束，意味着不需要作出行政处罚，因此终结审查直接关乎被不起诉人的切身利益。如果说中止审查是权利救济型规则，那么终结审查则倾向于对权力的制约，是一种权力制约型规则，目的就是要规范国家公权力的行使，在追究违法行为的同时不忘保障人权，避免被不起诉人的合法权利受到侵犯，更是为了提高司法效率，避免司法资源的浪费，维护法律的权威和社会的稳定。

对于案件的终结审查，尤其是处罚必要性的审查，应严格、审慎对待，经过部门讨论、检察长审批后，方能作出决定。当被不起诉人面临高额处罚时，检察机关的可处罚性将发挥很大影响，需充分考虑合法性、合理性原则，对把握不准的情形，可层报上级检察机关，或者邀请人大大表、政协委员、人民监督员、听证员等通过公开听证的方式进行评议，避免出现廉政风险和负面社会效果。

最后，在可处罚性审查中，行政机关也可能会提出相应质疑，在办案过程中要做好充分沟通、解释，听取行政机关意见和建议，积极稳妥开展相关工作。

第三节 审查终结报告的撰写

审查终结报告是检察机关制作的内部法律文书，其基本功能是审查载体，即行政检察部门收到刑事检察部门移送的不起诉案件后，对被不起诉人开展反向衔接进行审查并提出处理意见的载体，是承办人办案过程和办案思路的集中体现，能让他人通过该报告了解整个案件的详细情况并据此判断处理意见是否合法、合理。笔者根据反向衔接案件的特点，根据《人民检察院行刑反向衔接工作指引》相关规定，结合办案实际，就审查报告的撰写要点进行阐述。

一、审查终结报告的架构

行政检察部门接收刑事检察部门移送的不起诉案件后，对案件进行全面审查并作出是否反向移送的决定，这与检察机关收到公安机关移送的审查起诉案件后进行审查并作出是否起诉的决定类似。同时，行政检察部门在审查过程中还要自行开展必要的调查工作，因此这又与检察建议有相似之处。笔者认为，行刑反向衔接案件的审查报告可以参照上述两种审查报告来设计。

目前，公诉案件审查报告的架构有引言、犯罪嫌疑人及诉讼参与人的基本情况、发破案经过、侦查机关（部门）认定的犯罪事实与意见、经审查认定的案件事实及证据、相关诉讼参与人的意见、需要说明的问题及有关情况、审查意见八个部分；检察建议调查终结报告的架构有综述、事项来源、调查核实的过程、调查认定的事实及依据、处理意见、其他需要说明的问题六个部分。这两种文书虽有不同，但整体均是按照办案的一般过程进行叙写，因此笔者认为反向衔接案件的审查终结报告也可以按照办案的一般流程来叙写，包括首部引言、被不起诉人的基本情况、刑事案件审查情况、行政检察部门调查核实过程、审查认定的行政违法事实和证据、案件处理意见、其他需要说明的问题七个部分。上述七个部分已经完全囊括了《人民检察院行刑反向衔接工作指引》第14条规定的审查终结报告的主体内容。《人民检察院行刑反向衔接工作指引》第14条第2款规定："审查终结报告应当包括当事人基本情况、刑事案件审查情况、审查认定的事实及证据、审查意见、风险评估预警等内容。"

二、报告首部与"其他需要说明的问题"的叙写要求

首部引言部分，承办人需要对案件来源、办理经过进行概括。如"何时本院决定对某人以某罪不起诉，本院刑事检察×部依照行刑反向衔接工作的要求，将本案移交本部办理。承办人通过哪些调查方式，依法对某人是否需要追究行政责任进行了调查研究，现已审查终结，报告如下：……"。

在"其他需要说明的问题"部分，主要记录在其他部分不能叙写，但是需要重点强调的问题，具体包括分析和概括叙写案件地域管辖和职能管辖的确定、同案犯处理情况、异地移送征求检察机关意见情况、结合办案参与社会综合治理情况、办案存在的风险评估情况等问题。对于在办案过程中发现的其他违法线索，也在该部分叙写，包括行政违法、刑事违法、纪律违法等。如危害珍贵、濒危野生动物案中，部分购买野生动物的人虽然不构成刑事违法，但是构成行政违法，故还需将上述违法线索移送有管辖权的行政机关进行处理。

三、刑事案件审查情况的叙写要求

刑事案件审查情况，包括刑事检察部门认定的犯罪事实、证据、处理结果以及涉案财物的处理情况。由于不起诉决定书中有该内容，因此行政检察部门的承办人可以直接复制不起诉决定书中的内容。至于认定犯罪事实的证据，由于刑事检察部门移送的审查报告中已经详细摘录，对于案情简单的案件，与刑事检察认定事实一致的，该报告中不需要再详细摘录，仅罗列证据名称即可。需要注意的是，有时不起诉决定书中没有写明被不起诉人的具体犯罪金额、违法所得金额，或者仅用 10 万余元等概括表述，涉案财物的处理情况也不叙写，此时行政检察部门承办人要及时与刑事检察部门承办人沟通，了解未按规定叙写的原因并要求提供必要的证明材料。如查封、扣押、冻结财物的相关法律文书、被不起诉人退赔钱款的入账凭证等。这既是认定行政违法事实的必要证据，同时也为后续与行政机关对接涉案财物做好准备。

如果行政检察部门的承办人在审查案件过程中发现，不起诉决定书中的内容存在错误，那么需要在此部分予以表述，并将相关证据进行详细摘录，以证实重新认定的事实。例如，不起诉决定书认定的犯罪金额少了 1000 元，行政检察部门的承办人需将认定犯罪金额的相关证据进行摘录，并进行必要的分析，以证实正确的金额，并及时向刑事案件的承办人进行反馈。刑事案件的承办人应进行核查，金额认定确实错误的，应及时向分管副检察长汇报，并采取措施进行纠正。不起诉决定书中常见的错误有犯罪时间认定错误、犯罪金额或违法所得计算错误、退赔金额认定错误、查扣财物的数量认定错误等。

四、行政检察部门调查核实过程的叙写要求

调查核实过程直接反映行政检察部门开展调查、审查的情况。虽然侦查机关已对犯罪事实开展了必要的侦查，但行政违法事实的构成要件

与刑事犯罪构成要件、地域管辖规则并不一致，且对被不起诉人有无处罚的必要性也需进一步调查，因此行政检察部门的承办人还需要开展必要的调查来进一步明确行政违法情况。行政检察部门的调查系对现有违法事实进行证据补充，如证明地域管辖权、单位违法的证据、违法的具体金额等。对于案件中反映出的其他违法线索，行政检察部门不需要开展调查，仅需把线索内容移送相对应的行政机关即可。

五、审查认定的行政违法事实、证据的叙写要求

行政检察部门在审查反向衔接案件时，办理的重点是从刑事案件证据中抽取、提炼行政违法事实，而不是案件证据的全面、详细摘录。因此如果经调查发现没有行政违法事实，则应详细写明具体原因，包括没有行政处罚的法律依据、行为人没有主观过错、行为已过追责时效等；如果行政检察部门认定的事实、证据与刑事检察部门认定的一致，那么可以直接叙写为"与刑事犯罪事实、证据认定的一致"即可；如果行政违法事实只是刑事犯罪事实的一部分，则需写明最终认定的行政违法事实，但不需要详细摘录证据；如果行政违法事实超出了原刑事犯罪事实时，则需要详细写明新认定的行政违法事实，并且详细摘录认定上述事实的证据。在此部分，承办人需重点写明反向移送案件的地域管辖情况。

（一）证据摘录的基本要求和方法

1. 证据摘录的基本要求

证据的摘录要做到准确、客观、全面、详略得当，即忠于侦查卷宗的真实记载；基于中立的立场，摘录有利和不利的证据；全面摘录影响处罚的各类证据，包括主动交待行政机关尚未掌握的违法事实、家庭经济情况等；言词证据可以概括归纳，对于前后矛盾的需重点指出，疑难、复杂、不认罪的，要详细摘录等。

2. 证据摘录的基本方法

证据的摘录可以根据案件的复杂程度选用不同的摘录方式进行。如果案件比较简单，则可以选择按证据的种类分类摘录，如物证、书证、证人证言、被害人陈述、违法行为人陈述、鉴定意见、勘验检查辨认笔录、视听资料、电子数据。如果案件比较复杂，则可以按照违法构成或者违法阶段进行分组摘录，如擅自倾倒危险废物，按违法构成，则应按照未经许可、何人何时何地何种方式倾倒何种废物产生何种危害后果、为何认定为危险废物、危险废物的数量及处置费用等进行摘录；按违法阶段，则应按事先共谋阶段、分工实施阶段、事后分配利润阶段等进行摘录。对于存在多种违法行为的，则可以按照"一违法一证据"的方式进行证据摘录。

（二）证据分析的基本要求和方法

证据分析是对摘录的证据进行总结、提炼，归纳出证据所能证明的事实。如果是按违法构成或违法阶段分组，则可以一组证据一分析；如果是多种违法行为，则可以一种违法一分析。同时，对于案情简单的，可以选择最后综合分析；对于案情复杂的，应当对重要证据进行一证据一分析，同时对一组证据进行证据小结，最后再进行综合分析。证据分析时要注意对证据间矛盾点、反证进行分析。

（三）违法事实的叙写方法

审查终结报告中违法事实的叙写要尽量详细，使他人通过该部分可以直接、全面地了解案件情况。除了采用"七何要素"法（何人、何时、何地、以何种方法、对何人或物、做了何种行为、导致何种后果）进行事实叙写外，还要注重对事情起因、违法动机、违法金额以及从轻、减轻、从重处罚情节等影响处罚结果因素的叙写。

对于新发现的违法事实则按照准确、简练、全面的原则进行叙写。

每一句话都要有证据证实，每一个事实都不能遗漏。尤其要注意的是，违法事实的认定必须要有充分的证据，并且证据间不存在矛盾，能够形成证据锁链，不能仅依据单一证据就认定某个事实，否则会产生行政违法事实不清、证据不足的被动结果。

该部分还要加上"其他影响处理意见的事实"，对除了违法事实之外的其他所有影响处理结果的事实、因素进行叙写，包括退赔的具体金额，有无超额赔偿；有无被采取其他非刑罚处罚，如训诫、责令具结悔过等；有无缴纳公益损害赔偿金；有无患有重大疾病等。

六、案件处理意见的叙写要求

如果没有违法事实或者违法行为已过追究时效，可直接写明不需要反向移送案件。如果有违法事实，则需先分析行为违反的具体法律规定，然后分析行为追责的必要性，同时对涉案财物提出处理意见，对违法线索进行归纳，最后提出具体的处理建议。

（一）法律适用分析

需写明行为触犯的具体法律条款。如果同一违法行为触犯多部法律时，则需依照上位法优于下位法、特别法优于一般法、新法优于旧法同时兼顾从旧兼从轻等原则，分析应当适用的法律。如果有多个违法行为，则需分析为何能够认定为多个违法行为而非一个违法行为，同时为每一个违法行为选择合适的法律进行适用；如果违法行为的时间跨度较长，则应先分清行为是连续违法行为还是持续违法行为等。

（二）处罚必要性分析

需写明所有影响处罚结果的要素并进行分析、抉择。这些要素主要包括：（1）被不起诉人的身份、年龄要素，如未成年人、在校学生、年满70周岁等；（2）被不起诉人已被采取刑事强制措施的情况、已被行政处罚的情况，如已被刑事拘留 7 日、已被吊销驾驶证等；（3）法定、酌定的从轻、减轻、从重处罚情节，如主动供述行政机关尚未掌握的违法事实、已赔偿被害人经济损失并取得其谅解、曾因同类违法行为被行政处罚过等；（4）其他影响要素，如重大疾病、家庭成员需要扶养等。应将所有要素进行罗列、分析后，从办案的政治效果、法律效果、社会效果角度综合考虑，作出是否反向移送的决定。

（三）涉案财物处理分析

有涉案财物的，需要对财物处置进行分析。既包括检察机关直接处理，也包括通过制发文书要求查封、扣押、接收财物的机关协助处理。如果经过分析决定将案件移送主管机关追究行政责任，那么承办人需要确定涉案财物中的哪部分移送主管机关，哪部分自行处理；对于同案犯已被起诉的，还需告知被移送机关涉案财物会由法院依法判决的情况，以防止主管机关对涉案财物的处理与法院相矛盾。

（四）处理建议

经过前述的分析，承办人在此部分需针对每一个被不起诉人的不同违法行为提出具体的处理建议，包括是否反向移送、移送何机关、依据何法律进行处理、是否建议从轻减轻从重处罚等。

第四节 检察意见书的撰写

根据《刑法》第 37 条、《刑事诉讼法》第 177 条第 3 款的规定，检察意见书是检察机关认为应当给予被不起诉人行政处罚、行政处分或者没收违法所得时，向行政机关制发的一种法律文书。检察意见书是检察机关表达法律事实认定、法律适用意见的外部文书，其文书格式应当固定、统一，以体现检察意见的专业性和权威性。最高人民检察院于2024年11月印发的《人民检察院行刑反向衔接工作指引》第24条将政务处分仅作为线索移送，因此对于仅需追究政务责任的被不起诉人，检察机关目前制作线索移送函进行移送比较妥当。最高人民检察院《人民检察院刑事诉讼法律文书格式样本（2020年版）》中的《移送有关行政机关处理违法所得意见书》，专门用于需要没收被不起诉人违法所得，移送有关行政机关处理时使用。这里主要对需给予被不起诉人行政处罚的情形来阐述检察意见书的制作要求和方法。

一、检察意见书的架构

《人民检察院行刑反向衔接工作指引》第16条详细规定了检察意见书应当包含的内容，主要包括：主送单位名称，案件来源，作出不起诉决定的基本情况，采取和解除羁押性强制措施情况，查封、扣押、冻结涉案财物情况，对被不起诉人予以训诫或责令具结悔过、赔礼道歉、赔偿损失等情况，被不起诉人的违法事实、情节及证据，应当给予行政处罚的意见，有关行政主管机关书面回复处理结果和办案情况的期限。

首先，笔者认为，被不起诉人的基本情况应像起诉书、不起诉决定书等一样，单独一段予以叙写。"采取和解除羁押性强制措施情况"应纳入"被不起诉人的基本情况"中；"查封、扣押、冻结涉案财物情况"应纳入"作出不起诉决定的基本情况"中。

其次，"对被不起诉人予以训诫或责令具结悔过、赔礼道歉、赔偿损失等情况"应纳入"认定的行政违法事实和情节"中，作为影响行政处罚的情节予以叙写。

关于被建议单位提出异议的期限，该内容在《人民检察院行刑反向衔接工作指引》中没有提及。笔者认为，检察意见书的制发依据是已经生效的不起诉决定书，相关违法事实已经被检察机关认定，对于行政机关而言，一般情况下其应当按照检察机关认定的违法事实对被不起诉人及涉案财物进行处理。从这个角度来看，检察意见书与检察建议书相似，对被建议单位有一定的羁束力。如果行政机关收到检察意见书后不立案、不处罚，那么检察机关依法可以跟进监督。因此，我们在给行政机关设定立案处罚的义务的同时也应给行政机关设置提出异议的权利。在检察意见书中，为行政机关设置一个异议期，如果行政机关收到案件后，认为不属于自己管辖、不需要追究被不起诉人责任等，可以书面向检察机关提出异议。检察机关收到异议函后，应全面审查异议，认为情况属实的，应及时纠正；认为情况不属实的，则向行政机关释法说理并要求行政机关继续履职。故此，笔者认为检察意见书中应当增加"被建议单位提出异议的期限"这一项内容。

二、行政违法事实和情节的叙写要求

在相对不起诉行刑反向衔接案件中，行政违法事实与刑事违法事实的内容基本一致，在此情况下，行政违法事实的内容基本可以复制不起诉决定书的相应部分，相关叙写方法可以遵循起诉书的叙写方法，如犯罪构成要件叙写法、"七何"要素叙写法等。但行政违法与刑事违法并不完全等同，因此承办人在叙写行政违法事实时还要注意以下几个方面的问题。

（一）写明案件的地域管辖

由于行政违法的管辖与刑事违法的管辖并不完全相同，因此行政违法事实的叙写，首先要写明案件的地域管辖和职能管辖要素，让行政机关看到检察意见书时就能明白案件为何移送该机关。如刑事案件中，由于某被害人在当地，当地侦查机关依据犯罪结果发生地而对案件享有管辖权，并且根据关联管辖的原则，对共同犯罪人进行并案处理。但当主犯被提起公诉，其他共同违法行为人需被追究行政责任时，因其他共同违法行为人与该被害人没有直接因果关系，无法适用违法结果地管辖原则使当地行政机关享有管辖权。此时，检察机关对其他共同违法行为人只能依照管辖原则分别确定地域管辖的行政机关。例如，在不起诉决定书中通过写"居住地位于××市××区的被害人"来表明地域管辖权时，在检察意见书中就需写"李某在位于××市××区的居住地通过网络平台对外出售不合格产品"来表明地域管辖权。

（二）依照违法构成叙写违法事实

刑事犯罪事实并不能完全囊括行政违法事实，尤其在时间跨度长、有多种违法行为的案件中更为明显。此时，行政违法事实的叙写不能完全依赖于刑事犯罪事实的叙写。对于时间跨度长的案件，由于刑事犯罪的追责时效在 5 年以上，而行政违法的追责时效在 2 年以上（治安案件仅为 6 个月），因此在违法事实的表述上，违法时间要重新确定，违法事实也仅陈述该时间段内的事实。对于有多种违法行为的案件，承办人要按照行为的种类分别叙写。如生产、销售伪劣产品案件中，刑事犯罪事实中仅叙写其生产、销售不合格化妆品的事实，但在行政违法事实中则要分别按照没有化妆品生产许可证、没有特殊化妆品生产许可证、没有建立并执行进货查验记录制度、销售标签不符合要求的化妆品等多个违法行为的构成来叙写事实。

（三）依移送机关的不同来叙写违法事实

有多名被不起诉人时，如果对不同的被不起诉人移送不同的行政机关，则需对每人制作一份检察意见书，违法事实也只需叙写个人的部分；如果几名被不起诉人移送同一行政机关，则可对这几名被不起诉人制作一份检察意见书，违法事实也需写明几名被不起诉人的违法事实。叙写时要注意写明每名被不起诉人的具体行为和作用。如果被不起诉人实施了多种违法行为，且需要移送不同的行政机关进行处理时，则需按行政机关的不同制作多份检察意见书，且每一份检察意见书中只需写明该行政机关管辖的违法事实。为避免多个行政机关在适用法律、涉案财物处理时产生冲突，则可以附件的形式，将被不起诉人的其他行政违法事实告知各行政机关，以便于统筹处罚。

（四）违法事实的叙写应准确、严谨

检察机关认定的违法事实必须是现有证据能够证实的事实，如果仅有单个言词证据或者书证只能证实部分情节时，不能认定为违法事实，进而不能写在检察意见书中。何为充分的证据？充分的证据就是言词证据之间、言词证据与客观证据之间能够相互印证，且没有反证。通俗地讲就是，不能是孤证、不能听信一家之言、不能有相反证据等。如一位证人说嫌疑人还殴打了被害人的儿子，但没有其他证据印证，那么这就是孤证；被害人和妻子均称犯罪嫌疑人还偷了家中的美金，但二人既提供不了兑换美金的记录，也不能说明美金的正当来源，那么二人的言词证据就不能采信。在事实叙写时，承办人要注意使用法言法语，不能使用俗语、方言或者带有强烈感情色彩的词语。同时，每个事实都要有对应的证据。如说用拳头打还是用脚踢，若不能明确打的方式，就概括叙写为殴打。

（五）单独一段叙写行政违法情节

起诉书中在主体犯罪事实下面会另起一段叙写影响定罪量刑的犯罪情节，包括归案情况、认罪情况、退赔情况、刑事和解情况等。笔者认为，影响行政处罚结果的相关情节也应在主体违法事实的下面另起一段叙写，包括退赔的情况、已被采取其他非刑罚处罚的情况、有无缴纳公益损害赔偿金、有无患有重大疾病等。这便于行政机关全面掌握处罚情节，避免遗漏。在叙写时无须展开描述，仅概括陈述即可，做到言简意赅。

　　至于违法证据，在检察意见书中，也应像起诉书中那样，仅按照证据种类的不同叙写证据的名称。如果有多个违法事实的，则按照"一事实一证据"的原则进行叙写；如果有多个违法行为人的，事实合并叙写则证据合并叙写，事实分开叙写则证据分开叙写；如果违法事实是同一种、多次实施的，违法事实概括总结叙写，证据亦一并叙写。对于审查认定的行政违法情节，证实该情节的相关证据也要进行叙写，这样便于行政机关审查案件。

三、其他部分的叙写要求

　　主送单位名称是对反向衔接案件具有职能管辖和地域管辖的行政机关，该名称要用单位的全称，不能简写。案件来源是检察机关在办理刑事案件审查起诉时发现某人的行为违反了行政法的规定，需要给予行政处罚，故将案件移送行政机关处理。

　　被不起诉人的基本情况与审查报告中该部分叙写的内容一致，包括与行政处罚相关的曾受过的刑事处罚、行政处罚情况以及被不起诉人被采取羁押性强制措施的情况。这部分要注意写明被不起诉人现在的联系电话，以便于行政机关联系被不起诉人。

　　在不起诉的基本情况部分，要写明犯罪嫌疑人构成的罪名、不起诉的理由和不起诉的决定以及涉案财物的处理情况。这部分可以使用不起诉决定书中的内容。涉案财物的处理情况是截至不起诉时实际的处理情况，而不是检察机关对涉案财物的处理意见。

　　应当给予行政处罚的意见包括法律依据和处理意见两部分。在法律依据部分，不能把审查报告中的分析全部照搬过来，这样会显得繁琐和拖沓，而应当简要写明处理决定所依据的法律、从轻减轻从重处罚的情节。如果被不起诉人的违法行为时间跨度大，新法和旧法的规定内容不同，承办人不能准确把握具体适用法律时，可以写被不起诉人的行为违反了 A 法和 B 法的相关规定，在写处理意见时建议行政机关依据从旧兼从轻的原则适用法律给予处罚即可。被不起诉人具有的从轻、减轻、从重处罚的情节要有充分的证据证实才可以叙写，如某一情节的证据不充分，则可以写为本案是否是单位违法、被不起诉人家庭经济困难的情况还需进一步核实等，以提醒行政机关注意这一问题。在处理意见部分，对于案情简单、法律适用没有争议的案件，承办人直接写建议依据具体法律条文给予被不起诉人处罚；对于现有证据不能充分证实被不起诉人的某一违法事实和情节时，由于检察机关不能代替行政机关进行调查，因此承办人可以写建议行政机关对该事实和情节进一步调查，并依法进行处理；如果被不起诉人具有从轻减轻从重处罚的情节时，承办人可以建议行政机关依法从轻减轻从重处罚。

关于被建议单位书面回复落实情况的期限，《人民检察院行刑反向衔接工作指引》第 20 条中规定回复期为 90 天，除非情况紧急需要立即处理的，可以根据实际情况确定回复期限。对于行政机关依法延长办案期限的，承办人要在回复期届满时督促行政机关将案件目前的办理情况书面回复检察机关。

在文书附件部分，检察机关需写明一并移送行政机关的侦查卷宗、不起诉决定书等材料以及检察机关的联系方式。如果有涉案财物要处置，则涉案财物的相关凭证，包括已处置的证明材料等，也应一并移送行政机关并写明。

第十章　行刑反向衔接的移送

行刑反向衔接的移送包括内部移送和外部移送，要实现内外部程序的有序衔接，需明确移送的时限、材料、流程等。本章将结合相关规定，围绕不起诉后移送行政主管机关进行行政处罚的情况进行梳理。

第一节　案件移送流程

一、检察机关内部移送

最高人民检察院《关于推进行刑双向衔接和行政违法行为监督 构建检察监督与行政执法衔接制度的意见》规定，检察机关决定不起诉的案件，承办刑事检察部门应当在作出不起诉决定之日起三个工作日内提出是否需要对被不起诉人给予行政处罚的意见，并移送行政检察部门审查。行政检察部门审查后，认为需要给予行政处罚的，经检察长批准，提出检察意见，移送行政主管机关处理。《人民检察院行刑反向衔接工作指引》第5条规定，"人民检察院决定不起诉的案件，刑事检察部门自作出不起诉决定之日起三个工作日内，通过检察业务应用系统将案件移送负责行政检察工作的部门，并同步移送不起诉案件审查报告、不起诉决定书、相关证据材料等。刑事检察部门移送决定不起诉的案件时，可以提出是否需要对被不起诉人给予行政处罚的意见"。第6条规定，"负责行政检察部门工作的部门应当审查刑事检察部门移送的材料是否齐全。材料不齐全的，负责行政检察工作的部门应当告知刑事检察部门补齐相关材料后接收。负责行政检察工作的部门接收案件材料后，应当及时登记并将案件分配给检察官办理"。

（一）内部移送时限

《人民检察院行刑反向衔接工作指引》第 5 条将原最高人民检察院《关于推进行刑双向衔接和行政违法行为监督 构建检察监督与行政执法衔接制度的意见》规定的"作出不起诉决定之日起 3 日内"，修改为"作出不起诉决定之日起三个工作日内"，应以指引为准。

（二）内部移送材料

《人民检察院行刑反向衔接工作指引》对于内部移送材料采取不完全列举方式，即审查报告、不起诉决定、相关证据材料等。对于《人民检察院行刑反向衔接工作指引》已经明确应当移送的材料应当移送，对于未明确列明的材料，可以根据具体案件需要而定。例如，一些较为疑难的案件，在不起诉决定作出前的听证中已经对是否移送行政处罚等问题进行讨论，会对行政检察部门审查案件造成一定影响的，可以一并移送。需要注意的是，《人民检察院行刑反向衔接工作指引》在移送材料中使用了"相关证据材料"的表述，而非"刑事案卷"，这也是符合办案实际的，并非将整本案卷移送行政检察部门，而是重点移送证明违法事实、违法程度、违法后果、减轻或免除情节等涉及行政处罚的事实的相关证据。当然，因是否移送行政处罚主要由行政检察部门进行审查，刑检部门移送的相关证据范围可以适当宽泛，后续是否移送行政主管机关可以由行政检察部门自行把握。

（三）内部移送操作流程

1. 刑事检察部门。第一步：案件办理，在工作网中点击已分配的刑事在办案件，进入个案。第二步：案卡填录，在一审公诉案件流程案卡表单【审结情况】下"建议对不起诉人给予行政处罚情况"案卡项中根据实际情况填录。该案卡项填录内容后，将随同相关文书移送同步到"行刑反向衔接案件的受理环节"的案卡中。第三步：文书制作及移送，通过【案件管理】—"行刑反向衔接"—"新建文书"创建，在"一审公诉案件"的公用文书中新增《行刑反向衔接案件移送表》；点击【行刑反向衔接】，根据案件情况选择需要移送行政处罚的人员或单位信息，点击"保存"后创建《行刑反向衔接案件移送表》文书；《行刑反向衔接案件移送表》根据案件情况制作完成入卷后，通过【移送案件/文书】功能进行文书移送，并在移送附件中勾选案件审查报告、不起诉决定书等材料一并移送行政检察部门。第四步：电子卷宗共享，进入刑事在办案件，展开电子卷宗，点击批量共享功能并勾选行政检察部门，与本案件相关联的案件可共享当前电子卷宗。行政检察部门可在【案件接收】—已接收案件—查看案件信息板块查阅电子卷宗。

2. 行政检察部门。第一步：案件受理，行政检察部门通过"待接收"功能进行接收，受理为"行刑反向衔接"案件。第二步：案卡填录，行政检察部门受理新案件后，填录案件基本信息案卡。第三步：案件审查，根据案件情况，结合刑事检察部门意见，视情况作出提出检察意见、终结审查、另行移送处理。

（四）另行移送流程

行政检察部门审查后，认为属于本院公益诉讼检察部门、未成年人检察部门、知识产权检察部门等部门办理的案件，以及上级检察院、下级检察院、异地检察院管辖的案件，按照系统中"移送案件/文书"功能，制作《行刑反向衔接案件移送表》，通过"另行移送"节点，移送给本院其他部门或检察院，对方用"行刑反向衔接流程"来接收。

二、检察机关外部移送

关于外部移送问题，最高人民检察院《关于推进行刑双向衔接和行

政违法行为监督 构建检察监督与行政执法衔接制度的意见》在完善配套机制方面提出，在检察业务应用系统中开发"两法衔接"和行政违法行为监督案件模块，细化案件办理流程、移送标准等内容，实现相关案件网上移送、线上监督等工作方向。在落实数字检察战略方面，提出坚持"业务主导、数据整合、技术支撑、重在应用"的数字检察工作模式，依托信息共享平台，充分挖掘运用"两法衔接"和行政违法行为监督数据资源，加强顶层设计、整体统筹，注重办案模型的研发、应用与推广等工作方向。可见，行刑反向衔接案件外部移送侧重于通过有效沟通，线上和线下相结合等方式，逐步提升外部移送即外部衔接的效率。

（一）外部移送时限

根据《人民检察院行刑反向衔接工作指引》第 19 条规定，检察机关应当在决定制发检察意见书之日起三个工作日内送达行政主管机关。

（二）外部移送材料

根据《人民检察院行刑反向衔接工作指引》第 19 条规定，检察机关向行政主管机关移送的材料包括检察意见书、不起诉决定书、相关证据材料等。

（三）抄送垂直管理的上级行政主管机关

根据《人民检察院行刑反向衔接工作指引》第 19 条规定，对于实行垂直管理的行政主管机关，人民检察院应当将检察意见书抄送其上级行政主管机关。需要注意的是，此处规定系使用"应当"，而非"可以"，办案中应予以规范。另外，部分地区如已建立了较为良好的机制，上级行政主管机关对行政处罚实行统一立案、按片区分案管理，此种情况下如上级行政主管机关同意直接接收的，检察机关可不采用"送达 + 抄送"的模式，而是直接送达上级行政主管机关，以提升移送效率。

（四）非同级、异地移送前置程序

根据《人民检察院行刑反向衔接工作指引》第18条规定，检察机关向上级行政主管机关提出检察意见的，应当层报行政主管机关同级的人民检察院决定。当然，如前所述的实行垂直管理的行政主管机关，在形成良好机制情况下，可以予以一定特殊处理。检察机关需要向下级行政主管机关提出检察意见的，应当指令对应下级人民检察院提出。需要异地移送的，制发检察意见前应当书面听取所在地同级检察机关意见。

（五）移送回复流程

行政检察部门制作检察意见书后，连同相关材料一并送达行政主管机关，上传送达证明，并填录【办理情况】案卡。行政主管机关回复后，行政检察部门上传回执，并填写【送达回复情况】案卡，并对是否跟进监督进行审查，视情况进入"提出检察建议"流程或办结。

（六）督促落实后移送流程

行政检察部门制发检察建议后，行政主管机关仍未履行职责的，可以按照《人民检察院行刑反向衔接工作指引》第23条规定，制作相关的通报或者报告。如认为符合公益诉讼立案条件的，可通过另行移送流程衔接到公益诉讼办案中。

第二节　行刑反向衔接证据规则

当前我国法律体系中对于正向衔接的案件有着较为明确的规定，但是反向衔接随着行政检察的工作开展，其证据转化依据还没有完全跟上，实践中检察机关和行政机关均面临"摸着石头过河"的情况。

一、行刑反向衔接证据转化的现实需求

（一）证据转化的必要性

行政机关实施行政处罚，要有证据支撑，但刑事证据并不当然转化为行政证据。行政证据的确然性应当"经法庭审查属实"，而行刑反向衔接中的刑事证据，显然没有经过法庭审查属实，因此刑事证据并不当然转化为行政证据。这也意味着，行刑反向衔接中，检察机关将案件移送行政机关，行政机关实施行政处罚后，相对人有权提起行政复议或行政诉讼。[①] 但从证据收集的角度，有的行刑反向衔接案件前期经历漫长的刑事诉讼过程，案件由检察机关移送行政机关时，距离被不起诉人的违法行为发生时间可能已经过去了很久，这就给行政机关自行取证带来了两个问题：一是违法行为发生时间可能久远，证据已经灭失；二是证明案件事实的材料已由司法机关收集，没有再次采集的必要性。面对这种情况，如果再苛求行政机关重新调查取证，既不存在现实的可能性，也不利于提高行政效率，对于行政机关和被不起诉人都会增加较多的程序负担。[②]

针对刑事证据本身而言，虽然其法律适用不同于行政诉讼证据，但其属性与行政证据一致，同样也具有客观性、关联性和合法性。从这个角度来看，刑事证据存在向行政证据转化的理论基础，同时又能够极大地提高行政机关行政处罚的效率，有助于行政机关较快地了解案件事实，依法作出合理判断。

[①]　参见蒋云飞、向立：《刑事证据向行政证据转化的理论分析与制度建构》，载《重庆理工大学学报（社会科学版）》2022 年第 11 期。

[②]　参见杜磊：《行政证据与刑事证据衔接规范研究——基于刑事诉讼法第 52 条第 2 款的分析》，载《证据科学》2012 年第 6 期。

（二）证据转化的可行性

通过比较刑事诉讼法和行政诉讼法，对比两种证据的种类可知，相同的部分为：物证、书证、证人证言、鉴定意见、视听资料、电子数据、勘验笔录，不同的是刑事证据包括了被害人陈述、犯罪嫌疑人供述、侦查实验、检查、辨认等笔录，行政证据包括了当事人的陈述。从文义上解读，相同的部分可以直接进行同类型转化，不同部分中的被害人陈述、犯罪嫌疑人供述可以转化为当事人的陈述。[①] 那么，刑事证据中的侦查实验、检查、辨认等笔录应当如何转化，目前还缺少法律依据。

可以将行刑反向衔接案件分为两种情形：一种是由 A 行政机关将刑事案件移送检察机关，检察机关作出不起诉决定后，又移转回 A 行政机关。常见的罪名如盗窃罪，由公安机关将刑事案件移送检察机关，不起诉后又由检察机关将反向衔接案件移送公安机关。另一种是由 A 行政机关将刑事案件移送检察机关，检察机关作出不起诉决定后，将案件移送 B 行政机关。常见的罪名如销售有毒、有害食品罪，由公安机关将刑事案件移送检察机关，检察机关将反向衔接案件移送市场监管部门。第一种情形中刑事证据向行政证据的转化不会存在太多的问题，第二种情形中刑事证据向行政证据的转化将会存在标准不统一等问题。[②] 目前的情况是只有公安部和海关总署出台过相关规章，比如《公安机关办理行政案件程序规定》第 33 条和《海关办理行政处罚案件程序规定》第 21 条均规定"刑事案件办理过程中收集的证据材料可以作为行政案件的证据使用"。上述规定，是较为明确的刑事证据可向行政证据转化的依据。

---

① 参见毛淑玲、周好峰：《论行政执法言词证据之刑事证据资格及转化适用》，载《辽宁师范大学学报（社会科学版）》2021 年第 3 期。

② 参见张泽涛：《论公安侦查权与行政权的衔接》，载《中国社会科学》2019 年第 10 期。

二、行刑反向衔接证据转化的困境

(一) 直接作为行政执法依据的瑕疵

刑事证据的种类与行政证据的种类并非完全一一对应，刑事证据中的侦查实验、检查、辨认等笔录难以在行政证据种类中找到与之相对应的，需要依靠行政机关自行决定。同时行刑反向衔接案件中还存在认罪认罚具结书这一特殊材料，如何使用这一材料，也是行政机关面临的一大难题。①

即使证据种类相同的部分，能否将其直接作为行政证据供行政机关使用，同样值得商榷。因为部分刑事证据还存在瑕疵，哪些刑事证据可以直接采信，哪些刑事证据不可以采信，以及证据的补充如何进行，都是反向衔接案件中行政机关需要解决的难点。

(二) 行政机关重新收集证据的弊端

从行政机关自行处置的行政处罚案件来看，都涉及由行政机关立案、多次调查取证、举行听证会等流程，其中最重要的就是调查取证，根据行政机关自行掌握的证据决定行政处罚。但行刑反向衔接案件则与之完全不同，案件起源于刑事案件，而刑事案件的证据收集机关通常是公安机关，接收反向衔接案件的行政机关在收到案件时，距离被不起诉人违法行为的时间已经过去了一段时间，有的已有一到两年时间，甚至更加久远，有些证据材料经过公安机关收集，也不存在再次收集的可能性。如果盲目要求行政机关重新收集证据则面临两个问题，一是收集能力可能性不足，二是会导致行政效率低下。

从行政资源的角度考虑，虽然公安机关和行政机关隶属不同的机

---

① 参见华为民、户恩波：《行刑反向衔接的线索移送与证据转化》，载《人民检察》2024 年第 1 期。

关，但公安机关所收集的证据并非完全不能采用，并且这些证据亦经检察机关审核认定，并据此依法作出不起诉决定，此时的刑事证据并非公安机关完全一手收集的刑事证据，而是经过了公安机关、检察机关审核过的证据，对于非法采集的一些证据，检察机关在审查起诉阶段已经核实，对作出不起诉决定时所采用的证据，也经过了被不起诉人的认可，又因行刑反向衔接案件中被不起诉人对于刑事证据一般是充分理解和认可的。此种情况下，如果行政机关再次重新收集证据又会面临两个问题，一是收集的证据可能不够充分、全面，二是收集的证据当事人可能并不完全认可，既浪费行政资源，又影响行政效率。

（三）行政机关审查刑事证据的障碍

行刑反向衔接案件虽然是不起诉的刑事案件，但刑事案件毕竟是与行政案件完全不同的案件，司法工作人员具有专业性，行政机关对于刑事案件的流程、证据、法律适用等均是陌生的。在这种情况下，要求行政机关完全理解并使用刑事案件证据是存在一定障碍的。[①]

刑事证据对于行政机关而言，不仅是反向衔接案件中检察机关移送的证据材料，还是接下来行政案件作出处罚的主要事实依据，行政机关对于刑事证据的审查关乎行政处罚案件的走向。因这些证据材料缺少了行政机关执法调查的过程，是由其他机关直接移送给行政机关的，这就带来一个问题，就是刑事案件中证据的证明标准是否一定高于行政案件证据的标准。通常认为，刑事案件关乎当事人的人身自由，其证明标准一定是高于行政案件的，但事实并非如此。行政执法领域存在着两种证明标准，一是行政程序证明标准，即行政机关要按照合法的程序行政；二是行政诉讼证明标准，即行政案件进入行政诉讼阶段后，法院进行合法性审查时的证明标准。

---

① 参见常永栋、姚弘韬：《行刑反向衔接的法律适用和证据转化》，载《人民检察》2024 年第 7 期。

在我国，行政行为的效力不具有终局性，其最终效力其实来自于审判机关，如果行政机关与行政相对人对证据有不同意见，需要审判机关进行最终决定，因此行政证据的证明标准是以行政诉讼证明标准为标杆的。即便刑事案件和行政案件的证明标准有高有低，但这也并非证据转化的理由。证明标准是认定案件事实所应达到的法定程度，是对证明过程、论证过程的要求，而非对证据属性、证据效力的要求。刑事证明标准高仅说明案件事实得到充分的确认，但"证据转化"与"事实转化"不是同一个概念，其实是"材料转化"。

三、行刑反向衔接证据转化的规则构建

（一）构建分类转化体系

虽然刑事证据与行政证据在种类方面存在部分差异，但是证据的目的均是为了证明案件事实，那么在行刑反向衔接案件中，应根据每个证据分类的实质意义进行分析。不同类别的刑事证据向行政证据进行转化时也应该分类，特别是类别不同的几种证据材料。[1]

从刑事诉讼法和行政处罚法的文义上看，作为刑事证据的检查、辨认、侦查实验等笔录在行政诉讼证据类型中无法完全对应，刑事证据中的被害人陈述、犯罪嫌疑人供述在行政处罚法上也无法找到完全对应的文义。[2] 关于这两种不同的证据种类应当如何转化，应当从实质意义上来看。首先，被害人陈述、犯罪嫌疑人供述本质上是案件当事人对于案件事实的表述，不仅包括对实际情况的表述，还包括态度的表述，在行刑反向衔接案件中可以作为当事人陈述，其本质都表现为当事人对案件

---

① 参见孙戈：《批判与建构：刑事证据转化为行政证据探析》，载《西安石油大学学报（社会科学版）》2022年第2期。

② 参见陈瑞华、杨茂宏：《论两种特殊证据的刑事证据资格》，载《人民检察》2014年第13期。

的认识。其次，对于检查、辨认、侦查实验等笔录，这是刑事案件中特有的证据类型，这类证据在本质上是司法人员对案件事实的进一步确认以及还原，通过检查、辨认、实验等方式，尽可能地了解案件事实全貌，属于补强的证据材料，因此这些证据在转化时不应拘泥于证据类别的名称，应当作为补强证据由行政机关使用。

对于认罪认罚具结书，笔者的观点是，这一证据应当归类于当事人的陈述。之所以归为当事人的陈述，是因为具结书的签署代表了被不起诉人的意思表示，表示他认罪认罚的态度，但是这种态度在案件移送至行政机关后可能会发生转变，与当事人陈述这种证据类型一致，可以不断地变化，且其变化依赖于当事人的意思表示。[①] 需要注意的是，如果被不起诉人在行政案件阶段否认自愿认罪认罚，检察机关根据有关规定，可以撤销对于当事人的不起诉决定，这也表明了具结书不同于一般的犯罪嫌疑人供述。

（二）明晰证据审查运用规则

根据证据种类的不同，采用不同的证据审查规则。首先，对于实物证据采用"核实使用"的规则，包括电子数据、视听资料、书证、物证等，之所以采取这种审查规则，是因为实物证据具有客观性，不因其他因素变化而改变，虽然其被赋予刑事证据的概念，但本质上就是反映客观事实的材料。其次，对于言词证据采用"限制使用"规则，之所以限制使用，也是因为言词证据有多变性的特点，而且言词证据可以不断地收集，相对于实物证据，行政机关也可以重新获取言词证据。最后，对于检查、辨认、侦查实验等笔录、鉴定意见应采取"补强使用"的规则，这些证据材料本质上是专业机构的人士出具的观点意见，代表了其他人士对于事实的认定，但由于司法鉴定意见和行政鉴定意见隶属不同证据体系，且鉴定意见的能力受鉴定机构、鉴定人员、鉴定设备等因素

---

① 参见冯科臻：《认罪认罚案件的证据审查模式》，载《证据科学》2020 年第 6 期。

影响较大，因此如何转化应当谨慎对待。

（三）强化行政相对人的权利保障

反向衔接案件中的当事人，其身份由最初的犯罪嫌疑人到被不起诉人再到行政相对人，不同的身份意味着不同的权利，行政处罚阶段，其作为行政相对人，理应获取相应的质证权利。[①] 行政主体在作出对当事人不利决定时，必须听取当事人的意见，不能片面认定事实，剥夺对方辩护的权利。《行政处罚法》第 40 条规定，依法应当给予行政处罚的，行政主体必须查明事实；第 7 条、第 44 条以及第 45 条都规定了行政相对人依法享有的陈述、申辩、要求听证等权利。行政处罚程序中，最为关键的就是听证，其核心也是质证，听证程序也是以事实认定为核心，听证设置的目的就是实现和保障行政相对人的质证权利。因此，在刑事证据难以直接转为行政证据的前提下，质证既保障了行政相对人的权利，也是进一步将刑事证据转化为行政证据的关键，同时避免了实践中行政机关径行采信刑事证据而不加审查的情况，也增加了行政处罚的合理性和合法性。此外，保障行政相对人的质证、申辩等权利，也有助于实现行政程序的正当性，还可以建立听证监督机制，通过开展详细质证为律师等外部主体参与其中提供更多机会，对于提高行政主体对刑事证据的审查能力和水平均具有重要意义。

---

① 参见赵豪：《"刑事—行政"案件证据审查论》，载《证据科学》2023 年第 4 期。

第十一章　行刑反向衔接案件管理

加强对行刑反向衔接案件的管理，需围绕行刑反向衔接案件的流程节点，加强案件质量管理，促进反向衔接案件办理规范化。本章将围绕相应流程管控节点进行梳理。

第一节　案件质量流程管控

一、受理管控

（一）管控依据

管控的依据为《人民检察院行刑反向衔接工作指引》第4条、第5条、第6条。

（二）管控内容

1. 刑事检察部门移送

（1）刑事检察部门作出不起诉决定后是否移送行政检察部门；

（2）刑事检察部门移送案件中勾选被不起诉人是否齐全，是否有错漏；

（3）刑事检察部门是否在作出不起诉决定书后3个工作日内按期移送；

（4）刑事检察部门移送《行刑反向衔接案件移送表》制作是否规范，填写信息是否完整、准确；

（5）刑事检察部门案卡项目填录是否错漏；

（6）综合履职部门是否错误向行政检察部门移送案件。

2. 行政检察部门接收

（1）行政检察部门是否及时接收案件；

（2）刑事检察部门移送材料不齐全的，行政检察部门是否告知补齐。

二、审查管控

（一）管控依据

管控的依据为《人民检察院行刑反向衔接工作指引》第 7 条、第 8 条、第 9 条、第 10 条、第 11 条、第 12 条、第 13 条、第 14 条、第 15 条。

（二）管控内容

1. 提出检察意见

（1）行政检察部门提出检察意见案件是否具有处罚法定性，在案证据是否足以证明被不起诉人实施了违法行为，行政处罚是否有法律依据；

（2）行政检察部门提出检察意见案件是否有处罚必要性。属于《人民检察院行刑反向衔接工作指引》第 9 条规定的可以不提出检察意见的情形，提出移送行政处罚检察意见的，是否有相应的理由；

（3）对《人民检察院行刑反向衔接工作指引》第 10 条规定的应当不提出检察意见情形的，行政检察部门是否错误提出应当移送行政处罚的检察意见。

2. 调查核实

行政检察部门是否履行必要的调查核实工作。在部分案件中行刑证据标准、考量因素等存在差异等情况下，行政检察部门是否履行必要的调查核实工作。

3. 中止审查

（1）行政检察部门中止审查是否符合规定情形，是否制作《中止审查决定书》；

（2）行政检察部门对应当中止审查案件是否未中止审查；

（3）行政检察部门是否及时恢复审查。

4. 审查报告

（1）行政检察部门制作的审查报告要素是否齐全，是否具备《人民检察院行刑反向衔接工作指引》第 14 条规定的当事人基本情况、刑事案件审查情况、审查认定的事实及证据、审查意见、风险评估预警等内容；

（2）行政检察部门制作的审查报告说理是否充分，刑事检察部门对被不起诉人是否应当行政处罚提出的意见，行政检察部门不采纳的，是否说明不采纳理由。

5. 审查期限

（1）行政检察部门是否在 10 个工作日内审查终结；

（2）行政检察部门延长审查期限是否符合案情重大、疑难、复杂情形，是否履行审批手续。

三、行政检察部门终结审查、提出检察意见

（一）管控依据

管控的依据为《人民检察院行刑反向衔接工作指引》第 15 条、第 16 条、第 17 条、第 18 条、第 19 条、第 20 条。

（二）管控内容

1. 提出检察意见

（1）行政检察部门制作的检察意见书要素是否齐全，是否具备《人

民检察院行刑反向衔接工作指引》第 16 条规定的主送单位名称、案件来源、作出不起诉决定的基本情况、采取和解除羁押性强制措施情况等要素；

（2）行政检察部门制作的检察意见书说理与结论是否一致。

2. 终结审查

（1）行政检察部门终结审查案件是否制作《终结审查决定书》；

（2）行政检察部门终结审查案件是否符合《人民检察院行刑反向衔接工作指引》第 10 条、第 15 条规定的终结审查情形。

3. 提出检察意见前置程序

（1）行政检察部门制发检察意见前，对于有争议案件是否征求有关行政机关意见；

（2）向上级行政主管机关提出检察意见是否层报该行政主管机关同级检察机关；

（3）向下级行政主管机关提出检察意见是否指令对应下级检察机关提出；

（4）向异地行政主管机关提出检察意见是否书面征求所在地同级检察机关意见；

（5）向异地行政主管机关提出检察意见，听取意见时，所在地同级检察机关意见不一致的，是否层报共同上级检察机关决定。

4. 送达及期限

（1）行政检察部门制作检察意见书后是否送达行政主管机关；

（2）行政检察部门提出检察意见后是否在三个工作日内送达行政主管机关。

5. 回复期限

（1）行政检察部门制作的检察意见书载明的回复期限是否为 90 日；

（2）紧急情况的，行政检察部门是否根据实际情况确定合理回复期限。

四、行政检察部门跟踪督促

(一) 管控依据

管控的依据为《人民检察院行刑反向衔接工作指引》第 21 条、第 22 条、第 23 条。

(二) 管控内容

(1) 行政检察部门是否及时跟踪后续处理情况;

(2) 行政机关存在不予回复、不予行政立案、无正当理由不予行政处罚等违法情形的,是否督促纠正。提出的督促纠正意见是否准确;

(3) 有必要的,是否书面通报同级司法行政机关、提请上级检察机关通报其上级机关,是否向同级党委、人民代表大会常务委员会报告。通报、报告前是否履行审批手续;

(4) 行政检察部门是否及时向刑事检察部门反馈案件办理结果;

(5) 行政检察部门反馈案件办理结果后,刑事检察部门是否及时填录一审公诉案件案卡。

五、档案管理

(一) 管控依据

管控的依据为《人民检察院行刑反向衔接工作指引》第 25 条。

(二) 管控内容

行政检察部门案卷材料是否齐备,立卷是否规范。

第二节　案件质量评查要点及方法

案件质量评查是案件管理的关键抓手，通过质量检测的方式对已办理的案件进行全面审视，开展正面、负面双向评价，既有助于择优选取优秀办案示例，又有助于通过负面评价的方式发现办案实践中的不足。构建行刑反向衔接案件质量评查体系，应做到充分体现案件精细化管理，实现案件质量评查工作的纠错、规范、导向、评价功效。[①]

一、行刑反向衔接案件质量评查要点

结合《人民检察院行刑反向衔接工作指引》，行刑反向衔接工作的评查要点应主要聚焦于受理、审查、结案三大方面。按照宏观到微观的顺序，笔者将要点总结为十点。具体如下：

1. 审查终结报告及检察意见书、终结审查决定书中所体现的过罚相当情况，包括但不限于可处罚性的审查方式、最终处罚结果、终结审查的理由等。尤其是对于行政检察部门与刑检部门存在是否给予行政处罚意见分歧的案件，需根据《人民检察院行刑反向衔接工作指引》第 14 条规定的行政检察工作部门说明不采纳刑检意见的理由，重点审查行政检察工作部门的说理是否合法、充分。

2. 案件来源。刑事检察部门是否将不起诉案件及时移送行政检察部门。此要点的负面评价应由刑检部门承担，可在评查发现的问题及完善方法中对刑事检察部门提出工作改进建议。

3. 是否进行了必要的调查核实。对于确需调查核实的情形，行政检

---

① 参见于珍、孙丽雁：《检察机关案件质量评查机制的完善方略》，载《人民检察》2017 年第 20 期。

察部门应全面、充分开展调查核实，以期查清违法事实，便于客观审查可处罚性。评查采取了何种调查核实措施，取得了怎样的效果。

4. 召开检委会、磋商会、听证会、听取意见以及案件汇报等，评查评议意见或听取的意见起到了哪些作用，听取意见的途径取得了怎样的效果。

5. 可处罚性的情况。包括判断可处罚性的事实依据是否清楚、法律适用是否正确；提出具体意见的行政法律法规依据是否正确、接收检察意见的行政主管机关是否具备管辖权、是否符合处罚时效及溯及力。

6. 办案是否遵守中止审查、延长审查期限相关规定，是否存在无理由超期限办案情况，是否按照规定进行送达及抄送。

7. 审查报告、检察意见书、终结审查决定书的撰写及审批是否符合规定，包括是否载明法定内容、回复期限载明是否正确、审批流程是否符合规定权限等。

8. 检察意见书送达后行政主管机关的回复情况、检察机关的跟踪督促情况。审查行政机关的回复情况包括采纳意见情况及作出行政处罚情况。检察机关的跟踪督促包括是否进行跟踪督促以及相应的理由是否正确。

9. 落实司法办案风险评估、"三个规定"情况。

10. 其他与办案实现"三个效果"有关的情况。

二、行刑反向衔接案件质量评查方法

行刑反向衔接案件的办理需要刑事检察部门和行政检察部门通力协作，在案件质量评查方法上亦应博采众长，运用多元化手段激发检察机关内部协作、有序管理的动能。

（一）树立案件质量评查的原则

案件质量评查工作是司法工作的重要组成部分，承担着实现司法公平正义的重任，在确定案件质量原则时应从目标导向、功能导向两方面入手。

从目标导向角度来看，行刑反向衔接案件质量评查系为了进一步规范办案过程、促进罚当其错，保障司法的公正统一。在质量评查工作中需秉持全面、客观原则。开展案件评查工作时应聚焦于案件本身，重点审查违法行为的可处罚性，对于不同检察业务部门的意见分歧要理性看待，以求真务实的态度全面审查案件事实，判断处罚必要性，合法合理地提出对案件处理不当之处的疑问，便于进一步复核相关案件。

从功能导向角度来看，行刑反向衔接案件质量评查能够发挥通过其他主体监督审查的方式、发现办案中存在问题的作用，能够有效保障案件的正确办理。在质量评查工作中应秉持依法高效的原则，认真详实地开展案件评查，应避免"蜻蜓点水"式地表面评查，需带着发现问题的眼光去审视案件办理的每一处关键节点，达到指出问题以促纠正、发现先进以供学习的功效，坚持问题导向与正向激励相结合。

（二）明确案件质量评查的主体

案件质量评查主体问题包括明确牵头组织及人员构成。在司法实践中，有检察官主张单独设立案件质量评查机构，避免职能分散导致的效率低下等问题。[①] 目前，大部分检察机关内部暂未设置专门的案件质量评查部门，而是根据检察院的实际人员及机构组成情况，将案件质量评查业务设置于案管等部门负责。

行刑反向衔接工作涉及的业务丰富多元，既包括检察机关传统业务刑事检察的知识，又包括行政执法的相关专业知识，对于案件质量评查主体的专业性提出较高要求。员额检察官具备担任案件质量评查员的资格和责任，建议由案管部门牵头，联合业务部门、检务督察部门等组成

---

① 参见莫孙华、周恺：《完善案件质量评查机制初探》，载《人民检察》2012年第20期。

案件质量评查组织，统一安排调配，按照要求承担和完成所分配的案件质量评查任务，检察官助理可以协助检察官开展案件质量评查工作。需要注意的是，在人员的选用和分配中应当注意回避原则，对于检察官本人办理、审核审批的案件以及其他与本人或者近亲属有利害关系的案件，参与评查的检察官和检察官助理应当回避。此外，上级院可以不定期组织开展专项评查，通过使用常规抽查、交叉评查等方式，实现评查工作的有序开展。

（三）细化案件质量评查的流程

首先，应当明确案件质量评查的频率、案件抽取方式、重点评查案件范围等基础事项。对于重点评查案件，应当做到逐案评查。关于行刑反向衔接的重点评查案件，可以从行政检察部门、刑事检察部门存在意见分歧的案件、可处罚性存在争议的案件、召开听证会或检委会等案件入手。

其次，应当细化案件质量评查的程序，包括选取被评查案件、调阅案件卷宗材料及向办案人员了解相关情况、提出具体评查意见、由检察长或检委会审定评查结果、向办案人员反馈评查结果等。在确有必要的情况下，也可以邀请人大代表、政协委员、人民监督员等对案件评查工作提出建议，通报相关情况。

此外，对于拟认定为瑕疵案件的情形，应当充分听取被评查案件承办人的意见。被评查案件承办人提出异议的，评查组织部门应当及时审核处理。对于评查人认为异议不成立的情形，应当将相关情况及理由及时报请检察长或检委会决定。对于存在巨大争议的案件，可以听取行政主管机关的意见，力求行刑反向衔接案件的处理做到公平正义。

（四）运用案件质量评查的结果

对于案件质量评查的结果应当及时进行正向激励和负面评价。将优秀案件、优秀文书定期进行发布，可以通过发布典型案例等方式推广先进经验和做法。对于瑕疵案件或不合格案件，除了依据司法责任制等相关规定追究相应的办案责任，还需要对案件评查工作中发现的普遍性、突出性问题进行专项总结通报，旨在总结司法实践的办案共性不足之处，深入分析问题的成因、完善对策，精进行刑反向衔接的办理流程和业务管理，引导行刑反向衔接办案人员正确办理案件，更好地发挥行刑反向衔接的制度作用。

第三节　案件立卷归档

案件卷宗档案能够直观地反映案件办理的全过程，是实现案件管理的重要抓手和有形载体，《人民检察院行刑反向衔接工作指引》亦对立卷归档工作进行了相关规定。结合《档案法》及其他行政检察业务的立卷归档要求，现对行刑反向衔接案件的立案归档要求予以归纳总结。

一、行刑反向衔接案件立卷归档要点

行刑反向衔接案件立卷归档的要点应当与办案流程紧密相关。结合现行的办案关键节点及相应文书要求，行刑反向衔接案件的立案归档要点应包括以下内容：

1. 《行刑反向衔接案件移送表》。该表格由 2.0 办案系统自动生成，是每一个行刑反向衔接案件的来源证明，与电子系统中"案件来源"的案卡相对应。

2. 刑事检察部门的《不起诉决定书》、刑事案件审查报告及相关材料。该部分立卷归档内容的来源系由刑事检察部门移送，能够表现刑事审查的相关内容，应当齐全、规范。

3. 行政检察部门调查核实的相关证据材料。对于调查核实的相关案件，应当将调查核实的相关证据材料、流程文书等进行立卷归档。

4. 行政检察部门听取行政机关意见的材料。对于提前听取行政机关意见的案件，如果系书面听取意见，需将相关证明材料立卷归档。

5. 行政检察部门召开磋商会、公开听证会、提请案件至检察委员会审议的相关材料。此类材料能够直观地反映案件争议、关键点的审查过程，使得案件卷宗更为翔实。

6. 行政检察部门的讨论案件笔录。

7. 行政检察部门的案件审查终结报告。

8. 行政检察部门的结案文书及相关审批材料，包括终结审查决定书、检察意见书或移送案件的《行刑反向衔接案件移送表》。

9. 文书的送达回证。

10. 行政主管机关的回复函、行政处罚决定书。

11. 跟踪督促的相关材料。此类材料系对于开展跟踪督促案件的立卷归档要求，对于未开展跟踪督促的案件，则无须对此部分进行归档。

12. "三个规定"逐案报告的材料。

13. 逐案备考表。

需要注意的是，对于"三个规定"逐案报告的相关材料、备考表应由相关办案人员、主管领导亲自签字确认，不得由某一份文件中统一签字后复印至其他案件卷宗。此外，对于与办案过程紧密相关的材料，应当立卷归档至相应的位置。

二、行刑反向衔接案件电子卷宗

相较于其他检察业务办案而言，行刑反向衔接案件的刑事证据材料是办案的直接、主要证据来源，在部分案件中也是唯一证据来源，如果将刑事证据材料的侦查卷宗、刑事文书卷宗全部立卷归档至行刑反向衔接案件的纸质卷宗，则与刑事案件的立卷归档内容毫无区分，且会加大行政检察部门的整卷工作负担，但从电子卷宗的共享和链接角度来看，仅需从 2.0 办案系统的"已接收案件"模块，便可以看到行刑反向衔接案件相对应的所有刑事案件卷宗，从办案便捷性和证据全面性的角度来讲，行刑反向衔接案件的卷宗全面实现电子化具有必要性。

电子卷宗的生成、流转、存储、保障均需要有完善的配套机制。在电子卷宗的管理问题上，一方面，应当为行刑反向衔接案件配备齐全的电子文书，使办案人员能够在系统文书库中检索到所有需要使用的制式电子文书，并且将电子文书模板制定特定的命名和排序规则，保障电子卷宗的完整性、规范性；另一方面，在案件另行移送等场景下，电子卷宗的流转及共享应当坚持在确有必要的情况下依法进行，在办案系统中配置相应的节点提示，既要确保办案人员及时获知相关案卷内容信息，又要保障数据流转的安全。

下 编

行刑反向衔接实践

第十二章　交通类案件行刑反向衔接

随着经济社会的发展，我国居民机动车保有量不断上升，因违反道路交通安全法规引发的交通肇事案件越来越多。醉驾入刑后，危险驾驶案件数量更是常年位居刑事案件榜首①，这两类案件在检察机关不起诉案件中占有"半壁江山"。与此同时，抢夺方向盘、殴打公交司机、"车闹"等行为多发，涉及妨害安全驾驶罪。这些交通类案件中的违法行为，轻则危害驾乘人员人身、财产安全，重则危及行人、公共设施安全，涉及公共安全，有必要发挥行刑一体化的治理功能。

第一节　交通类案件行刑反向衔接概述

一、交通类案件主要罪名和行政违法情形

交通类刑事案件的主要罪名有：（1）危险驾驶罪（《刑法》第133条之一），涵盖醉酒驾驶、追逐竞驶、严重超载超速、违规运输危险化学品等行为；（2）交通肇事罪（《刑法》第133条），指违反交通运输管理法规造成重大事故（致人重伤、死亡或重大财产损失）的行为；（3）以危险方法危害公共安全罪（《刑法》第114条、第115条），适

---

① 参见孙运利：《醉驾型危险驾驶罪的适用困境与重构》，载《山东警察学院学报》2023年第2期。

用于极端危险驾驶行为，如高速逆行、冲撞人群等；（4）妨害安全驾驶罪（《刑法》第133条之二），指对行驶中的公共交通工具驾驶人员使用暴力或抢控驾驶操纵装置，干扰交通工具正常行驶，危及公共安全的行为。需注意的是，因妨害安全驾驶罪可视为以危险方法危害公共安全罪的特别条款，当妨害驾驶的行为达到与放火、爆炸等相当的公共危险程度时，可能同时触犯两罪，此时依"从一重罪处罚"原则处理①。两罪的核心区别在于行为危险性与危害结果的严重程度，妨害安全驾驶罪是特定情境下的罪名，而以危险方法危害公共安全罪则作为兜底条款，适用于更广泛的危险行为。

以江苏省南京市为例，2021年，南京全市两级检察院共办理相对不起诉案件1171件，其中危险驾驶罪452件，排名第一，占比38.6%；交通肇事罪案件81件，排名第三，占比6.92%。2022年，全市共办理相对不起诉案件2025件，其中危险驾驶罪案件862件，排名第一，占比42.6%；交通肇事罪案件为143件，排名第四，占比7.06%。2023年，全市共办理相对不起诉案件1333件，其中危险驾驶罪案件530件，排名第一，占比39.8%；交通肇事罪案件87件，排名第四，占比6.53%。危险驾驶和交通肇事两类案件是相对不起诉案件中的主要类型。2023年12月13日最高人民法院、最高人民检察院、公安部、司法部联合制定下发的《关于办理醉酒危险驾驶刑事案件的意见》实施后，涉嫌危险驾驶罪相对不起诉案件数量有了大幅下降。仅2024年1月至6月，全国检察机关对危险驾驶罪相对不起诉1.5万人，同比下降84.9%。②但不可否认，危险驾驶罪与交通肇事罪仍然是交通类案件的主要罪名。

交通类行政违法行为主要表现在三个方面：一是驾驶行为违法，如

---

① 参见最高人民法院、最高人民检察院、公安部《关于依法惩治妨害公共交通工具安全驾驶违法犯罪行为的指导意见》。

② 参见《上半年危险驾驶罪相对不起诉1.5万人，同比下降84.9%》，载澎湃新闻网，https://www.thepaper.cn/newsDetail_forward_28321559，最后访问时间：2025年3月21日。

酒后驾驶、无证驾驶、超速、闯红灯等；二是车辆管理违法，如车辆未年检、非法改装、超载超限等；三是事故责任行为，如事故逃逸、未履行救助义务等。涉及的行政法律规范主要包括《道路交通安全法》《道路交通安全法实施条例》《道路交通安全违法行为处理程序规定》等。常见处罚类型包括罚款、暂扣或吊销驾驶证以及行政拘留。

二、交通类案件行刑反向衔接工作基本情况

从行刑反向衔接工作实践来看，检察机关与公安交管部门对一些问题的理解不一致。例如，对交通肇事罪相对不起诉案件的被不起诉人是否吊销机动车驾驶证的问题，根据《道路交通安全法》第101条第1款的规定，违反道路交通安全法律、法规的规定，发生重大交通事故，构成犯罪的，依法追究刑事责任，并由公安机关交通管理部门吊销机动车驾驶证。对此，一种意见（多为公安机关）认为，根据公安部《道路交通事故处理程序规定》第82条规定，必须在人民法院作出有罪判决后公安机关交管部门才能吊销机动车驾驶证。另一种意见（多为检察机关）认为，检察机关的相对不起诉决定也是认定构成犯罪的依据，应当吊销机动车驾驶证。从江苏情况来看，13个设区市中有苏州等4个市院移送公安机关，其他市院一般不移送。南京地区的公安机关均未对肇事者进行吊销驾驶证的行政处罚，部分区院经与公安机关沟通后，此类案件未制发检察意见；部分区院虽制发了给予行政处罚的检察意见，但公安机关也未采纳检察机关要求吊销驾驶证的意见。此类案件若不吊销，会存在二次肇事的可能。

【案例12-1：祝某某交通肇事案】

2013年12月，祝某某驾驶重型自卸货车行驶至某路口，在右转弯过程中将同方向行驶的电动自行车驾驶人徐某撞倒，致徐某当场死亡。2014年3月，祝某某因涉嫌交通肇事罪被公安机关移送审查起诉，后检察机关作出不起诉决定，公安机关未对其驾驶证进行吊销。2020年3

月，祝某某再次驾驶重型自卸货车行驶至某路口右转时，将同方向行驶的驾驶电动自行车的邱某某撞倒后碾压，致邱某某当场死亡。后检察机关起诉后，公安机关吊销了其驾驶证。

本案中，祝某某在首次交通肇事不起诉后，因公安机关未能及时吊销其驾驶证，使其可以继续驾驶重型自卸货车，造成了二次事故的发生。其两次交通肇事均造成重大交通安全事故，且肇事原因均因右转弯时疏于观察，从而导致人员伤亡。两次交通肇事案件均为南京市某区公安机关办理。可见，认识的不一致产生的不仅是理论争议，更有现实危害，这些问题亟待讨论解决。

第二节　交通类案件行刑反向衔接重点问题

一、交通肇事案反向衔接

（一）吊销机动车驾驶证问题

公安机关普遍认为，对于人民检察院作出不起诉决定的交通肇事案件，由于被不起诉人未被法院判决有罪，吊销其驾驶证无法律依据①。这种观点认为，根据《道路交通安全法》第 101 条第 1 款规定："违反道路交通安全法律、法规的规定，发生重大交通事故，构成犯罪的，依法追究刑事责任，并由公安机关交通管理部门吊销机动车驾驶证"，即肇事者的交通肇事行为需"构成犯罪"并且"依法追究刑事责任"后，才能由公安机关交管部门吊销其驾驶证。而对于"构成犯罪"的认定，这种观点认为根据《刑事诉讼法》第 12 条规定："未经人民法院依法判

---

① 参见刘俊祥、葛恒万：《对交通肇事犯罪后行政处罚行为的检察监督——兼论驾证监管相关法规存在的分歧与解决路径》，载《中国检察官》2013 年第 11 期。

决，对任何人都不得确定有罪"，以及公安部《道路交通事故处理程序规定》第 82 条"对发生道路交通事故构成犯罪，依法应当吊销驾驶人机动车驾驶证的，应当在人民法院作出有罪判决后，由设区的市公安机关交通管理部门依法吊销机动车驾驶证"、《道路交通安全违法行为处理程序规定》第 51 条"处以吊销机动车驾驶证的，应当自违法行为人接受处理或者听证程序结束之日起七日内作出处罚决定，交通肇事构成犯罪的，应当在人民法院判决后及时作出处罚决定"的规定，即应当有人民法院的有罪判决才能认定肇事者"构成犯罪"，进而进行后续吊销驾驶证的行政处罚。交通肇事不起诉案件中并不存在人民法院的有罪判决，而检察机关的不起诉决定书不能等同于法院的"有罪判决"，因此不起诉案件不符合吊销机动车驾驶证的前提条件，公安机关吊销被不起诉人的驾驶证于法无据。

检察机关则普遍认为，交通肇事相对不起诉案件中，公安机关应当对被不起诉人进行吊销驾驶证的行政处罚。[①] 理由包括：（1）相对不起诉案件本身就是"构成犯罪"的案件。《刑法》第 37 条规定："对于犯罪情节轻微不需要判处刑罚的，可以免予刑事处罚，但是可以根据案件的不同情况，予以训诫或者责令具结悔过、赔礼道歉、赔偿损失，或者由主管部门予以行政处罚或者行政处分。"《刑事诉讼法》第 177 条第 2款规定："对于犯罪情节轻微，依照刑法规定不需要判处刑罚或者免除刑罚的，人民检察院可以作出不起诉决定。"根据上述法律规定，人民检察院对案件进行相对不起诉的前提是"犯罪情节轻微，依照刑法规定不需要判处刑罚的，可以免于刑事处罚"，即被不起诉人本身构成犯罪，只是由于无判处刑罚必要，人民检察院可以作出不起诉决定。相对不起

---

① 参见尹群：《交通肇事相对不起诉后应当吊销驾照》，载《江苏法治报》2023年 11 月 2 日。

诉在法理上仍然宣示了被不起诉人行为的犯罪性，构罪但不罚①。具体到交通肇事案件中，检察机关作出相对不起诉决定，意味着肇事者的交通肇事行为已构成交通肇事罪。（2）"有罪判决"并非"吊销驾驶证"的前提。将《道路交通安全法》第101条第1款解读为"构成犯罪+依法追究刑事责任"是"吊销驾驶证"的前提，属于对条文的曲解。从条文表述上看，《道路交通安全法》第101条第1款的"构成犯罪""追究刑事责任"与"吊销驾驶证"之间是并列关系，无论交通肇事行为是否"构成犯罪"，均不妨碍公安交管部门作出吊销驾驶证的行政处罚。检察机关作出的不起诉决定，只是免除了肇事者的刑罚责任，并不能免除行政责任，"不刑"不代表"不罚"。如果捆绑式地理解"构成犯罪且依法追究刑罚责任"是"吊销驾驶证"的前提条件，不仅曲解了法律条文本身的含义，也违背了行刑反向衔接制度设置的初衷。《道路交通安全法》第101条规定的解释逻辑应该是，当肇事者的行为"违反道路交通安全法律、法规的规定，发生重大交通事故"时会导致两个后果：一是构成犯罪的，依法追究刑事责任；二是无论是否构成犯罪，均由交管部门吊销其驾驶证。公安部制定的《道路交通事故处理程序规定》和《道路交通安全违法行为处理程序规定》是《道路交通安全法》的下位法，当规范间存在不一致时，应当适用上位法的规定。

除上述两种主要观点，也有观点认为，是否应当吊销驾驶证，尚需立法明确，目前暂不适宜对交通肇事相对不起诉案件的被不起诉人发出吊销驾驶证的检察意见。理由如下：（1）检察机关的相对不起诉决定不能等同于法院的"有罪判决"，在法律依据尚不明确的情况下，不宜贸然发出检察意见。《刑事诉讼法》第12条明确规定只有人民法院才有定罪权，相对不起诉案件中检察机关是否有权认定行为人"构成犯罪"，司法实践中尚存在较大争议。检察机关对此类案件是否需要发出吊销驾

---

① 参见李翔：《论微罪体系的构建——以醉酒驾驶型危险驾驶罪研究为切入点》，载《政治与法律》2022年第1期。

驶证的检察意见应当慎重考虑。① （2）"犯罪情节轻微"中的"犯罪"不能理解为对行为人进行定罪，而应当视为检察机关在经过对案件情节、证据的审查后，确定嫌疑人行为符合刑法规定的某一罪名的构成要件，但该认定并不能就此理解为有罪处理。即使检察机关起诉到法院，行为人也可能被判决无罪。对行为人作出不起诉决定也意味着行为人没有犯罪记录存在，自然不能将行为人定义为构成犯罪。因此，检察机关的相对不起诉决定不能代表行为人"构成犯罪"。（3）吊销驾驶证毕竟属于资格罚，应当谨慎行使该处罚权。部分相对不起诉案件中，驾驶证可能是行为人赖以生存的基础和保障，例如出租车司机、大货车司机等。因此，对于交通肇事的犯罪嫌疑人吊销驾驶证还是应当持谨慎态度，检察机关发出吊销驾驶证的检察意见还是要有充足的法律依据来支撑，否则容易引发新的社会矛盾。

综合以上观点，目前关于交通肇事相对不起诉案件是否应当吊销驾驶证的问题，主要争议点在于：一是"构成犯罪"是否是交通肇事案件作出吊销驾照行政处罚的前提条件；二是检察机关的相对不起诉决定是否能够作为认定行为人"构成犯罪"的依据，即检察机关是否有权认定某一行为"构成犯罪"。

笔者认为，应当对交通肇事案件的被不起诉人进行吊销驾驶证的行政处罚，否则会导致行为和责任明显不相适应情况。"构成犯罪 + 追究刑事责任"与"吊销驾驶证"为并列关系，前者并非后者的前提。

从对法律的体系解释来看，公安机关对于《道路交通安全法》第101 条的理解可能源于原《道路交通事故处理办法》（中华人民共和国国务院令第89 号，现已失效）第23 条，该条规定"造成交通事故构成交通肇事罪的，依法追究刑事责任；需要对机动车驾驶员追究刑事责任的，应当吊销机动车驾驶证"，该条文对交通肇事的刑事责任、行政责

---

① 参见刘岳、李诗江：《相对不起诉适用条件与法律意义》，载《检察日报》2018 年4 月20 日，第3 版。

任各用一句话进行了规定，适用两种责任的条件也写得很明确，即构成犯罪的追究刑事责任，追究了刑事责任的则吊销驾驶证。但此种解释方法不能适用于对《道路交通安全法》第101条的理解，以该法第91条关于饮酒、醉酒驾驶机动车的条款为例，第91条第2款规定："醉酒驾驶机动车的，由公安机关交通管理部门约束至酒醒，吊销机动车驾驶证，依法追究刑事责任；五年内不得重新取得机动车驾驶证"，即醉酒驾驶就应当吊销驾驶证，同时追究刑事责任。该条第5款规定："饮酒后或者醉酒驾驶机动车发生重大交通事故，构成犯罪的，依法追究刑事责任，并由公安机关交通管理部门吊销机动车驾驶证，终生不得重新取得机动车驾驶证。"如果按照公安机关对该法第101条的理解，醉酒驾驶机动车发生重大交通事故，如未经过有罪判决则不能吊销驾驶证，造成的结果就是醉酒驾驶机动车应当先行吊销驾驶证，而醉酒驾驶机动车发生重大交通事故反而不一定会被吊销驾驶证，明显自相矛盾。因此，"追究刑事责任"和"吊销驾驶证"属于并列关系才是合理的。

关于检察机关是否有权认定犯罪的争议源于人们对立法的理解不同。根据《刑法》第37条、《刑事诉讼法》第177条的条文所述，相对不起诉是行为构成犯罪的前提下，只是因情节轻微不需要判处刑罚，赋予检察机关对部分刑事案件认定构罪但不给予刑罚处罚的权力。《刑事诉讼法》第12条又明确规定"未经人民法院依法判决，对任何人都不得确定有罪"，这属于审判权的实体性定罪。检察机关的相对不起诉是一种程序上的处理权，是对构成犯罪但情节轻微的案件，不向法院提起公诉而"终止程序"，所以德国的不起诉称为程序终止。这种程序终止是奉行起诉便宜主义的世界各国的通行做法。吊销驾驶证、从业禁止等非刑罚措施本身就是不起诉的配套后果，二者并不矛盾。

【案例12-2：高某交通肇事案】

2017年12月，高某驾驶小型轿车行驶过程中，与横过人行横道的行人孙某发生碰撞，致孙某倒地，后范某驾驶车辆经过该处时又与孙某发生碰撞，致孙某受伤。事故发生后，高某驾车逃逸，后经认定：高某负本次事故主要责任，范某负次要责任，孙某不承担责任。2019 年 3 月 22 日，当地检察机关对高某作出不起诉决定，2019 年 3 月 26 日，检察机关向公安机关建议给予高某行政处罚。高某对处罚决定不服，提起行政诉讼。

法院作出行政生效判决，认为《道路交通安全法》第 101 条第 1 款中的"构成犯罪"是一种客观存在的事物和现象，只要违法行为符合刑法所规定的犯罪构成要件即构成犯罪，法院生效判决是确定有罪的依据，并不是构成犯罪判断的依据。本案中，高某驾驶机动车发生交通事故，致受害人孙某重伤二级，在该事故中负有主要责任且肇事后逃逸，符合交通肇事罪构成要件。后因高某认罪悔罪态度良好且与受害人达成和解，检察机关作出不起诉决定，虽然免除其刑事处罚，但构成交通肇事罪的事实客观存在，依据上述规定不能免除其行政处罚。

从行为与责任相适应的角度看，醉酒驾驶作为危险犯尚且吊销驾照，交通肇事作为实害犯，危害后果更严重，更应当予以吊销驾照的行政处罚。根据《刑法》第 133 条及最高人民法院《关于审理交通肇事刑事案件具体应用法律若干问题的解释》的规定，交通肇事罪成立的前提是发生重大事故，致人重伤、死亡或者致使公私财产遭受重大损失，即已经造成严重危害后果；而醉酒危险驾驶类案件则属于抽象危险犯，只要行为人血液酒精含量达到一定标准即构成犯罪，并不要求造成危害后果。根据 2023 年 12 月 23 日施行的最高人民法院、最高人民检察院、公安部、司法部《关于办理醉酒危险驾驶刑事案件的意见》第 20 条规定，血液酒精含量达到 80 毫克/100 毫升，公安机关即应当在不予立案、撤销案件或移送审查起诉前，先行吊销行为人驾驶证。根据举轻以明重的原则，公安机关也应当在交通肇事罪案件移送审查起诉前先行吊销驾驶证，实现罚当其责①。相对不起诉制度是为适应宽严相济刑事政策要求而设立的，它不是行政责任的免除制度，否则无异于扩大了不起诉制度的适用范围，削弱了对违法行为的打击力度。

从司法实践来看，已有部分省份的公安机关对此制定了明确的指导意见，有效消除了实践争议。例如，2022年3月7日，山西省公安厅交通管理局制定的《关于对人民检察院作出不起诉决定的交通肇事驾驶人是否吊销驾驶证的回复》明确规定，对于发生重大交通事故构成犯罪，人民检察院作出"有罪不诉"决定，但是依据《刑事诉讼法》第177条第3款的规定，提出对被不起诉人需要给予行政处罚检察意见的，应当吊销机动车驾驶证，并将处理结果及时通知人民检察院。这无疑为其他地区的司法实践提供了有益借鉴。

需要说明的是，虽然我们认为应当给予被不起诉的交通肇事行为人吊销驾驶证的行政处罚，但能否与公安交管部门达成共识，尚需各地检察机关的努力，引导公安交管部门转变理念。下文所述的案件可供参考。

【案例 12 - 3：周某交通肇事案】

2022年8月27日3时许，周某驾驶一辆小型轿车行驶至某路段时，因观察疏忽，从后方撞击到前方同向步行的行人冯某某，造成冯某某受伤及车辆受损的道路交通事故。事发后，周某驾车逃逸。路人发现受伤倒地的冯某某后报警，民警至现场处置，冯某某被送至医院救治。同日19时许，周某主动至当地派出所投案，归案后如实供述了上述主要犯罪事实。经鉴定，冯某某因交通事故致颈部脊髓损伤，目前遗留截瘫（双下肢肌力0级）及双手部分功能障碍、脾破裂伤行脾切除术、肝挫伤行肝修补术后均构成重伤二级；其C5、C6椎体骨折、左侧胫腓骨干骨折、

---

① 参见黄雁南：《交通肇事罪犯罪嫌疑人被不起诉后能否吊销其机动车驾驶证?》，https：//www. jsjc. gn/qingfengyuan/202308/t20230811_1539051. shtml，2024年10月9日访问。

左内踝骨折，骨折线累及关节面均构成轻伤一级；其蛛网膜下腔出血、左足跟骨、舟状骨骨折均构成轻伤二级。经公安交管部门认定，周某承担此事故全部责任，冯某某不承担此事故责任。案发后，周某垫付了冯某某的医疗费并另支付了 10 万元补偿款，此后双方在法院达成了《民事调解书》，约定周某赔偿冯某某因本起交通事故造成的各项损失共计 2705000 元。冯某某对周某的行为表示了谅解。检察机关依法对周某作出相对不起诉决定。

当地公安交管部门开始秉持应当在法院判决后吊销交通肇事行为人驾驶证的观点，后上级公安交管部门在工作检查中注意到，这个案件中被害人受伤严重、赔偿数额较大，不吊销驾驶证不足以惩戒违法行为人，故主动向检察机关提出，今后检察机关所有的交通肇事不起诉案件，反向衔接中均吊销行为人驾驶证。

（二）逃逸问题

逃逸情节在刑事案件和行政案件中的评价方式不同。在刑事处理中，逃逸既可能构成交通肇事罪的入罪情节，也可能构成加重量刑情节。而在行政处理中，逃逸是一种独立的交通违法行为，有单独的法律责任条款进行处罚。具体来说，《道路交通安全法》有两个条款直接涉及逃逸的法律责任。其一是《道路交通安全法》第 99 条，该条规定造成交通事故后逃逸，尚不构成犯罪的，由公安机关交通管理部门处 200 元以上 2000 元以下罚款，可以并处 15 日以下拘留。该条规定的是对逃逸的罚款、拘留处罚，适用中没有太大争议。其二是《道路交通安全法》第 101 条，对该条的理解存在争议。该条第 1 款规定，违反道路交通安全法律、法规的规定，发生重大交通事故，构成犯罪的，依法追究刑事责任，并由公安机关交通管理部门吊销机动车驾驶证。第 2 款规定，造成交通事故后逃逸的，由公安机关交通管理部门吊销机动车驾驶证，且终生不得重新取得机动车驾驶证。该条规定的是对逃逸的吊销驾驶证、终身禁驾处罚，实践中争议的核心问题是第 1 款和第 2 款的关系，即第 2 款规定的吊销驾驶证和终身禁驾的处罚，是否以构成第 1 款的交通肇事罪为前提条件。

一种观点认为，对逃逸作出吊销驾驶证和终身禁驾的处罚，前提条件是构成交通肇事罪。理由为：《道路交通安全法》第 101 条是对构成犯罪的案件中的逃逸情节给予行政法律责任的条款，对该条第 1 款和第 2 款应作整体理解；而《道路交通安全法》第 99 条是不构成犯罪①的逃逸情节的行政责任条款。按照这种理解，交通肇事罪反向衔接中，只能依据第 101 条第 2 款给予逃逸人吊销驾驶证和终身禁驾的处罚，不能给予罚款、拘留的处罚。

另一种观点认为，对逃逸作出吊销驾驶证和终身禁驾的处罚，不以构成交通肇事罪为前提。理由为：《道路交通安全法》第 101 条的两款规定对"交通事故"的表述不同，反映出立法目的不同。第 1 款表述为"发生重大交通事故，构成犯罪"，这一表述与《刑法》第 133 条的表述一致，意为构成交通肇事罪。而第 2 款表述为"造成交通事故"，没有区分一般交通事故还是重大交通事故，说明第 2 款不以构成交通肇事罪为前提。按照这种理解，交通肇事罪反向衔接中，既能依据第 101 条第 2 款给予逃逸人吊销驾驶证和终身禁驾的处罚，也能同时依据第 99 条给予罚款、拘留的处罚。

笔者认为，《道路交通安全法》第 101 条第 1 款和第 2 款的表述存在明显区别，超越法条字面含义作出解释不妥。造成交通事故的行为既包括构成犯罪的情形，也包括尚不构成犯罪的情形，只要行为人造成交通事故后逃逸，无论该行为是否构成犯罪，公安机关交通管理部门都应

---

① 这里的"犯罪"不仅包括交通肇事罪，也包括危险驾驶罪等犯罪。参见全国人大常委会法制工作委员会刑法室编著：《〈中华人民共和国道路交通安全法〉释义及实用指南》，中国民主法制出版社 2012 年版，第 243 页。

当吊销其机动车驾驶证，而且该行为人终生不得重新取得机动车驾驶证①。虽然第 1 款是有关交通肇事犯罪的问题，但第 2 款所述的逃逸问题，与第 1 款并不冲突。对逃逸行为人同时适用该法第 99 条与第 101 条第 2 款不违反"一事不二罚"原则，因为这个条款规定的处罚种类不同。与之类似，对"机动车行驶超过规定时速百分之五十的"违法行为，第 99 条第 1 款规定了罚款处罚，第 2 款规定了吊销驾驶证的处罚，两款可以同时适用，这也印证了前述观点。

二、危险驾驶案反向衔接

（一）醉酒驾驶与饮酒驾驶的关系

醉酒驾驶与饮酒驾驶的关系问题是指对醉酒型的危险驾驶罪行为人作出相对不起诉决定后，能否按照《道路交通安全法》第 91 条第 1 款饮酒驾驶的规定作出行政处罚？如果第 91 条第 1 款可以适用，是否同时适用第 91 条第 2 款醉酒驾驶吊销驾驶证的处罚？

有观点认为，既然行为人已经达到醉酒驾驶程度，即使对其不起诉，也应按醉酒驾驶的法律责任条款吊销行为人的机动车驾驶证，而不能降格按照饮酒驾驶机动车进行处罚。据此，以往的司法实践中，很多检察机关仅建议公安交管部门给予吊销机动车驾驶证的行政处罚，这样就导致对醉驾型危险驾驶罪的被不起诉人的行政处罚轻于普通饮酒驾驶违法行为人。

鉴于此，不管是从行为严重程度与法律责任相适应的角度，还是从构建行政执法与刑事司法相互衔接的科学治理醉驾体系层面考虑，均应

---

① 参见全国人大常委会法制工作委员会刑法室编著：《〈中华人民共和国道路交通安全法〉释义及实用指南》，中国民主法制出版社 2012 年版，第 251 页。

调整过去的做法①。"两高两部"于 2023 年 12 月 13 日联合制定下发《关于办理醉酒危险驾驶刑事案件的意见》,其中第 20 条规定:"醉驾属于严重的饮酒后驾驶机动车行为。血液酒精含量达到 80 毫克/100 毫升以上,公安机关应当在决定不予立案、撤销案件或者移送审查起诉前,给予行为人吊销机动车驾驶证行政处罚。根据本意见第 12 条第 1 款处理的案件,公安机关还应当按照道路交通安全法规定的饮酒后驾驶机动车相应情形,给予行为人罚款、行政拘留的行政处罚。人民法院、人民检察院依据本意见第 12 条第 1 款、第 13 条处理的案件,对被不起诉人、被告人需要予以行政处罚的,应当提出检察意见或者司法建议,移送公安机关依照前款规定处理。公安机关应当将处理情况通报人民法院、人民检察院。"笔者认为,这一规定明确了以下三个问题:(1)公安机关在移送审查起诉前,应当依职权吊销醉驾行为人的机动车驾驶证。如果反向衔接审查时发现公安机关未吊销驾驶证的,行政检察部门应当在检察意见书中予以明确,建议公安机关依法吊销。如果在多起案件中发现公安机关均未在移送审查起诉前吊销驾驶证,可以考虑制发类案检察建议,建议公安机关改进工作。(2)无论是该意见第 12 条规定的法定不诉,还是第 13 条规定的相对不诉,只要醉酒驾驶的事实可以确定,公安机关均应按照道路交通安全法规定的饮酒后驾驶机动车相应情形,给予行为人罚款、拘留的行政处罚。这一规定明确了"醉驾属于严重的饮酒后驾驶机动车行为"②,对醉酒驾驶行为人按照饮酒驾驶进行行政处罚,不属于"降格处理"。检察机关应当在检察意见中对罚款、拘留予以明确,促进公安机关交通管理部门对醉酒危险驾驶行为人的行政处罚更加到位。(3)公安机关应将处理情况通报人民检察院。检察机关制发

① 参见李睿懿、李晓光、曾琳:《〈关于办理醉酒危险驾驶刑事案件的意见〉的理解与适用》,载《人民司法》2024 年第 13 期。

② 曹红虹、杨先德:《"两高两部"〈关于办理醉酒危险驾驶刑事案件的意见〉的理解与适用》,载《人民检察》2024 年第 3 期。

检察意见后，公安机关未及时对醉酒驾驶行为人进行罚款、拘留处罚，或进行了处罚但未向检察机关回复的，检察机关有权进行行政违法行为监督。

（二）追逐竞驶类危险驾驶

机动车驾驶人员出于"路怒"斗气，或为了炫技、竞技、追求刺激等动机"飙车炸街"，在道路上超速行驶、追逐竞驶、频繁穿插变道、闯红灯、猛踩油门制造轰鸣噪声等，一些人为此非法改装车辆、伪造变造遮挡号牌，这些行为严重危害交通秩序和公共安全，干扰群众正常的生活环境，涉嫌危险驾驶罪。在反向衔接时，应当根据危险驾驶人具体的违法行为，逐项依照道路交通安全法予以处罚。

【案例 12-4：张某某等人危险驾驶案】

2022 年 3 月 8 日 22 时许，张某某、金某相约驾驶摩托车出去享受大功率摩托车的刺激感，约定"某路口是目的地，谁先到谁就等谁"。随后，由张某某驾驶无牌的大功率二轮摩托车（经过改装），金某驾驶套牌的大功率二轮摩托车（经过改装），从某车行出发，沿途经过多个公交站点、居民小区、学校和大型超市，行驶全程 28.5 公里。途中，二人驾车在密集车流中反复并线、曲折穿插、多次闯红灯、大幅度超速行驶。当行驶至某路口时，张某某、金某遇执勤民警检查，遂驾车逃离。张某某被抓获到案后，如实供述上述事实，并向公安机关提供金某的手机号码。金某接公安机关电话通知后主动投案，并如实供述上述事实。公安机关以张某某、金某涉嫌危险驾驶罪移送审查起诉后，检察机关对二人作出情节轻微不起诉决定。

本案中，张某某、金某各涉嫌多项交通行政违法，各项违法间相互独立，应分别处罚。其中，对张某某未悬挂机动车号牌的违法行为，公安交管部门应当依照《道路交通安全法》第 95 条第 1 款、第 90 条的规定进行处罚；对金某使用伪造的机动车号牌的违法行为，依照《道路交通安全法》第 96 条第 1 款、第 90 条进行处罚；对张某某、金某超速行驶、不按交通信号灯和标线行驶的违法行为，依照《道路交通安全法》第 90 条、第 99 条等规定处罚。对张某某、金某改变车身颜色，更换发动机、车身或者车架且未按照规定办理变更登记的违法行为，按照《机动车登记规定》第 78 条、第 79 条进行处罚。能够查实他人非法改装的，对行为人依照《道路交通安全法》第 103 条第 3 款、第 4 款进行处罚。

（三）其他交通违法行为

检察机关在办理危险驾驶案件中，应当注意审查危险驾驶人是否存在其他交通违法行为，比如无证驾驶、驾驶套牌车辆、机动车未按照规定期限进行安全技术检验等。若存在以上交通违法情形，公安交管部门尚未对此作出行政处罚的，检察意见中应当对这些违法情形予以明确，建议公安机关予以处罚，这属于线索移送型的反向衔接。

【案例 12-5：朱某某危险驾驶案】

2023 年 10 月 14 日晚，朱某某饮酒后驾驶一辆小型普通客车，从南京市六合区行驶至高速某公安检查站时被交警查获并至医院抽血送检。归案后，朱某某如实供述了上述犯罪事实。经南京市公安局物证鉴定所鉴定：送检的朱某某血样中检出乙醇成分，含量为 98.2mg/100mL。检察机关经审查认为，朱某某犯罪情节轻微，且具有坦白、认罪认罚等法定、酌定从轻处罚情节，依法对其作出相对不起诉决定。

行政检察部门在反向衔接审查时发现，朱某某驾驶的小型普通客车于 2023 年 9 月 30 日检验到期。为了避免公安交管部门行政处罚漏项，检察意见书中载明，公安机关应当依据《机动车登记规定》第 78 条第 4 项的规定对朱某某机动车未按照规定期限进行安全技术检验的违法行为进行处罚。

三、妨害安全驾驶案反向衔接

《刑法修正案（十一）》新增妨害安全驾驶罪，与以危险方法危害公共安全罪存在竞合关系，主要是为了避免适用以危险方法危害公共安全罪而导致刑罚过重①。可见，该罪名侵犯的法益主要是公共安全。最高人民法院、最高人民检察院、公安部《关于依法惩治妨害公共交通工具安全驾驶违法犯罪行为的指导意见》明确，对于妨害安全驾驶行为构成犯罪的，严格依法追究刑事责任；尚不构成犯罪但构成违反治安管理行为的，依法给予治安管理处罚。考虑到妨害安全驾驶行为侵犯的法益主要是公共安全，同时也破坏了公共交通工具上的正常秩序，涉嫌扰乱公共交通秩序②。因此，行刑反向衔接可以适用《治安管理处罚法》中"扰乱公共秩序的行为和处罚"一节。具体来说，适用的是《治安管理处罚法》第 23 条第 1 款第 3 项规定，即"扰乱公共汽车、电车、火车、船舶、航空器或者其他公共交通工具上的秩序的，处警告或者二百元以下罚款；情节较重的，处五日以上十日以下拘留，可以并处五百元以下罚款"。

行刑反向衔接审查时，应当注意对"扰乱公共交通工具上的秩序"行为的准确界定。所谓"公共交通工具"，除明确列举的"公共汽车、电车、火车、船舶、航空器"外，还包括公路客运班车、出租车等车辆，以及从事空中运输的飞机，铁路运输的火车、地铁、轻轨，水路运输的客运轮船、摆渡船、快艇等。违法行为人实施的是"对驾驶人员使用暴力或者抢控驾驶操纵装置"，包括对驾驶人员实施殴打、推搡拉拽等暴力行为，或者实施抢夺控制方向盘、变速杆等驾驶操纵装置。"驾驶操纵装置"包括方向盘、离合器踏板、加速踏板、制动踏板、变速

---

① 参见何帆编著：《刑法注释书》，中国民主法制出版社 2021 年版，第 265 页。

② 参见柯良栋主编：《治安管理处罚法释义与实务指南》，中国人民公安大学出版社 2014 年版，第 260 页。

杆、驻车制动手柄等。不要求行为人实际控制驾驶操作装置，只要实施了争抢行为即可。这里的"公共交通工具"不包括私家汽车等私人交通工具，且是指正在运行的公共交通工具，不包括停放在车库内或停留在车站、码头待用的公共交通工具①。

对于扰乱公共交通工具上秩序行为的"可处罚性"审查，要依照《人民检察院行刑反向衔接工作指引》第 8 条、第 9 条、第 10 条的规定，综合考虑事发原因、公共交通工具行驶速度、通行路段情况、载客情况、扰乱公共交通工具上秩序行为的严重程度及对公共交通安全的危害大小、是否造成实际的危害后果等因素，全面准确评判。

---

① 参见柯良栋主编：《治安管理处罚法释义与实务指南》，中国人民公安大学出版社 2014 年版，第 260 页。

第十三章　食品药品类案件行刑反向衔接

2013 年至 2022 年，司法机关办理了生产、销售不符合安全标准的食品罪和生产、销售有毒、有害食品罪刑事案件 4.5 万余件，已追究刑事责任 6.2 万余人；[①] 2024 年，检察机关对制售有毒有害食品、假药劣药犯罪加大打击力度，坚决依法严惩，起诉 1.3 万人，同比上升 31.5%。[②] 食药安全问题是民生问题的重中之重，不仅关乎人民群众生命健康，也对社会稳定产生巨大影响。在案件数量日益增长、违法犯罪手段日趋多样的现实背景下，做好食药安全类案件行刑反向衔接工作，能有效提升食药安全领域的法治化治理水平。

第一节　食品药品类案件行刑反向衔接概述

一、食药安全领域刑事罪名

（一）食品安全领域刑事罪名

涉及食品安全领域的刑事罪名，主要可以分为两大类，即食品生产

[①]　参见最高人民检察院：《"两高"联合发布危害食品安全犯罪典型案例》，载最高人民检察院官网，https://www.spp.gov.cn//xwfbh/wsfbt/202311/t20231128_634976.shtml#1，最后访问时间：2024 年 7 月 8 日。

[②]　参见应勇：《最高人民检察院工作报告——2024 年 3 月 8 日在第十四届全国人民代表大会第二次会议上》，载最高人民检察院官网，https://www.spp.gov.cn/spp/gzbg/202403/t20240315_649603.shtml，最后访问时间：2024 年 7 月 8 日。

销售环节犯罪和食品安全监管环节犯罪。第一类罪名主要包括《刑法》第143条规定的生产、销售不符合安全标准的食品罪，第144条规定的生产、销售有毒、有害食品罪。第二类罪名主要涉及《刑法》第408条之一规定的食品、药品监管渎职罪。此三个罪名基本能够涵盖实践中涉食品安全犯罪的情形。

生产、销售不符合安全标准的食品罪的认定与《食品安全法》息息相关，作为行政犯，根据行政从属性原理，生产、销售不符合安全标准的食品罪中的"食品"和"安全标准"的释义均以该行政法律法规为准。实践中的具体表现主要是在生产、销售的食品中超标准使用添加剂、非食品原料，抑或是生产、销售死因不明的动物及肉制品等。生产、销售有毒、有害食品罪的认定重点在于"非食品原料"，例如生产、销售含有西地那非的壮阳性保健食品，由于该类性保健食品常被通称为"壮阳药"，所以在认定上易与药品安全类犯罪混淆，在行刑反向衔接过程中也可能引发行政监管主体问题的争议。

（二）药品安全领域刑事罪名

2020年通过的《刑法修正案（十一）》对药品安全领域刑事罪名作了重要修正，与2019年修订的《药品管理法》的相关调整内容保持协调性。涉及药品安全领域的刑事犯罪，主要包括生产、销售、提供假药罪，生产、销售、提供劣药罪，妨害药品管理罪，药品监管渎职罪。

《刑法修正案（十一）》将原先的"生产、销售假药罪""生产、销售劣药罪"均增加"提供"情形，同时与《药品管理法》删除按假药、劣药论处的修正步调保持一致，该两条罪名中的"假药""劣药"亦不再包括按假药、劣药论处情形，相应认定需依据修订后的《药品管理法》第98条规定。

妨害药品管理罪是《刑法修正案（十一）》新增的罪名，规定在《刑法》第142条之一，其产生背景与《药品管理法》的修订衔接、前述两个药品安全罪名的修正情况紧密相关。新修订的《药品管理法》严格规定假药、劣药的范围，更加有助于精准惩治违法行为，[1] 将药品质量功效作为主要界定标准，这便将实践中未经批准生产、进口药品等违反药品安全管理秩序的行为排除在犯罪之外，亟须新设责任条款来对其进行规制，妨害药品管理的行政责任规定和刑事责任规定应运而生，《刑法》第 142 条之一第 1 款设立的四种犯罪行为，均能在修订前或修订后的《药品管理法》中找到相应的行政法律责任设定。因此，本罪名的法益侵害评价需要同时关切人身健康权益及药品行政管理秩序，在开展行刑反向衔接时也应二者兼顾综合考量。对于《刑法》第 142 条之一第 2 款规定的竞合情形，在行刑反向衔接中亦应考虑行政责任的竞合承担。

药品监管渎职罪也经由《刑法修正案（十一）》修正而来，在原"食品监管渎职罪"新增"药品"设定，大大强化了对药品监管工作人员依法履行监管职责的要求。相应地，药品监管履职行政违法责任应引起行刑反向衔接工作的重视。

二、食药安全领域行政违法责任

（一）食品安全领域行政违法责任

食品安全相关的违法行为处罚依据主要是《食品安全法》及《食品安全法实施条例》，常见的三个刑事罪名均存在相对应的行政法律责任规制。

其一，生产、销售不符合安全标准的食品违法行为的行政处罚依据是《食品安全法》第 124 条，本条以列举的方式对于应当开展行政处罚的行为进行规定，其中还规定了情节严重的吊销许可证，对于情节严重

---

① 参见许安标：《〈药品管理法〉修改的精神要义、创新与发展》，载《行政法学研究》2020 年第 1 期。

的处罚方式是单处还是并处的问题，有实务工作者向国家市场监督管理总局提问，该局回复称《食品安全法》第 123 条、第 124 条、第 125 条中相应情节严重处罚的规定均系并处。[①] 笔者认同这种说法，从法条表述来看，该条中尚不构成犯罪的违法行为要没收违法所得和违法生产经营的食品、食品添加剂，并可以没收用于违法生产经营的工具、设备、原料等物品，需要并处罚款。情节严重的，吊销许可证。参照举轻以明重的法律解释方法，情节一般的违法行为尚且需要没收及罚款，情节严重的违法行为应该是在没收及罚款的基础上，并处吊销许可证，如此更能体现过罚相当原则。

其二，生产、销售有毒、有害食品违法行为的行政处罚依据是《食品安全法》第 123 条，本条还同时规定了为违法行为提供生产经营场所或者其他条件的责任承担。此外，对于违法使用剧毒、高毒农药的，除了依法给予相应种类的处罚外，还可以由公安机关依照本条第 1 款规定给予拘留。

其三，食品监管渎职违法行为的行政处罚依据是《食品安全法》第 142 至第 146 条，分别是县级以上人民政府和县级以上人民政府组成部门的行政责任，后者的行政责任承担范围相较于前者而言更加广泛。

（二）药品安全领域行政违法责任

药品安全相关的违法行为处罚依据主要是《药品管理法》，有学者评价修订后的《药品管理法》基本上全面地为修改保留和新增的义务性行为规范设置了相应的行政法律责任。[②] 常见的几个刑事罪名均能在该部门法中找到相应的反向衔接行政处罚依据。

---

① 参见《总局两则留言回复！食品安全法情节严重情况的处罚》，载搜狐网，https：//www. sohu. com/a/757343166_121123744，最后访问时间：2025 年 3 月 22 日。

② 参见宋华琳：《药品监管制度的法律改革》，译林出版社 2023 年版，第 340 - 341 页。

其一，生产、销售、使用假药的违法行为的行政处罚依据是《药品管理法》第 98 条及第 116 条。其中，第 98 条明确规定了属于假药的四种情形，在司法、执法实践中应严格依法把握；第 116 条规定了违法行为的行政责任，包括没收和并处罚款的财产罚，责令停产停业的行为罚，对于情节严重的吊销许可证件的资格罚，以及对于境外企业设置了禁止进口年限。

其二，生产、销售、使用劣药的违法行为的行政处罚依据是《药品管理法》第 98 条及第 117 条。其中，第 98 条明确规定了属于劣药的七种情形，在司法、执法实践中应严格依法把握；第 117 条规定了违法行为的行政责任，包括没收和并处罚款的财产罚，责令停产停业的行为罚，对于情节严重的吊销许可证件的资格罚。需要注意的是，第 117 条第 2 款特别规定了不符合药品标准的中药饮片尚不影响安全性和有效性的，处以责令限期改正和警告处罚，可以处以相应的罚款，并非像第 1 款一样必须处以罚款，且罚款的数额远小于第 1 款的规定。此外，《药品管理法》第 118 条规定了单位违法时对法定代表人、主要负责人、直接负责的主管人员和其他责任人员的处罚，第 119 条规定了药品使用单位相关人员吊销执业证书的处罚。

其三，妨害药品管理的违法行为的处罚依据是《药品管理法》第 124 条。该条规定了妨害药品管理的七种情形，另外还特别规定了违反其中特定某几项情形，对于药品使用单位的相关责任人员吊销执业证书。对于未经批准进口少量境外已合法上市的药品，情节较轻的，可以依法减轻或免除处罚。

其四，药品安全监管渎职的违法行为的处罚依据主要是《药品管理法》第 147 条至第 150 条。除了在药品监管渎职罪的行刑反向衔接案件中需要适用到这些罚则外，在其他药品安全类罪名的行刑反向衔接案件中也要同时审查是否存在药品监管渎职的行政违法行为，有条件的情况下可以同步开展行政违法行为监督。

（三）食药安全领域行政罚款幅度变化情况

有学者归纳总结行政罚款的设定方式共有"概括式、定额数值式、定额倍率式、区间数值式和区间倍率式"五种方式，[1] 不同的设定方式对法定罚款数额会产生较大影响。在涉及行刑反向衔接的食品安全领域行政罚则中，多以"区间数值式 + 区间倍率式"的方式设定罚款。以《食品安全法》第 123 条为例，2015 年修订的《食品安全法》将原法规定货值金额"五倍以上十倍以下"罚款金额提高了整整 3 倍，变成"十五倍以上三十倍以下"，2018 年修订时改为"十倍以上二十倍以下"，2021 年修订时与之保持一致。

在涉及行刑反向衔接的药品安全领域行政罚则中，为了加强法律的威慑作用，有时会采用"数值式 + 区间倍率式"的复合结构来设定罚款，例如《药品管理法》第 124 条所规定的处以货值金额 15 倍以上 30 倍以下罚款，货值金额不足 10 万元的，按 10 万元计算。立法首次增设妨害药品的违法责任便如此严厉，药品管理行政法律责任的严格性可见一斑。此外，《药品管理法》在修订时将生产、销售假药的罚款倍率提高至原来区间倍率的 6 至 7 倍，生产、销售劣药的罚款倍率提高至原来区间倍率的 6 至 10 倍。足见新修订的《药品管理法》更加严格贯彻落实"四个最严"[2] 的要求。食药安全领域行政罚款幅度变化的背景及深刻内涵，需要引起重视，我们开展行刑反向衔接工作应严格审查把握相关案件的可处罚性问题。

---

① 参见张红：《行政罚款设定方式研究》，载《中国法学》2020 年第 5 期。

② 2019 年 5 月 9 日，《中共中央 国务院关于深化改革加强食品安全工作的意见》正式印发，强调遵循"四个最严"要求，用最严谨的标准、最严格的监管、最严厉的处罚、最严肃的问责，建立食品安全现代化治理体系。

第二节　食品药品类案件行刑反向衔接重点问题

食药安全领域行刑反向衔接不仅与其他领域存在共性问题，也因其特殊业务属性而引发独有的重点问题，现对常见重点问题进行探讨。

一、异地衔接问题

实践中，食药安全类不起诉案件呈现出涉案上下游人员众多的特点，被不起诉人通过互联网向多地销售不符合安全标准的食品、有毒有害食品的违法情形较为高发。根据《行政处罚法》第 22 条的规定，行政处罚由违法行为发生地的行政机关管辖。因此，在开展食药安全类不起诉案件行刑反向衔接工作时，面临着异地衔接的问题。实践中存在三种做法：一是由承办刑事不起诉案件的检察机关行政检察部门直接向异地主管行政机关制发检察意见；二是由承办刑事不起诉案件的检察机关行政检察部门先向本辖区内主管行政机关制发检察意见，再由该行政机关向异地行政机关移送管辖；三是由承办刑事不起诉案件的检察机关行政检察部门制作案件线索移送文书，移送至异地检察机关，由该异地检察机关向其辖区内的主管行政机关制发检察意见。

笔者赞同第一种做法，即由检察机关直接向异地行政主管机关制发检察意见。具体理由如下：

首先，从诉讼原理上看，检察意见制发的基本载体是案件，没有案件就无从制发检察意见，制发检察意见的法定主体是该案件的承办机关。根据《刑事诉讼法》第 177 条第 3 款的规定，对被不起诉人需要给予行政处罚、处分或者需要没收其违法所得的，人民检察院应当提出检察意见，移送有关主管机关处理。这里的"人民检察院应当提出检察意见"应该是指作出不起诉决定的人民检察院。《人民检察院刑事诉讼规则》第 373 条第 2 款也规定："对被不起诉人需要给予行政处罚、政务处分或者其他处分的，经检察长批准，人民检察院应当提出检察意见，连同不起诉决定书一并移送有关主管机关处理，并要求有关主管机关及时通报处理情况。"因此，无论是本地还是异地，检察意见的制发主体，只能是办理该不起诉案件的检察机关。至于异地如何送达，则可以进行异地协作。

其次，该做法更加便捷高效。从制发检察意见的重要意义角度来看，向行政主管机关提出检察意见是刑事司法与行政执法衔接的必需环节，在行刑反向衔接工作中，检察意见的内容主要表现为建议行政处罚。① 制度的衔接本就是一项比较复杂的工程，如果由检察机关先向无管辖权的本地行政机关制发意见，再由行政机关异地移送，如此引入一个主体加入制度设计，不可控的因素增多，反而可能不利于衔接的顺畅性和效率性。尤其是在对食药安全类不起诉案件行刑反向衔接工作中，经常需要检察机关与行政主管机关对证据转换问题、法律适用问题、裁量标准问题等进行对接，异地处罚裁量标准存在地域差异，由行刑反向衔接工作的双方责任主体径直对接比引入无关第三方行政机关"搭桥"更符合实践所需。

最后，从便于履行行刑反向衔接的工作职责角度来看，由检察机关直接向某一特定的行政主管机关提出检察意见，更有助于督促行政机关依法履职，提升检察机关接收行政机关回复、跟进监督等工作的效率。

作出不起诉决定的人民检察院认为需要异地提出检察意见的，应当书面征求行政主管机关所在地同级人民检察院意见。根据《人民检察院行刑反向衔接工作指引》相关规定，行政主管机关所在地同级人民检察院应当在 15 个工作日内书面回复是否同意提出检察意见并说明理由。意见不一致的，层报共同的上级人民检察院决定。

---

① 参见张璇、王绍莉、杨轩兴：《以提升检察意见质量强化行刑反向衔接的路径》，载《中国检察官》2024 年第 1 期。

二、一行为及多行为处罚问题

在食药安全类不起诉案件中，会发生一个违法行为违反多个法律规范的情形，也会发生存在多个违法行为的情形，这就会产生责任竞合问题。如何妥善处理行政责任竞合问题，既依法处罚违法行为，又避免"多头执法"的行政执法权重叠交叉等弊端，[①] 是一项重难点问题。

以药品安全领域的行政违法行为为例，除了销售假劣药品、妨害药品管理等破坏市场监督管理秩序的行为需要由《药品管理法》等法律法规进行规制外，还存在医疗机构擅自开展超许可范围诊疗活动、非法行医、非医师行医等违反《基本医疗卫生与健康促进法》《医疗机构管理条例》等法律法规的行为。此外，海关、医疗卫生部门、专利行政部门、中医药主管部门、公安机关等都承担着相应的药品监管职责。[②] 检察机关是否需要根据被不起诉人具体的违法行为而决定向一个或多个行政主管机关制发检察意见的问题随之产生。《行政处罚法》第 29 条确立了"一事不再罚"原则及"择一重处罚"的方式，但其适用前提是"同一个违法行为"。有学者将"同一个违法行为"分类为具有单一性和同一性等特性的一个违法行为，经过法定分割的连续或继续违法行为，竞合违法行为。[③] 在行刑反向衔接工作过程中，需要关注两个问题：一是一行为需要适用多种处罚手段时如何处理；二是多行为触犯不同法律规定时如何辨别。

关于第一个问题，从法律条文的规定来看，对同一个违法行为只是不得给予两次以上罚款的行政处罚，但如果第二个行政处罚的结果涉及

---

① 参见舒小庆、万高隆：《论法治视野下我国行政执法体制之重构》，载《南昌大学学报（人文社会科学版）》2006 年第 5 期。

② 参见宋华琳：《药品监管制度的法律改革》，译林出版社 2023 年版，第 68 - 73 页。

③ 参见胡建淼：《论行政处罚"一事不二罚"原则及其"一事"与"二罚"的认定标准》，载《法学评论》2023 年第 5 期。

责令停止执业、吊销许可证件、责令关闭、限制从业等处罚，则应根据实际情况在按照罚款数额高的处罚基础上，再行给予其他种类的行政处罚。

关于第二个问题，如何区分一行为还是多行为，要从行为是否可以进行法律分割或者是否存在某种必要关系入手进行辨别。有学者总结的一行为内部必要关系包括手段与结果关系、牵连关系、必要条件关系。[①] 以美容院工作人员无证为顾客注射无生产批文证明的肉毒素为例，无证注射和销售无生产批文的药品行为同时违反了市场监督管理秩序和医疗卫生监督管理秩序，分别可以依据《基本医疗卫生与健康促进法》和《药品管理法》进行罚款处罚。对于是否可以将其视为一个行为择重处罚？笔者认为应当根据具体案情具体分析。例如，在以销售药品为主、注射为辅的情况下，虽然说美容院提供无证注射，但其主观目的系销售无生产批文的肉毒素，注射行为可以视为销售肉毒素行为的一个附随动作，二者之间具有紧密的牵连关系。实践中有的做法是检察机关在调阅刑事案卷并充分审查后，确认被不起诉人同时存在两种违法行为，不适用一行为择重处罚的原则，因此向卫生行政部门和市场监管部门制发两份检察意见，两个行政机关分别作出罚款等行政处罚。[②] 笔者认为，对于此类案件，需要综合具体个案的全案事实和情节，结合违法行为的构成要件来具体确定行政主管机关及处罚路径。

此外，需要特别注意的是，如果行政主管机关在将案件移送至公安机关立案侦查之前，就已经对相关违法行为开展过行政处罚，那么在行刑反向衔接工作中必须做好处罚必要性的审查，防止重复处罚。

---

① 参见章剑生：《行政罚款适用规则的体系性解释——基于〈行政处罚法〉第29条展开的分析》，载《政法论坛》2022年第4期。

② 参见范跃红、王蕴、王欣雨：《无证经营药品被不起诉后，案件结束了吗——杭州拱墅：行刑无缝衔接推动医美市场专项整治》，载《检察日报》2024年6月12日，第6版。

三、过罚相当问题

近年来，食品安全监管执法领域"小过重罚"案件频发，例如卖几瓶过期红酒被罚款5万元，卖了十几元的芹菜被罚10万元等，均暴露出执法机关欠缺正确行使自由裁量权的执法理念。但对"小过重罚"持批判态度并不意味着提倡司法和执法实践走入另外一个极端，一味地放纵违法行为。对过罚相当原则的坚持是办好行刑反向衔接案件的重要标杆，需要从法律常识、个案正义中体现行政智慧，体系化地适用法律、反思性地执法、包容审慎性地监管。①

检察机关要严格把握食药安全领域行刑反向衔接案件的可处罚性判断，需要着重考量被不起诉人的社会危害性、再犯可能性、当事人的过错程度、实际危害后果等关键要素，审慎提出检察意见，确保过罚相当。一方面，检察机关在办理药品安全类不起诉案件时，需要对不予处罚、从轻处罚、减轻处罚的情形进行全面检索和审查，必要时可以听取行政主管机关更专业的意见。另一方面，在检索内容的选择上，不仅要注重对《药品管理法》等全国性法律法规的适用，还要对各省市药品监管领域的裁量规则进行全面把握。经审查认为对于部分轻微违法行为可以不予行政处罚，则无须启动向行政主管机关移送的程序，山西、湖北、贵州等省药品监管部门已制定了不予处罚清单，② 司法实务中可对照参考适用；对于可以从轻、减轻处罚的情形，可以在检察意见书中列明相应事实和法律依据，但应尊重行政主管机关依法行使行政处罚权，一般不宜在提出意见部分直接建议从轻或减轻处罚。此外，检察机关也可就行刑反向衔接事宜听取专家意见、召开公开听证会等，使得行政处罚必要

---

① 参见孟融：《行政微小案件高额罚款的执法逻辑反思》，载《法学》2024年第6期。

② 参见宋华琳：《药品执法领域的行刑反向衔接》，载《国家检察官学院学报》2024年第2期。

性审查工作更加民主、科学，更加体现天理、国法、人情的有机统一。

行政机关若对于检察意见存在不同的意见，可以向检察机关提出异议。如果行政机关在召开听证会或调查取证过程中需要检察机关的配合，检察机关可以参与法律适用论证、过罚相当原则论证，协同做好不起诉案件的"后半篇文章"。在过罚相当原则的适用上，实践中已经出现行刑反向衔接的实例，对于类似情况的处理具有参考价值。

【案例 13－1：高某涉嫌妨害药品管理罪不起诉行刑反向衔接案】

湖南省某市的高某违法销售注射用 A 型肉毒素，共计获利 4000 元，宁波市某区人民检察院以妨害药品管理罪对其作出不起诉决定，后该案被移送至湖南省某市市场监督管理局开展行政处罚。根据《药品管理法》第 115 条、第 124 条规定，高某的违法行为应被处以货值金额 15 倍以上 30 倍以下的罚款，货值金额不足 10 万元的，要按照 10 万元计算。该市场监督管理局召开公开听证会，听证意见认为，当事人的违法行为属于妨害药品管理秩序的性质，尚未造成损害公众健康和用药安全的危害后果，根据当事人违法行为的性质、情节、手段、后果，应当依据行政处罚法规定的教育与处罚相结合的原则、合理性原则以及过罚相当原则对当事人作出处罚。

该案中，高某在听证中陈述从韩国正规渠道购买涉案药品，销售数量、次数较少。在调查过程中高某主动配合执法部门调查和提供有关证据材料，如实交代违法事实。经查明违法所得、货值金额均不足 5000元，若按照 10 万元起算罚款金额，不符合过罚相当原则。最终，该市场监督管理局结合《关于规范市场监督管理行政处罚裁量权的指导意见》《湖南省药品监督管理行政处罚裁量权适用规定（试行)》，综合全案情况，决定对高某减轻处罚。①

---

① 参见长沙市市场监督管理局行政处罚决定书（长市监处罚〔2024〕Q131 号），载长沙市市场监督管理局官网，http://amr.changsha.gov.cn/zfxxgk/ztzl/xzcfaj/202401/t20240125_11357107.html，最后访问时间：2024 年 7 月 28 日。

上述案例系过罚相当原则、处罚与教育相结合原则的优秀实践做法，在法律适用上兼顾了《药品管理法》及相应裁量指导意见，体现了法律适用的体系化；在事实认定上将行为性质、后果、情节、手段以及案涉药品的来源、危害性予以全面考虑，在召开听证会、充分听取当事人陈述的情况下，作出适当的处罚，体现了执法的主动反思及包容审慎的监管态度。

第十四章　金融类案件行刑反向衔接

当前，我国理论界关于金融犯罪的研究，以刑法分则第三章第四节"破坏金融管理秩序罪"和第五节"金融诈骗罪"中的罪名为核心。[①]第四节"破坏金融管理秩序罪"涉及30个罪名，第五节"金融诈骗罪"涉及8个罪名，主要包括假币类犯罪、涉企背信类犯罪、金融信贷类犯罪、非法集资类犯罪以及洗钱犯罪等。2023年12月，最高人民检察院召开"充分发挥检察职能作用，依法服务保障金融高质量发展"新闻发布会，发布了《关于充分发挥检察职能作用　依法服务保障金融高质量发展的意见》。新闻发布会上，最高人民检察院通报2023年1—11月，全国检察机关共批准逮捕破坏金融管理秩序和金融诈骗犯罪嫌疑人11060人，提起公诉22529人。从通报情况来看，目前金融犯罪涉及罪名相对集中，呈现出以下几个特点：一是非法集资犯罪居高不下；二是中小银行、信托、票据等金融信贷领域案件时有发生；三是资本市场上市公司财务造假及背信损害上市公司利益等犯罪增多；四是洗钱、非法从事资金支付结算、非法买卖外汇案件增多。[②]《关于充分发挥检察职能作用，依法服务保障金融高质量发展的意见》亦明确指出，在行政检察方面，检察机关要结合刑事案件办理积极推进和行政机关反向衔接工

---

① 参见孙国祥：《金融犯罪保护的法益》，载《国家检察官学院学报》2022年第6期。

② 《最高检召开"充分发挥检察职能作用 依法服务保障金融高质量发展"新闻发布会》，载最高人民检察院网，https://www.spp.gov.cn//zdgz/202312/t20231228_638653.shtml，最后访问时间：2024年9月12日。

作。因此，统筹好金融监管领域行刑反向衔接，形成执法司法合力，是行政检察促进防范化解金融风险的重点工作。本章关于金融犯罪行刑反向衔接问题，将主要围绕当前集中高发的非法集资类犯罪、金融信贷类犯罪、洗钱犯罪展开探讨。

第一节　非法集资类案件行刑反向衔接重点问题

非法集资活动危害市场经济秩序、损害人民群众利益、影响社会安宁稳定，作为典型的涉众型犯罪，具有极为严重的社会危害性。从最高人民检察院在"充分发挥检察职能作用 依法服务保障金融高质量发展"新闻发布会上通报的数据来看，非法集资犯罪仍居高不下，利用私募基金、区块链、虚拟币等市场热点的新型案件明显增加。2019 年最高人民法院、最高人民检察院、公安部联合发布的《关于办理非法集资刑事案件若干问题的意见》中规定了"关于行政执法和刑事司法衔接问题"，人民法院、人民检察院、公安机关在办理非法集资刑事案件过程中，涉及需要行政处理的事项，应当及时移交处置非法集资职能部门或者有关行政主管部门依法处理。2021 年 3 月 1 日施行的《刑法修正案（十一）》，将集资诈骗罪的法定最低刑调整为 3 年以上有期徒刑，集资诈骗罪相对不起诉的空间被压缩。2022 年最高人民法院《关于审理非法集资刑事案件具体应用法律若干问题的解释》正式实施，非法吸收公众存款罪的入罪数额有所提升，非法吸收公众存款罪不起诉数量相应上升。实践中，关于非法集资案件违法性认定、行政处罚依据、处罚时效及处罚主体等问题仍存在一定争议。

一、非法集资行为的非法性认定

行政处罚以行政违法为前提，如果没有违反行政管理秩序的行为，不应予以处罚。①"非法性"是开展非法集资案件行刑反向衔接的关键要素。目前，关于非法集资行为的界定分为行政法和刑事法两大层面。行政法层面，2021年5月1日国务院发布的《防范和处置非法集资条例》正式施行，该条例是专门针对非法集资行为的行政法规，改变了以往刑事法律整治非法集资的局面。《防范和处置非法集资条例》中所称的"非法集资"，是指未经国务院金融管理部门依法许可或者违反国家金融管理规定，以许诺还本付息或者给予其他投资回报等方式，向不特定对象吸收资金的行为。刑事法层面，2022年3月正式施行的最高人民法院《关于审理非法集资刑事案件具体应用法律若干问题的解释》规定，非法吸收公众存款或者变相吸收公众存款行为在违反国家金融管理法律规定的基础上，需同时具备以下四个条件：（1）未经有关部门依法许可或者借用合法经营的形式吸收资金；（2）通过网络、媒体、推介会、传单、手机信息等途径向社会公开宣传；（3）承诺在一定期限内以货币、实物、股权等方式还本付息或者给付回报；（4）向社会公众即社会不特定对象吸收资金，即非法性、公开性、利诱性和社会性。通过对比可见，最高人民法院《关于审理非法集资刑事案件具体应用法律若干问题的解释》与《防范和处置非法集资条例》对非法集资行为"非法性"的规定存在一定区别，前者表述为"违反国家金融管理法律规定"，具体表现为"未经有关部门依法许可或者借用合法经营的形式吸收资金"，后者仅表述为"未经国务院金融管理部门依法许可或者违反国家金融管理规定"。有学者认为《防范和处置非法集资条例》采用的是一种"形式＋补充"的一元整体认定，其出台表明非法性的行刑认定彻底分立。②

实际上，我国对于非法集资行为"非法性"的认定，先后经历了多

① 江必新、夏道虎等：《中华人民共和国行政处罚条文解读与法律适用》，中国法制出版社2021年版，第10页。
② 参见郭栋磊：《非法吸收公众存款"非法性"之行刑认定的区分——以非法性的形式和实质认定为视角》，载《西南民族大学学报（人文社会科学版）》2022年第3期。

次发展变化。1995 年《商业银行法》（已修正）、1996 年最高人民法院《关于审理诈骗案件具体应用法律的若干问题的解释》（已失效）规定的是"未经有权机关批准"，1999 年中国人民银行《关于取缔非法金融机构和非法金融业务活动中有关问题的通知》中规定的是"未经有关部门依法批准"。可见，早期行刑认定标准统一为"未经批准"，但关于批准主体未做具体规定。直至 2010 年最高人民法院出台《关于审理非法集资刑事案件具体应用法律若干问题的解释》（已失效），对"非法性"要件表述为"违反国家金融管理法律规定"，具体体现在"未经有关部门依法批准或者借用合法经营的形式吸收资金"。该解释扩大了"非法性"适用范畴，将合法借贷等无须相关部门批准的合法融资活动纳入规制范畴，以及虽获批准，但属于违法批准、骗取批准的集资行为仍属于非法集资，未经批准只是非法性判断的一个方面。[1] 有学者认为，这意味着原本一元认定标准，修改为"形式＋实质"的二元标准。[2] 但 2021 年发布的《防范和处置非法集资条例》并未采用"借用合法经营的形式吸收资金"的实质认定标准，且 2022 年修正的《关于审理非法集资刑事案件具体应用法律若干问题的解释》继续沿用了"形式＋实质"二元标准，进一步将"未经有关部门依法批准"修改为"未经有关部门依法许可"。上述规定表明，行政法上的非法吸收公众存款等非法集资违法行为与刑事法的非法吸收公众存款罪在内涵、法律后果与责任上并不完全相同，不宜混淆二者之间的界限。[3] 在办理该类反向衔接案件时要注意厘清相关概念，结合《防范和处置非法集资条例》第 19 条列举的行

① 参见刘为波：《〈关于审理非法集资刑事案件具体应用法律若干问题的解释〉的理解与适用》，载《人民司法》2011 年第 5 期。

② 参见王新：《"非法性"是确定融资活动罪与非罪的界限》，载最高人民检察院官网，https：//www.spp.gov.cn/spp/ztk/dfld/201904/t20190402_413715.shtml，最后访问时间：2024 年 9 月 15 日。

③ 参见郭栋磊：《非法吸收公众存款"非法性"之行刑认定的区分——以非法性的形式和实质认定为视角》，载《西南民族大学学报（人文社会科学版）》2022 年第 3 期。

为类型，对非法集资"非法性"作出准确界定，依法确定是否需给予行政处罚。

二、非法集资行为的处罚时效及衔接依据

1998 年国务院发布的《非法金融机构和非法金融业务活动取缔办法》（已失效）中，就已经针对非法吸收公众存款和非法集资行为规定了处罚条款。其中第 22 条规定："设立非法金融机构或者从事非法金融业务活动，构成犯罪的，依法追究刑事责任；尚不构成犯罪的，由中国人民银行没收非法所得，并处非法所得 1 倍以上 5 倍以下的罚款；没有非法所得的，处 10 万元以上 50 万元以下的罚款。"

2021 年 5 月 1 日施行的《防范和处置非法集资条例》在第四章"法律责任"部分，明确了非法集资牵头部门作为非法集资行为的处置主体，可以对非法集资人、非法集资协助人给予行政处罚。该条例第 30 条规定："对非法集资人，由处置非法集资牵头部门处集资金额 20% 以上 1 倍以下的罚款。非法集资人为单位的，还可以根据情节轻重责令停产停业，由有关机关依法吊销许可证、营业执照或者登记证书；对其法定代表人或者主要负责人、直接负责的主管人员和其他直接责任人员给予警告，处 50 万元以上 500 万元以下的罚款。构成犯罪的，依法追究刑事责任。"第 31 条规定："对非法集资协助人，由处置非法集资牵头部门给予警告，处违法所得 1 倍以上 3 倍以下的罚款；构成犯罪的，依法追究刑事责任。"此外，一些特殊的金融法律法规对非法集资的行为也专门规定了处罚罚则，如《商业银行法》《证券法》。

实践中，公安机关侦办非法吸收公众存款、集资诈骗犯罪案件时，存在部分犯罪嫌疑人到案时间较晚，或是部分犯罪嫌疑人因已离职，其被不起诉时间与其违法行为发生时点的跨度较长，可能引发违法行为追责时效的问题，也可能出现新旧法律发生交替的情况。因此，行政检察部门办案人员对刑事案件的事实需要进行全面审查，确定违法行为是否

已过处罚时效、是否有处罚依据等，准确提出处罚意见。

【案例 14 - 1：翟某非法吸收公众存款行刑反向衔接案】

2012 年至 2019 年间，夏某等人先后在北京注册某财富投资管理有限公司（以下简称财富管理公司）等公司，并在南京某区设立该财富管理公司南京分公司。上述公司在无相关融资资质的情况下，以开展居间金融服务为名，通过招揽业务员，发放广告、传单以及口口相传等方式进行公开宣传，以高额利息为诱饵，变相承诺保本付息，向社会不特定公众吸收存款。2019 年 6 月，公安机关对该财富管理公司涉嫌非法吸收公众存款案立案侦查。2023 年 7 月，翟某经公安机关电话通知后前往投案，次日被取保候审。经侦查发现，2016 年 5 月至 2019 年 2 月间，翟某在财富管理公司南京分公司担任业务员，以上述手段吸收 4 名集资参与人资金共计人民币 220 余万元，造成实际损失共计 176 万元。2024 年 1 月 31 日，公安机关以翟某涉嫌非法吸收公众存款罪将案件移送检察机关审查起诉。因翟某犯罪情节轻微，且具有从犯、自首、积极退赃、认罪认罚等情节，刑事检察部门于 2024 年 8 月对其作出相对不起诉处理，并根据行刑反向衔接工作要求移送行政检察部门审查处理。

（一）追责时效

《行政处罚法》第 36 条规定："行政行为在二年内未被发现的，不再给予行政处罚；涉及公民生命健康安全、金融安全且有危害后果的，上述期限延长至五年。法律另有规定的除外。前款规定的期限，从违法行为发生之日起计算；违法行为有连续或者继续状态的，从行为终了之日起计算。"本条第 1 款关于处罚期限延长至 5 年的规定系 2021 年修订的《行政处罚法》中新增条款。该条在非法集资反向衔接案件中理解和适用，需注意以下几个问题。

首先，非法集资行为发生于 2021 年《行政处罚法》生效之前的追责时效认定。非法集资行为是典型的扰乱金融管理秩序，通过非法金融手段侵犯被害人财产权益的行为。该行为往往处于连续状态，对其违法行为追责时效的计算时点依法应当从其非法集资行为终了之日起计算。因此，在上述案件中，翟某的追责时效应从2019年2月起算。但崔某的行为终了之日在2021年《行政处罚法》施行之前，对该行为是适用新法5年的追责期限，还是适用2017年修正的《行政处罚法》中2年的普通追责时效？根据2004年最高人民法院《关于审理行政案件适用法律规范问题的座谈会纪要》中关于新旧法律规范的适用规则，当行政相对人的行为发生在新法实行以前，具体行政行为作出在新法施行以后，人民法院审查具体行政行为的合法性时，实体问题适用旧法规定，程序问题适用新法规定，特殊情形除外。因时效问题属于程序问题，因此对于类似翟某行为的追责时效可以从2年延长至5年。

其次，延长违法行为追责时效应当有危害后果的存在。危害后果一般包括两类情形：一是对人身、财产、环境等造成客观损害；二是对各类社会秩序的影响性危害。非法集资行为直接的危害后果是造成被害人集资款无法挽回的损失，但由于非法吸收公众存款罪可以以吸收公众存款的金额入罪，实践中也有非法吸收公众存款的行为没有给集资参与人造成财产损失的情况，此时是否可以认定具有危害后果的存在？判断某个行为是否具有危害后果，应当以该行为违反的行政法义务所指向保护的利益是否被侵害。《非法金融机构和非法金融业务活动取缔办法》中规定了对于违法行为人没有非法所得的，依旧可以处以相应数额的罚款，《防范和处置非法集资条例》也主要以"违法所得"作为罚款的计算依据。可见，对于非法集资行为的打击来源于该行为对金融管理秩序稳定、安全的不利影响。设置追责时效制度的目的是维护社会安定。[①]因此，一般行为人实施了非法集资行为即可认定其行为具有一定的危害后果，对该行为延长追责时效也体现了对特殊领域违法行为的从严处罚

---

① 参见袁雪梅：《中华人民共和国行政处罚法释义》，中国法制出版社2021年版，第234页。

力度。

　　最后，非法集资行为被集资参与人举报后，由公安机关查处的，依法属于"发现"违法行为。实践中，大量非法集资案件的初次处置机关并非具有法定处罚权和管辖权的行政机关，如集资参与人向12345市民热线进行举报，或前往市场监督管理部门主张消费者权益等。上述情形是否属于《行政处罚法》中的"发现"违法行为？根据2004年全国人大常委会法制工作委员会《关于提请明确对行政处罚追诉时效"二年未被发现"认定问题的函的研究意见》的精神，发现违纪违法行为的主体是处罚机关或有权处罚的机关，公安、检察、法院、纪检监察部门和司法行政机关都是行使社会公权力的机关；群众举报后被认定属实的，发现时效以举报时间为准。该《意见》的精神也被最高法及各地法院的司法裁判广泛采用，对非法集资行为的"发现"时点的认定可以遵照适用。因此，翟某的非法集资违法行为在5年内已经被公安机关发现并立案侦查，即便对其作出不起诉后移送行政机关的时间已经超过5年，仍可以依法给予行政处罚。

　　与此同时，笔者认为，对于非法集资违法行为追责时效的理解和适用不宜过于宽泛。一方面，对非法集资犯罪案件中占较大比例的业务人员，不能按照整个犯罪团伙的违法行为终了时间作为其追责时效的起算时点，应当以其个人参与的违法行为终了时间计算处罚时效。另一方面，若仅发现公司存在非法集资行为，能够确定老板及其他业务员身份，但一直未发现违法行为人参与其中实施非法集资违法行为的事实，不能仅因公安机关对事立案，就简单认定属于"发现"行为人的违法行为。由于该类非法集资公司的员工流动性较大，部分业务员在公司从业时间较短，在公司运营早期就已离职，等公司"爆雷"后没有被害人报案指向其实施违法行为。行政处罚时效具有程序意义，为避免行政机关怠于履职，督促行政机关及时行使权力，尽早修复社会关系，因此公安机关在查办非法集资案件时有职责查清犯罪事实，除了通过被害人报案，还可以调取公司后台数据、工资发放记录等确定公司业务人员身份。若公安机关或相关行政机关在行为人违法行为终了后超过 5 年才确定其参与实施非法集资行为的，不得再给予行政处罚。

（二）处罚依据

1. 从旧兼从轻。2021 年修订的《行政处罚法》新增第 37 条专门规定："实施行政处罚，适用违法行为发生时的法律、法规、规章的规定。但是，作出行政处罚决定时，法律、法规、规章已被修改或者废止，且新的规定处罚较轻或者不认为是违法的，适用新的规定"。2000 年《立法法》（已修正）已经明确规定了法律、行政法规等不溯及既往，但为了更好地保护权利和利益而作的特别规定除外。可见，即便《行政处罚法》之前一直未予明确"从旧兼从轻"，但"法不溯及既往"的法治原则同样是行政法领域的基本遵循。因《非法金融机构和非法金融业务活动取缔办法》《防范和处置非法集资条例》对非法吸收公众存款、非法集资行为均设定了处罚规则，若违法行为人的非法集资行为发生在 2021 年 5 月《防范和处置非法集资条例》实施之前，则需要对两个法规的处罚轻重进行比较。

《非法金融机构和非法金融业务活动取缔办法》并未区分行为主体的身份，一律按照非法所得的 1 倍至 5 倍处以罚款，在没有非法所得的情况下，在 10 万元至 50 万元之间给予罚款。但《防范和处置非法集资条例》对处罚条款按照不同的主体身份规定了不同的处罚。首先，非法集资人是单位的，可对单位责令停产停业，由有关机关依法吊销许可证、营业执照或者登记证书，并对单位的法定代表人或者主要负责人、直接负责的主管人员和其他直接责任人员给予警告，处 50 万元以上 500 万元以下的罚款；若非法集资人系个人的，则处集资金额 20% 以上 1 倍以下的罚款。其次，对非法集资协助人（主要是指集资企业中的业务员等为非法集资提供帮助的个人），由处置非法集资牵头部门给予警告，处违法所得 1 倍以上 3 倍以下的罚款；构成犯罪的，依法追究刑事责任。此外，《防范和处置非法集资条例》还规定受到行政处罚的非法集资人、非法集资协助人，由有关部门建立信用记录，按照规定将其信用记录纳入全国信用信息共享平台。从整体上看，新法规定的处罚种类增加了警告、信用惩戒的措施，似乎更重，但是对非法集资协助人来说，罚款的上限进行了下调。需要注意的是，非法集资违法行为发生在《防范和处置非法集资条例》实施前、终了在条例实施后的，此时适用新法的规定即可。

2. 上位法优于下位法，特殊法优于普通法。非法集资行为往往与金融业务活动存在交织，目前以非法金融业务活动为依托开展非法集资的情形越来越多。2022 年《关于审理非法集资刑事案件具体应用法律若干问题的解释》中明确列举了 11 种非法吸收公众存款或变相吸收公众存款的行为模式，包括多种金融手段：不具有发行股票、债券的真实内容，以虚假转让股权、发售虚构债券等方式非法吸收资金的；不具有募集基金的真实内容，以假借境外基金、发售虚构基金等方式非法吸收资金的；不具有销售保险的真实内容，以假冒保险公司、伪造保险单据等方式非法吸收资金的；以网络借贷、投资入股、虚拟币交易等方式非法吸收资金的；以委托理财、融资租赁等方式非法吸收资金等。同时，《防范和处置非法集资条例》第 2 条第 2 款规定："非法集资的防范以及行政机关对非法集资的处置，适用本条例。法律、行政法规对非法从事银行、证券、保险、外汇等金融业务活动另有规定的，适用其规定。"例如，《商业银行法》第 81 条第 1 款规定："未经国务院银行业监督管理机构批准，擅自设立商业银行，或者非法吸收公众存款、变相吸收公众存款，构成犯罪的，依法追究刑事责任；并由国务院银行业监督管理机构予以取缔"；第 83 条规定："有本法第 81 条、第 82 条规定的行为，尚不构成犯罪的，由国务院银行业监督管理机构没收违法所得，违法所得 50 万元以上的，并处违法所得 1 倍以上 5 倍以下罚款；没有违法所得或者违法所得不足 50 万元的，处 50 万元以上 200 万元以下罚款。"《证券法》第 202 条第 1 款规定："违反本法第 118 条、第 120 条第 1 款、第 4 款的规定，擅自设立证券公司、非法经营证券业务或者未经批准以证券公司名义开展证券业务活动的，责令改正，没收违法所得，并处以违法所得 1 倍以上 10 倍以下的罚款；没有违法所得或者违法所得不足 100 万元的，处以 100 万元以上 1000 万元以下的罚款。对直接负责的主管人员和其他直接责任人员给予警告，并处以 20 万元以上 200 万元以下的罚款。对擅自设立的证券公司，由国务院证券监督管理机构予以取缔。"《证券投资基金法》第 119 条第 1 款规定："违反本法规定，未经批准擅自设立基金管理公司或者未经核准从事公开募集基金管理业务的，由证券监督管理机构予以取缔或者责令改正，没收违法所得，并处违法所得 1 倍以上 5 倍以下罚款；没有违法所得或者违法所得不足 100 万元的，并处 10 万元以上 100 万元以下罚款。对直接负责的主管人员和其他直接责任人员给予警告，并处 3 万元以上 30 万元以下罚款。"

当行为人未经核准，向社会不特定公众宣传，以公开募集基金的方式非法吸收资金时，是适用《防范和处置非法集资条例》还是《证券投资基金法》予以处罚？该问题涉及对《防范和处置非法集资条例》第 2 条第 2 款的理解。实践中，办案人员就此产生疑问，《防范和处置非法集资条例》第 2 条第 2 款是否属于提示性规定，非法集资人若实施了违反上述金融法律法规的非法金融业务活动，是否应当适用相应的金融法律法规对非法金融业务活动进行处罚，同时适用《防范和处置非法集资条例》对非法集资行为进行处罚。首先，《防范和处置非法集资条例》在非法集资之外，另外规定非法金融业务活动，说明两者属于不同概念；其次，非法金融业务活动只体现了非法集资四个特征中的"非法性"特征，只是行为人非法集资的手段行为之一，如果只按照金融法律法规对未经批准从事金融活动的行为进行处罚，是否对其非法集资行为的社会危害性未予评价。如果考虑到两行为之间存在重叠的关系，行政机关在处罚时按照竞合规则，对不同种类处罚同时适用，按处罚较重的规定进行处罚。

对于该问题，主流观点认为《防范和处置非法集资条例》第 2 条第 2 款"另有规定"的处置对象不仅是非法金融业务活动，还包括非法集资行为。[1] 第 2 条第 2 款属于特殊规定，行为人通过非法金融业务活动进行非法集资的，根据相应的金融法律法规予以处罚即可。国务院 1998 年发布的《非法金融机构和非法金融业务活动取缔办法》第 4 条第 1 款规定："本办法所称非法金融业务活动，是指未经中国人民银行批准，擅自从事的下列活动：（一）非法吸收公众存款或者变相吸收公众存款；（二）未经依法批准，以任何名义向社会不特定对象进行的非法集资；（三）非法发放贷款、办理结算、票据贴现、资金拆借、信托投资、金融租赁、融资担保、外汇买卖；（四）中国人民银行认定的其他非法金融业务活动。"可见"非法集资"或"非法吸收公众存款"都是非法金融业务活动的一种。虽然《非法金融机构和非法金融业务活动取缔办法》已经被废止，但废止并非因其内容不合时宜，而是出于相关内容已被有关法律法规所涵盖，并且其中关于打击非法集资的部分内容也被《防范和处置非法集资条例》所沿用。因此，其对非法金融业务活动的定义依然具有参考借鉴意义。那么，根据《证券投资基金法》第 119 条规定，行为人未经批准擅自设立基金管理公司或者未经核准从事公开募集基金管理业务的，应当受到惩处。向社会不特定公众宣传，以公开募集基金的方式非法吸收资金的行为，就已经违反了第 119 条的规定，应当按照特殊规定予以处罚。

上述问题涉及处罚依据的适用和处罚主体的选择。我们也认为，在同时符合《防范和处置非法集资条例》和《证券投资基金法》的情况下，行政处罚应当适用《证券投资基金法》。理由有二：一是从法律效

---

[1]　参见郭华：《非法集资行政处置权限配置及认定逻辑——〈防范和处置非法集资条例〉第 2 条、19 条和 39 条的展开》，载《法治研究》2021 年第 3 期。

力位阶上看，《证券投资基金法》的法律效力高于《防范和处置非法集资条例》；二是《防范和处置非法集资条例》第2条第2款已经明确规定了"法律、行政法规对非法从事银行、证券、保险、外汇等金融业务活动另有规定的，适用其规定"，在具体适用时应当严格遵守。

三、非法集资的处置部门

《防范和处置非法集资条例》出台后，各地陆续明确了处置非法集资牵头部门，但由于打击非法集资的严厉态势，实践中不起诉案件相对较少，反向衔接缺乏实践经验。各地设置的牵头机构亦有所不同，主要包括金融局（办）、市场监督管理局、财政局等。但最新一轮地方金融监管体制改革后，地方金融监管局或金融办不再保留。原本金融办承担的牵头职能暂未确定后续履职部门，给非法集资不起诉后反向衔接工作带来一定现实阻碍，目前成功衔接的案例较少。

笔者通过网络搜索发现，北京市海淀区人民检察院成功办理了一起非法集资反向衔接案例，该案系《防范和处置非法集资条例》生效以来北京首例对非法集资协助人作出行政处罚的案件。

【案例14-2：非法集资反向衔接案】

海淀区检察院在办理一起非法集资案件时发现，7名涉案人员明知该公司不具有融资资质，仍协助他人推出"奖学金班"活动，通过官方网站、微信公众号等方式宣传，吸引客户购买"奖学金班"产品，并承诺满足在线学习3600小时的条件即可返还本次购买"奖学金班"产品的费用，并一并退还之前购买课程、VIP会员等费用。该公司不以销售商品、提供服务为主要目的，以承诺返还本金的方式引诱客户购买产品，变相非法吸收公众存款，本质上属于非法集资行为。经过审查，涉案公司非法集资时间自2021年10月持续至2022年3月，累计收取7000余名学员报名费用共计人民币8600余万元。海淀区人民检察院对其中一名直接责任人员向法院提起公诉，对另外六名参与犯罪的其他责任人员综合考虑其属于从犯、认罪认罚以及积极退赔全部违法所得等情节，作出相对不起诉处理，后根据国务院《防范和处置非法集资条例》相关规定，通过制发检察意见书的方式移送海淀区金融办进行立案调查。2023年12月20日，海淀区金融办已对六人全部作出行政处罚决定。①

实务中，亟待在规范层面统一明确相应的处置非法集资违法行为牵头部门，确保非法集资的防范和治理工作有序推进。

第二节　金融信贷类案件行刑反向衔接重点问题

金融信贷类犯罪包括骗取贷款、票据承兑、金融票证罪、违法发放贷款罪以及贷款诈骗罪、票据诈骗罪、信用卡诈骗罪等金融诈骗犯罪。实践中，该类犯罪往往涉案金额大，不起诉案件相对较少，司法机关在刑事案件中的认定观点与行政机关行政执法认定标准不统一，反向衔接工作存在一些问题亟待厘清。

一、金融诈骗案件的反向衔接依据

我国《刑法》第三章第五节规定的金融诈骗罪包括集资诈骗罪、贷款诈骗罪、票据诈骗罪、金融凭证诈骗罪、信用证诈骗罪、信用卡诈骗罪、有价证券诈骗罪、保险诈骗罪等8个罪名。现有行政法律法规针对部分金融诈骗犯罪规定了具体的行政处罚，如前文提及的《防范和处置非法集资条例》对非法集资行为的处罚规定。再如，根据《商业银行法》第82条、第83条的规定，借款人采取欺诈手段骗取贷款，构成犯罪的，依法追究刑事责任；尚不构成犯罪的，由国务院银行业监督管理

---

① 参见《全市首例！海淀区检察院与海淀区金融办协同配合办理对非法集资协助人行政处罚案件》，载 https://mp.weixin.qq.com/s/BRUt6bwd520V0YG9t－_MjQ，最后访问时间：2024年9月15日。

机构没收违法所得，违法所得50万元以上的，并处违法所得1倍以上5倍以下罚款；没有违法所得或者违法所得不足50万元的，处50万元以上200万元以下罚款。需要注意的是，该条限定的骗取对象为商业银行。另外，1995年全国人大常委会《关于惩治破坏金融秩序犯罪的决定》中规定，针对我国现行刑法中规定的伪造、变造金融票证、票据诈骗、金融凭证诈骗、信用卡诈骗、保险诈骗犯罪行为，情节轻微不构成犯罪的，可以由公安机关处15日以下拘留、5000元以下罚款。但该《决定》中没有规定信用证诈骗、有价证券诈骗行为的行政处罚。与此同时，《治安管理处罚法》第49条规定了对普通诈骗行为的治安处罚，即"盗窃、诈骗、哄抢、抢夺、敲诈勒索或者故意损毁公私财物的，处5日以上10日以下拘留，可以并处500元以下罚款；情节较重的，处10日以上15日以下拘留，可以并处1000元以下罚款"。

基于上述规定，金融诈骗罪的反向衔接产生了实践分歧。争议焦点集中在针对贷款诈骗、信用卡诈骗行为的行政处罚特殊规定与《治安管理处罚法》第49条之间的关系，该类金融诈骗不起诉案件是否可以适用《治安管理处罚法》第49条开展反向衔接工作？是否可以给予行政处罚？

解决上述问题的核心是厘清特殊金融法律法规规定的行政处罚与治安管理处罚之间的适用关系。在刑法体系中，金融诈骗罪和诈骗罪属于特别法条与普通法条，刑法理论界通说观点认为二者属于法条竞合。但在"法条竞合说"内部，针对特别法条和普通法条之间的法律适用依然存在不同意见。张明楷教授认为，特别法条所规定的犯罪行为，原本完全包含在普通法条规定的犯罪之中，特别法条的适用范围比普通法条的适用范围更为窄小；原则上特别法条优于普通法条，对符合特殊诈骗罪构成要件的行为，应当认定为特殊诈骗罪，但当行为人实施的特殊诈骗行为达不到构成要件，而符合普通诈骗罪的构成要件的，则以普通诈骗罪论处。① 因此，实践中也有观点认为，规定了金融诈骗违法行为处罚条款的金融法律法规与规制普通诈骗行为的《治安管理处罚法》属于特别法和普通法的关系，金融法律法规未规定的金融诈骗行为可以适用《治安管理处罚法》第 49 条的规定给予行政处罚。

对于张明楷教授关于诈骗罪与金融诈骗罪之间的关系以及法律适用的意见，也有学者提出反对意见。例如，周光权教授反对特别法条与普通法条之间重合的观点，他认为普通法条和特别法条的法益并不完全相同，如金融诈骗罪区别于诈骗罪，前者侵犯的是复杂客体，因此一些普通法条和特别法条只是部分重叠或者交叉，不符合特别法条的行为，不是必然符合普通法条。② 蔡道通教授认为，对于金融诈骗犯罪所涉及的特别法条，其各自的行为类型和意义，刑法理论必须给予基本的尊重，金融诈骗行为在任何情形下都不应按照生活领域的普通诈骗罪定罪处罚。③ 陈兴良教授认为，法条竞合按照不同类型，应当依法处断，当特别法与普通法竞合，除法律有明文规定的以外，应当采用特别法优先于普通法原则。④ 从上述分歧观点中可以看出，国家机关针对特殊事项制定的特殊法或在同一法律中规定的特殊法条，主要是基于行为的不同类型、特征以及行为的社会危害性或者法益侵害性的特殊性。法条之外的某种特殊行为极易发生，有类型性，因而有必要从外延较大的普通法条中剥离出一部分行为加以规定，以对法益给予特殊保护时，立法上可能作出不同于普通法条的规定。对于这一特殊考量，司法应予以尊重。⑤

---

① 参见张明楷：《诈骗罪与金融诈骗罪研究》，清华大学出版社 2006 年版，第 324－332 页。

② 参见周光权：《法条竞合的特别关系研究——兼与张明楷教授商榷》，载《中国法学》2010 年第 3 期。

③ 参见蔡道通：《特别法条优于普通法条适用——以金融诈骗罪行为类型的意义为分析视角》，载《法学家》2015 年第 5 期。

④ 参见陈兴良：《形式解释论的再宣示》，载《中国法学》2010 年第 4 期。

⑤ 参见周光权：《法条竞合的特别关系研究——兼与张明楷教授商榷》，载《中国法学》2010 年第 3 期。

《治安管理处罚法》第1条规定："为维护社会治安秩序，保障公共安全，保护公民、法人和其他组织的合法权益，规范和保障公安机关及其人民警察依法履行治安管理职责，制定本法。"第2条规定："扰乱公共秩序，妨害公共安全，侵犯人身权利、财产权利，妨害社会管理，具有社会危害性，依照《刑法》的规定构成犯罪的，依法追究刑事责任；尚不够刑事处罚的，由公安机关依照本法给予治安管理处罚。"从上述规定可以看出，《治安管理处罚法》与我国《刑法》之间的内在衔接关系，即前者针对刑法中危害社会秩序、公共安全，侵犯公民人身权利、财产权利等违反社会治安，但又不构成刑事犯罪的违法行为进行治安处罚。因此，《商业银行法》与《治安管理处罚法》并非是特殊与一般的关系，而是针对不同类型的违法行为制定的不同法律法规，管理和调整着不同的社会关系。当前，并非所有的刑事犯罪都规定了相应的治安处罚，如经济犯罪、职务犯罪，这些涉及市场经济秩序、公职人员职务廉洁性等法益的违法犯罪行为已经超出治安管辖的范畴。同时，《治安管理处罚法》作为具有限制人身自由权的行政处罚特别法，需要在法律实践中类比适用刑法的罪刑法定、罪责刑相适应原则等。① 对于《治安管理处罚法》未规定的金融诈骗违法行为，需严格把握法律授权的界限，坚守过罚相当的基本原则，不宜直接适用《治安管理处罚法》进行处罚。

笔者认为，行政违法行为的可处罚性前提是有处罚的法律依据，虽然相关行为在刑法意义上进行了负面评价，但目前信用证诈骗、有价证券诈骗等金融诈骗行为并无具体行政处罚依据，不宜进行反向衔接。

二、特殊主体的反向衔接问题

近年来，骗取贷款、贷款诈骗以及违法发放贷款刑事案件数量有所

---

① 参见张晶：《论刑法原则在治安管理处罚法律实践中的类比适用》，载《武汉公安干部学院学报》2015年第1期。

攀升，但总量较少。银行等传统金融机构有完备的贷款审核程序、健全的风险防范机制，被骗取贷款的风险相对较低。然而，在市场经济发展和国家金融政策扶持下出现的小额贷款公司等地方金融组织，由于发展起步较晚、监管机制不完善、工作规范化程度不高等原因，被骗取贷款案件时有发生。其中，关于小额贷款公司是否属于"金融机构"的问题一直存在争议，这也关系到骗取小额贷款公司贷款的行为究竟是认定为骗取贷款罪、贷款诈骗罪还是合同诈骗或普通诈骗罪，进而影响后续反向衔接工作中处罚主体和处罚依据的确定。虽然刑事司法实践中已有诸多案例和观点肯定了小额贷款公司的"金融机构"属性，骗取小额贷款公司的贷款可以构成贷款诈骗罪、骗取贷款罪，小额贷款公司的工作人员违规发放贷款的行为同样可以构成违法发放贷款罪，但反对的声音依旧存在。

"肯定说"主张小额贷款公司属于刑法意义上的"其他金融机构"。主要理由如下：一是根据 2008 年中国银行业监督管理委员会、中国人民银行联合发布的《关于小额贷款公司试点的指导意见》规定，小额贷款公司系经银行业监督管理机构授权的省级政府金融主管部门批准设立，主营业务为发放贷款，属于金融业务的范畴。二是 2009 年中国人民银行印发的《金融机构编码规范》亦将小额贷款公司列入"金融机构一级分类码"和"金融机构二级分类码"，归属"Z－其他"类。三是 2020 年最高人民法院《关于新民间借贷司法解释适用范围问题的批复》中明确，地方金融监管部门监管的小额贷款公司、融资担保公司、区域性股权市场、典当行、融资租赁公司、商业保理公司、地方资产管理公司等 7 类地方金融组织，属于经金融监管部门批准设立的金融机构，其因从事相关金融业务引发的纠纷，不适用新民间借贷司法解释。[①]

也有学者提出，小额贷款公司的行政法律性质既不是完全意义上的

---

① 参见最高人民法院刑事审判第一、二、三、四、五庭主办：《刑事审判参考》（2014 年第 2 集），法律出版社 2014 年版，第 34－35 页。

"金融机构"，也不是"企业法人"，而应当被认定为"准金融机构"，即实质上具有金融机构性质，只不过欠缺外在的法律表现形式；基于行政犯双重违法性的特征，对小额贷款公司刑法性质的评价应当以行政法性质的认定作为前提，即在刑法评价的意义上认定小额贷款公司属于金融机构。① 上述观点及理由亦得到了最高人民法院刑事审判参考案例和司法实践案例的认可。

【案例 14 – 3：江某某骗取贷款案】

2012 年 1 月 6 日，被告人江某某作为上海某投资集团有限公司（以下简称投资公司）法定代表人，以公司名义向上海某小额贷款股份有限公司（以下简称小贷公司）申请贷款用于购买钢材，并提供了与上海某实业有限公司（以下简称实业公司）虚假签订的钢材供销合同，虚报公司财务状况。同年 1 月 13 日，投资公司取得小贷公司贷款人民币（以下币种同）600 万元后，即用于归还该公司及其控股的其他公司的贷款和债务。同年 2 月至 7 月，该公司支付利息 61.72 万元，其余款息至案发时仍未归还，给小贷公司造成损失 538.28 万元。上海市闵行区人民法院认为，被告单位投资公司及其直接负责的主管人员被告人江某某以欺骗手段取得金融机构贷款，给金融机构造成损失 538 万余元，造成特别重大损失，其行为均构成骗取贷款罪，以被告单位投资公司犯骗取贷款罪，判处罚金 10 万元；被告人江某某犯骗取贷款罪，判处有期徒刑 2 年，并处罚金 6 万元。被告人向上海市第一中级人民法院提起上诉后，二审裁定驳回上诉，维持原判。②

"否定说"主张不宜认定小额贷款公司系"其他金融机构"。主要理由如下：一是小额贷款公司无须取得相应的金融许可证，《金融机构

---

① 参见刘宪权、吴波：《骗取小额贷款公司贷款行为的定性研究》，载《中国刑事法杂志》2012 年第 9 期。

② 参见最高人民法院刑事审判第一、二、三、四、五庭主办：《刑事审判参考》（2014 年第 2 集），法律出版社 2014 年版，第 34 – 35 页。

编码规范》《关于小额贷款公司试点的指导意见》也并非法律、行政法规，效力位阶较低，不能据此认定小额贷款公司具有金融机构的性质。① 二是 2008 年《关于小额贷款公司试点的指导意见》中规定，小额贷款公司是由自然人、企业法人与其他社会组织投资设立，不吸收公众存款，且自主经营，自负盈亏，自我约束，自担风险。三是小额贷款公司与银行等金融机构相比，不具备吸收公众存款的职能，骗取小额贷款公司的贷款一般不可能发生系统性风险，因此也就不需要动用刑法对其进行特殊保护。② 2024 年国家金融监督管理总局公布了《小额贷款公司监督管理暂行办法》，再次明确小额贷款公司是不吸收公众存款，主营小额贷款业务的地方金融组织。从上述情况来看，小额贷款公司的贷款业务更倾向由民事法律关系调整，若公权力过多干预，可能会影响市场交易自由。此外，实践中，小额贷款公司发放贷款往往会和贷款人签订贷款合同，行为人若以非法占有目的，骗取贷款的，可以合同诈骗罪定罪处罚，若无法证明非法占有故意的，可以通过民事途径救济。

笔者认为，在刑事法领域将小额贷款公司认定为"金融机构"，符合当前国家保护信贷资金安全、维护金融秩序稳定的立法目的。虽然小额贷款公司不具有吸收公众存款的职能，但是贷款发放业务属于金融业务的一种，小额贷款公司已经成为当前金融贷款市场的重要组成部分。实践中，一些伪造申贷资料、虚报贷款用途，骗取小额贷款公司贷款的行为，涉案金额十分巨大，最终同样会造成贷款无法挽回的后果，使得贷款资金处于流失风险，具有严重扰乱金融市场秩序的社会危害性。即便当行为人以非法占有目的骗取贷款可以依法认定为合同诈骗罪，但在行为人不具有非法占有目的，无法以骗取贷款罪追究刑事责任的情况

---

① 参见张亮、张兆玉：《骗取小额贷款公司资金的行为定性》，载《中国检察官》2023 年第 24 期。

② 参见俞燕：《小额贷款公司案件适用骗取贷款罪的问题探析》，载《中国检察官》2014 年第 3 期。

下，如果一律以民事途径解决，难以有效实现对不法行为的打击和对法益的保护。

在法秩序统一性原则之下，行为的违法性判断是指在某一法领域中适法的行为在别的法领域禁止违法，或者相反的，某一法领域中违法的行为在别的法领域禁止适法。① 法秩序统一性原理强调整体法秩序内部协调，要求从法秩序全局角度出发对个案进行判断，避免部门法之间的相互矛盾和冲突。② 根据法秩序统一原理，既然刑事上认定小额贷款公司属于"金融机构"，行政法上也应当认定其属于"金融机构"。因此，对于骗取小额贷款公司的行为，应当按照特殊的金融诈骗行为对待，不宜直接适用《治安管理处罚法》中针对普通诈骗行为的条款开展反向衔接。

但目前法律、法规、规章等并未针对骗取小额贷款公司贷款的行为专门规定行政处罚。中国人民银行于1996年发布的《贷款通则》中仅规定了对贷款人的工作人员违法放贷行为的行政处罚，以及借款人骗取贷款构成犯罪的，按照《商业银行法》的规定处以罚款并追究刑事责任，但该法针对的主体为"商业银行"，仍无法适用于骗取小额贷款公司贷款的行为。综上，笔者认为，在缺乏处罚依据的情况下，不宜对骗取小额贷款公司贷款的行为提出处罚意见。

第三节　洗钱案件行刑反向衔接重点问题

近年来，我国逐步加大了对洗钱行为的打击力度，已经形成了一套

---

① 参见陈惜珍：《法秩序统一性视域下的违法性判断——以刑民交叉案件为切入点》，载《法学论坛》2022年第6期。

② 李勇、丁亚男：《检察环节行刑反向衔接类型化规则建构》，载《中国检察官》2024年第3期。

反洗钱法律法规体系。从公开数据看，最高人民检察院2023年共起诉洗钱犯罪2971人，是2019年起诉人数的近20倍。2024年上半年起诉洗钱犯罪1391人，同比上升28.4%。① 可见，洗钱刑事案件数量不断攀升。

一、反洗钱法律法规体系

我国刑事法律对洗钱犯罪的打击由来已久，1990年12月通过的《全国人民代表大会常务委员会关于禁毒的决定》（已失效）中就设立了"掩饰、隐瞒毒赃性质、来源罪"。1997年《刑法》第191条专门设立了洗钱罪，采取了"列举式＋兜底式"的立法技术，列举了5种洗钱行为方式。经过两次修订，直至《刑法修正案（六）》，形成了目前洗钱罪的7类上游犯罪框架，包括毒品犯罪、黑社会性质的组织犯罪、恐怖活动犯罪、走私犯罪、贪污贿赂犯罪、破坏金融管理秩序犯罪、金融诈骗犯罪。国际金融行动特别工作组队对我国反洗钱工作进行评估，提出"自洗钱"未入罪的问题，我国在《刑法修正案（十一）》中正式将"自洗钱"纳入犯罪范畴。为解决"自洗钱"行为入罪后，洗钱犯罪在司法实践中存在的定罪量刑分歧问题，最高人民法院、最高人民检察院于2024年8月发布《关于办理洗钱刑事案件适用法律若干问题的解释》。除了我国刑事法律规定了洗钱罪之外，我国《反洗钱法》《反恐怖主义法》《反有组织犯罪法》中也规定了金融机构或其他国家机关对洗钱行为的监管、打击职责。

在行政法规层面，我国先后出台了《金融机构反洗钱规定》《涉及恐怖活动资产冻结管理办法》《金融机构大额交易和可疑交易报告管理办法》《法人金融机构洗钱和恐怖融资风险管理指引（试行）》等。但上述行政法规主要规定了金融机构的反洗钱监管义务及法律责任。此

---

① 《"两高"发布最新司法解释，明确洗钱犯罪认定标准》，载最高人民检察院官网，https：//www.spp.gov.cn/xwfbh/wsfbt/202408/t20240819_663652.shtml#1，最后访问时间：2024年9月22日。

外，各省、自治区、直辖市的行政机关、监管机构、行业自律组织等在各自职责范围内，根据反洗钱相关法律和行政法规，结合本地区的实际情况也制定了规范性文件及工作要求，但主要集中在金融监管领域。

二、洗钱案件反向衔接

从当前洗钱犯罪司法实践来看，金融机构参与洗钱的刑事案件相对较少，尤其在"自洗钱"入罪后，7类上游犯罪本犯实施的转移赃款赃物行为数量不断增加，"他洗钱"也主要以个人犯罪的形式出现。《关于办理洗钱刑事案件适用法律若干问题的解释》出台后，洗钱犯罪并未规定入罪金额，量刑升档为5年有期徒刑以上的标准明确为，数额达到"500万元"且具有特定情形，对于法定刑在5年有期徒刑以下的案件仍存在不起诉的空间，不起诉后面临反向衔接问题。

一种衔接路径是将洗钱行为解释为普通的掩饰、隐瞒犯罪所得行为，则可以适用治安管理处罚法予以处罚。《治安管理处罚法》第59条规定："有下列行为之一的，处五百元以上一千元以下罚款；情节严重的，处五日以上十日以下拘留，并处五百元以上一千元以下罚款：（一）典当业工作人员承接典当的物品，不查验有关证明、不履行登记手续，或者明知是违法犯罪嫌疑人、赃物，不向公安机关报告的；（二）违反国家规定，收购铁路、油田、供电、电信、矿山、水利、测量和城市公用设施等废旧专用器材的；（三）收购公安机关通报寻查的赃物或者有赃物嫌疑的物品的；（四）收购国家禁止收购的其他物品的。"第60条规定："有下列行为之一的，处五日以上十日以下拘留，并处二百元以上五百元以下罚款：……（三）明知是赃物而窝藏、转移或者代为销售的……"上述条款针对上游7类犯罪的洗钱行为均有适用空间。

但适用该解释路径，面临两个问题：一是洗钱罪与掩饰、隐瞒犯罪所得罪的关系问题。我国《刑法》第312条规定了掩饰、隐瞒犯罪所得罪，明知是犯罪所得及其产生的收益而予以窝藏、转移、收购、代为销售或者以其他方法掩饰、隐瞒的，处 3 年以下有期徒刑、拘役或者管制，并处或者单处罚金；情节严重的，处 3 年以上 7 年以下有期徒刑，并处罚金。理论界通说同样认为二者属于特殊法条和普通法条的法条竞合关系。该观点已经被《关于办理洗钱刑事案件适用法律若干问题的解释》第 6 条第 1 款所认可，该条款规定："掩饰、隐瞒刑法第一百九十一条规定的上游犯罪的犯罪所得及其产生的收益，构成刑法第一百九十一条规定的洗钱罪，同时又构成刑法第三百一十二条规定的掩饰、隐瞒犯罪所得、犯罪所得收益罪的，依照刑法第一百九十一条的规定定罪处罚。"洗钱犯罪被规定在我国《刑法》第三章破坏社会主义市场经济秩序犯罪中，而《治安管理处罚法》主要处罚对象为危害社会治安行为，适用后者关于一般窝赃行为的治安处罚规定，对掩饰、隐瞒特殊 7 类上游犯罪所得及其收益来源、性质的洗钱行为给予行政处罚，超出行政法"法无授权不可为"的基本原则。二是洗钱行为是否具有行政违法性的问题。在当前我国刑法和治安管理处罚法的"二元制"治理的情况下，二者本应紧密衔接，但刑法中有些罪与治安管理处罚存在衔接，有些罪不可能衔接，因为有些行为已经严重到只能用刑法去调整。[①] 刑罚处罚必要性和行政违法性并不等同。从洗钱犯罪并未规定入罪门槛可见该罪属于行为犯，只要有洗钱行为原则上就构成该罪。

另一种衔接路径是从洗钱手段行为着手，确定手段行为是否违反了相应的行政法律法规。该路径不会直接面临上述两个问题，但需要结合具体案件中洗钱犯罪行为方式，从现有的行政法律法规、规章中寻找相应的处罚依据。

《刑法》第 191 条洗钱罪的罪状中明确规定了 5 种行为方式，即：（1）提供资金帐户的；（2）将财产转换为现金、金融票据、有价证券的；（3）通过转账或者其他支付结算方式转移资金的；（4）跨境转移

---

① 参见黄京平、余凌云：《治安管理处罚法与刑法的衔接与展望》，载《人民检察》2017 年第 9 期。

资产的；（5）以其他方法掩饰、隐瞒犯罪所得及其收益的来源和性质的。《关于办理洗钱刑事案件适用法律若干问题的解释》第 5 条对洗钱罪罪状的"兜底条款"做了进一步的列举，即：（1）通过典当、租赁、买卖、投资、拍卖、购买金融产品等方式，转移、转换犯罪所得及其收益的；（2）通过与商场、饭店、娱乐场所等现金密集型场所的经营收入相混合的方式，转移、转换犯罪所得及其收益的；（3）通过虚构交易、虚设债权债务、虚假担保、虚报收入等方式，转移、转换犯罪所得及其收益的；（4）通过买卖彩票、奖券、储值卡、黄金等贵金属等方式，转换犯罪所得及其收益的；（5）通过赌博方式，将犯罪所得及其收益转换为赌博收益的；（6）通过"虚拟资产"交易、金融资产兑换方式，转移、转换犯罪所得及其收益的；（7）以其他方式转移、转换犯罪所得及其收益的。可见，实践中洗钱的手段行为多种多样，会涉及非法金融活动等，可能违反相关行政法律法规、规章等。例如，通过地下钱庄非法买卖外汇等手段进行赃款跨境转移。中国人民银行《个人外汇管理办法》第 30 条规定："境内个人从事外汇买卖等交易，应当通过依法取得相应业务资格的境内金融机构办理。"《外汇管理条例》第 45 条规定："私自买卖外汇、变相买卖外汇、倒买倒卖外汇或者非法介绍买卖外汇数额较大的，由外汇管理机关给予警告，没收违法所得，处违法金额 30% 以下的罚款；情节严重的，处违法金额 30% 以上等值以下的罚款；构成犯罪的，依法追究刑事责任。"根据上述规定，境内机构和个人只能在外汇指定银行办理结售汇业务，未按规定进行外汇交易的，则构成非法买卖外汇的违法犯罪行为，对于以该手段进行洗钱的行为可考虑依此给予行政处罚。

此外，还可以通过我国针对上游 7 类犯罪制定的专门性法律法规或规章进行衔接。例如，包庇走私、贩卖、运输、制造毒品的犯罪分子，以及为犯罪分子窝藏、转移、隐瞒毒品或者犯罪所得财物的行为，根据《禁毒法》第 60 条的规定，构成犯罪的，依法追究刑事责任；尚不构成犯罪的，依法给予治安管理处罚。我国《治安管理处罚法》第60条规定了针对一般掩饰、隐瞒犯罪所得违法行为的治安处罚。但《禁毒法》第60条中表述的行为手段与《刑法》第349条规定的包庇毒品犯罪分子罪、窝藏、转移、隐瞒毒品、毒赃罪高度一致，适用于洗钱犯罪行为的反向衔接是否会存在争议。笔者认为，《刑法》第349条与第191条洗钱罪之间属于想象竞合关系，该观点已经被最新出台的《关于办理洗钱刑事案件适用法律若干问题的解释》第6条第2款确认，即行为人的同一行为同时触犯两个罪名，择一重处罚。因此，即便行为人窝藏、转移、隐瞒毒品或者犯罪所得财物的行为，最终择一重以洗钱罪定罪处罚，该行为仍符合《禁毒法》第60条规定的行为模式，依法可给予行政处罚。但是，针对《禁毒法》第60条规定行为手段以外的掩饰、隐瞒毒品犯罪收益的洗钱行为，是否仍能适用《禁毒法》第60条仍不明确。

关于《反有组织犯罪法》《反恐怖主义法》等专门性法律法规中是否有洗钱行为处罚法则的问题，存在理解上的分歧。如《反有组织犯罪法》第69条第1款规定："有下列情形之一，尚不构成犯罪的，由公安机关处五日以上十日以下拘留，可以并处一万元以下罚款；情节较重的，处十日以上十五日以下拘留，并处一万元以上三万元以下罚款；有违法所得的，除依法应当返还被害人的以外，应当予以没收：……（四）为有组织犯罪活动提供资金、场所等支持、协助、便利的……"类似规定还有《反恐怖主义法》，该法第80条规定："参与下列活动之一，情节轻微，尚不构成犯罪的，由公安机关处十日以上十五日以下拘留，可以并处一万元以下罚款：……（四）为宣扬恐怖主义、极端主义或者实施恐怖主义、极端主义活动提供信息、资金、物资、劳务、技术、场所等支持、协助、便利的。"上述规定中的"支持、协助"行为，是否包括上游有组织犯罪活动既遂后，为上游犯罪分子提供资金账户转移犯罪所得的行为，条文规定相对模糊。从条文文本来看，均为为某种

"活动"或"犯罪活动"提供"支持、协助、便利",一般理解为上游犯罪本身,难以涵盖既遂后的洗钱活动。因此,在衔接适用上需要谨慎。

《海关法》第84条规定:"伪造、变造、买卖海关单证,与走私人通谋为走私人提供贷款、资金、帐号、发票、证明、海关单证,与走私人通谋为走私人提供运输、保管、邮寄或者其他方便,构成犯罪的,依法追究刑事责任;尚不构成犯罪的,由海关没收违法所得,并处罚款。"该条明确规定的"通谋"要件,在刑事犯罪中一般指与上游犯罪分子实施上游犯罪的"意思联络",但该条并未覆盖与走私人无通谋的情况。基于此,有地方性法规做了进一步的规定。如《海南省反走私暂行条例》第22条规定:"禁止任何单位和个人为走私违法犯罪行为和无合法来源证明进口货物经营行为提供贷款、资金、帐号、发票、证明、海关单证,或者提供运输、保管、邮寄以及其他便利。"第37条第1款规定:"违反本条例第二十二条,与走私人通谋为走私人提供贷款、资金、帐号、发票、证明、海关单证,或者提供运输、保管、邮寄以及其他便利的,依照《海关法》等法律、行政法规的规定处罚。"该条第2款规定:"违反本条例第二十二条,知道或者应当知道他人经营无合法来源证明进口货物,仍为其提供贷款、资金、帐号、发票、证明、海关单证,或者提供运输、保管、邮寄以及其他便利的,由市场监督管理、药品监督管理、生态环境、烟草专卖等部门按照各自职责分工,责令停止违法行为,没收违法所得和专门用于违法活动的运输工具、设备,处三千元以上三万元以下罚款;情节严重的,处三万元以上三十万元以下罚款,货值金额超过三十万元的,处货值金额等额罚款,并责令停业整顿,直至依法吊销营业执照、相关许可证。"第37条第2款的规定对象仍存在理解分歧,即该条是在"无通谋"的情况下提供资金、帐号等便利行为,是否包括在走私犯罪行为既遂后,对走私货物及其转化性违法所得予以窝藏、转移等掩饰、隐瞒犯罪所得来源、性质的洗钱行为。

第十五章　税收类案件行刑反向衔接

税收类犯罪是常见犯罪，这类犯罪是典型的行政犯，也是行刑反向衔接的重点领域。税收类犯罪往往涉及企业犯罪，反向衔接需要审慎处理，做好可处罚性和必要性审查。

第一节　税收类案件行刑反向衔接概述

一、税收类案件行刑反向衔接的类型

《刑法》分则第三章第六节"危害税收征管罪"中，共涉及 14 个罪名，除前 4 个罪名以外，剩余的 10 个罪名均是涉发票类犯罪，可以根据罪名的行为特征作如下分类：

第一类是前 4 个罪名，系采取抗、骗等不同手段，直接逃避缴纳税款的行为，第一个罪名是逃税罪，设置了"税务处理程序前置"，简而言之，除法定情形外，对于逃税罪的初犯，在立案前由税务机关进行税务处理，积极配合的，不予追究刑事责任，这体现了涉税类刑事案件在打击犯罪的同时，更注重加强税收监管挽回税收损失，因此司法实践中此类案件进入刑事程序的较少；另外三个罪名的行为手段相对简单直接，得益于现代发达的税务监管系统，此类犯罪存在的空间被进一步压缩，导致司法实践中此类刑事案件发生较少，故前 4 个罪名不作为本次行刑反向衔接讨论的对象。

第二类系虚开发票类犯罪。根据统计，近 5 年来，检察机关受理审查起诉的税收类犯罪案件中，虚开增值税专用发票、用于骗取出口退税、抵扣税款发票罪和虚开发票罪两个罪名占到 91.9%，其中，虚开增值税专用发票犯罪约占 80%。① 可见，这两个罪名是司法实践中税收类犯罪的主要罪名，也是行刑反向衔接工作的重点内容。

第三类是其余 8 个罪名，均系直接针对发票本身的违法行为，此类案件侵害的法益主要是对国家发票管理秩序的直接破坏；而以逃税为目的的虚开发票行为具有侵害国家发票管理秩序与侵害国家税款安全的财产犯的双重属性②，故而两类罪名反向衔接的依据和重点有所不同。

综上，下文将主要针对第二类和第三类案件反向衔接的依据、可能存在的问题及解决思路等内容予以论述。

二、税收类案件行刑反向衔接的法律依据

2021 年 3 月，中共中央办公厅、国务院办公厅联合印发《关于进一步深化税收征管改革的意见》，强化税收司法保障，进一步明晰税务机关和司法机关的执法衔接工作机制，包括进一步畅通行政执法与刑事司法衔接工作机制，完善涉税司法解释，明晰司法裁判标准等，对税务领域行刑衔接问题进行了顶层设计，为下一步相关规定和意见的出台奠定了基础。2021 年 10 月，国家税务总局、公安部、最高人民检察院、海关总署、中国人民银行、国家外汇管理局等六部门建立常态化打击虚开骗税违法犯罪工作机制，后又加入最高人民法院、国家市场监督管理总局并最终形成了以上八个部门联合打击虚开骗税工作机制。③ 2024 年 3

---

① 参见高景峰、余双彪、杨新慧：《"两高"〈关于办理危害税收征管刑事案件适用法律若干问题的解释〉的理解与适用》，载《人民检察》2024 年第 7 期。

② 参见陈兴良：《虚开增值税专用发票罪的不法性质与司法认定》，载《法律科学》2021 年第 4 期。

③ 参见柳燕：《税务遇上刑法：行刑衔接视角下的虚开增值税专用发票案》，https://www.anjielaw.com/view/article - info.html? id = 2494，2024 年 5 月 16 日。

月 18 日，在涉税犯罪司法解释暨典型案例新闻发布会答记者问环节，发言人明确涉税刑事司法解释既是打击涉税犯罪的法律依据，又是税收执法和"行刑衔接"工作的制度保障。因此，要加强与公安、税务等部门的沟通协作，健全行政执法和刑事司法双向衔接机制，积极探索建立健全全税种追缴机制，最大限度为国家挽回税收损失。[①] 同时，"两高"《关于办理危害税收征管刑事案件适用法律若干问题的解释》第 21 条第 1 款规定："犯罪情节轻微不需要判处刑罚的，可以不起诉或者免予刑事处罚；情节显著轻微危害不大的，不作为犯罪处理。"第 2 款也明确："对于实施本解释规定的相关行为被不起诉或者免予刑事处罚，需要给予行政处罚、政务处分或者其他处分的，依法移送有关主管机关处理。有关主管机关应当将处理结果及时通知人民检察院、人民法院。"以上就是税收类犯罪行刑反向衔接程序启动的相关规定，充分体现了针对此类典型的行政犯，行政违法和刑事犯罪之间的双向衔接机制建设已日趋成熟，这也为行刑反向衔接工作的开展明确了法律依据。

第二节　税收类案件行刑反向衔接重点问题

一、虚开发票类案件行刑反向衔接

如前所述，以抵扣税款为目的的虚开增值税专用发票犯罪案件数量占到近 5 年来税收类犯罪的绝大多数，因此，虚开发票类案件是行刑反向衔接工作的重点领域。从行政犯的从属性原理来看，此类案件的行政违法和刑事犯罪的构成要件本质上是一致的，区别主要体现在"量"

---

① 参见《涉税犯罪司法解释暨典型案例新闻发布会答记者问》，载中国法院官网，https://baijiahao.baidu.com/s? id = 1793916769010816765&wfr = spider&for = pc，2024 年 3 月 19 日。

上，即虚开发票导致税款损失的数额或者虚开发票的金额达到一定"量"标准，行为才会从行政违法上升为刑事犯罪的范畴。因此，虚开发票类犯罪，其虚开行为本质上符合《税收征收管理法》中关于偷税的规定，即第 63 条第 1 款规定："纳税人伪造、变造、隐匿、擅自销毁账簿、记账凭证，或者在账簿上多列支出或者不列、少列收入，或者经税务机关通知申报而拒不申报或者进行虚假的纳税申报，不缴或少缴应纳税款的，是偷税。对纳税人偷税的，由税务机关追缴其不缴或少缴的税款、滞纳金，并处不缴或少缴的税款 50% 以上 5 倍以下的罚款，构成犯罪的，依法追究刑事责任。"同时，《发票管理办法》第 35 条规定："违反本办法的规定虚开发票的，由税务机关没收违法所得；虚开金额在 1 万元以下的，可以并处 5 万元以下的罚款；虚开金额超过 1 万元的，并处 5 万元以上 50 万元以下的罚款，构成犯罪的，依法追究刑事责任。"虚开发票类犯罪行为在行政违法层面上同时符合了上述规定的标准，在行刑反向衔接时，具体应当适用哪一个规定？

首先，需要分析两者之间的位阶关系。《税收征收管理法》系全国人大常委会决议通过的法律，而《发票管理办法》系以国务院令的形式发布，属于行政法规。《发票管理办法》第 1 条即规定了"根据《中华人民共和国税收征收管理法》，制定本办法"，行政法规就是为了实施法律而制定的，显然《税收征收管理法》是《发票管理办法》的上位法。其次，再看上述法律和行政法规是否产生了冲突。根据《税收征收管理法》第 63 条的规定，应当追缴税款、滞纳金，并处不缴或少缴税款 50% 以上 5 倍以下的罚款；而《发票管理办法》第 35 条系根据虚开数额超过 1 万元的，并处 5 万元以上 50 万元以下的罚款。由此可见，二者的规定有重合的情况，比如虚开增值税专用发票 10 万元，刚刚达到刑事立法追诉标准，如作相对不起诉，在行刑反向衔接时，适用法律或者行政法规不存在冲突；但如果虚开税额达到 100 万元以上，则二者的规定出现冲突，此时根据上位法优于下位法的原则，应当适用《税收征收管理法》的规定，按照 50% 以上 5 倍以下确定罚款数额。最后，根据《行政处罚法》第 29 条的规定，同一违法行为违反多个法律规范应当给予罚款处罚的，按照罚款数额高的规定处罚。显然，《税收征收管理法》对于罚款的规定数额高于《发票管理办法》关于罚款数额的规定，仍然应当适用《税收征收管理法》的规定。

司法实践中，虚开发票类犯罪也存在一些因行为手段的特殊性而产生罪与非罪分歧的情况。根据《关于办理危害税收征管刑事案件适用法律若干问题的解释》第 10 条第 2 款的规定，为虚增业绩、融资、贷款等不以骗抵税款为目的，没有因抵扣造成税款被骗损失的，不以本罪（虚开增值税专用发票罪）论处，构成其他犯罪的，依法以其他犯罪追究刑事责任。这一规定是对虚开增值税专用发票罪进行了限缩解释，目的是立足增值税专用发票的核心功能，只有利用了抵扣功能骗抵了税款，才能认定为虚开增值税专用发票罪，符合罪责刑相适应原则[1]，明确了虚开增值税专用发票罪的双重法益性质，即外层是抽象的发票管理秩序法益，内层是国家税收、公共财产所有权等实体法益[2]。"不以骗税为目的且未造成国家税款损失"的虚开行为均不构成虚开增值税专用发票罪，但根据其行为手段，有可能涉嫌非法出售（购买）发票罪，对于该罪名将在后文中论述，此处不再赘述。另一种情况是不构成犯罪而绝对不起诉，但绝对不起诉并不当然地阻却行政违法性。司法实践中，此种情形较为常见的有发票的"对开""环开""挂靠开票"等方式，此类虚开增值税专用发票行为因未实际造成国家税款损失而可能被出罪，但虚开行为一经实施，必然会对发票管理秩序造成损害，进而具有了行政违法性。根据《发票管理办法》第 21 条的规定，任何单位和个

---

[1]　参见滕伟、董保军、姚龙兵、张淑芬：《"两高"〈关于办理危害税收征管刑事案件适用法律若干问题的解释〉的理解与适用》，载《法律适用》2024 年第 4 期。

[2]　参见张九允：《虚开发票罪的若干疑难问题研究》，载《洛阳理工学院学报（社会科学版）》2023 年第 2 期。

人不得有下列虚开发票行为：（1）为他人、为自己开具与实际经营业务情况不符的发票；（2）让他人为自己开具与实际经营业务情况不符的发票；（3）介绍他人开具与实际经营业务情况不符的发票。同时，第35条还规定了虚开发票的处罚措施。因此，对于此类案件需要根据《发票管理办法》的规定开展行刑反向衔接工作。

二、针对发票本身实施犯罪案件的行刑反向衔接

这类罪名共8个，根据作为犯罪对象的发票的真伪，可以分为两类：一类是非法出售、购买发票罪（真发票）；一类是非法制造发票，购买、出售、非法持有伪造的发票罪。非法出售、非法购买发票犯罪与虚开发票类犯罪在一些情况下可能存在竞合关系，虚开增值税专用发票案件中的受票方往往以支付"开票费""税点"等名义，从他人处获得进项票进行抵扣，由此开票方与受票方之间同时构成非法出售与非法购买增值税专用发票的关系，按照从一重罪论处原则定罪处罚，一般根据虚开增值税专用发票罪的相关规定予以反向衔接。对于未实际用于抵扣的虚开行为，则可能认定为销售或者购买发票罪，此类行为未造成税款的损失，但客观上破坏了发票管理秩序，应根据《发票管理办法》的相关规定予以行政处罚；对于犯罪对象为伪造的发票的相关罪名，根据《发票管理办法》第36条予以处罚，该条规定了私自印制、伪造、变造发票，非法制造发票防伪专用品，伪造发票监制章，窃取、截留、篡改、出售、泄露发票数据的，由税务机关没收违法所得，没收、销毁作案工具和非法物品，并处1万元以上5万元以下的罚款；情节严重的，并处5万元以上50万元以下的罚款。

第三节　税收类案件行刑反向衔接疑难问题

税收类犯罪案件的反向衔接中以下几个问题值得探讨：一是涉及企

业犯罪不起诉反向衔接中的处罚"倒挂"问题；二是行政性失信惩戒的适用问题；三是虚开发票类犯罪中不同行为模式的反向衔接问题。

一、涉税案件行刑处罚"倒挂"问题

对于企业涉税案件，特别是涉税数额较高的案件，反向衔接中容易出现行政处罚的罚款与刑事判决的罚金"倒挂"问题。根据《税收征收管理法》的规定，虚开行为应当并处补缴或者少缴税款 50% 以上 5 倍以下的罚款；而《刑法》中明确虚开发票类案件的罚金上限为 50 万元，因此在行政处罚金额超出 50 万元的情况下，两者之间的"倒挂"问题就显得尤为突出。

【案例 15 - 1：赵某、杭州某资产管理有限公司虚开发票案】

2019 年 5 月至 2021 年 8 月，被告人赵某作为杭州某资产管理有限公司实际控制人，授意公司员工被告人张某在没有真实交易的情况下，从张某某（另案处理）经营的南京某商务管理咨询公司为自己公司虚开增值税普通发票 302 份，票面金额合计 2346.15 万元。案发后，杭州某资产公司对虚开的增值税普通发票补缴全部税款或做纳税申报调整。

检察机关拟对本案中的涉案公司作出相对不起诉决定，但该公司了解到行政处罚需要罚款 400 万余元，而罚金只有不到 50 万元时，提出书面申请，要求将该公司涉嫌犯罪行为提起公诉。这一方面违背了检察机关护航民企，对企业从轻处罚的初衷；同时也会导致不起诉决定作出后，行政处罚履行不到位，造成程序回转，检察机关将面临撤销不起诉决定的可能。为确保检察建议发出后能够得到有效执行，防止程序回转，南京市人民检察院、南京市公安局、国家税务总局南京市税务局于 2023 年 10 月出台了《关于推进企业涉税案件刑事、行政程序衔接工作的意见》明确规定：税务机关在检察机关审查起诉阶段告知涉案企业，并由企业负责人签署《接受行政处罚意愿书》，明确行政处罚的种类、金额，并承诺依法缴纳等内容，并将是否签署意愿书作为相对不起诉或者其他宽缓化处理的考量因素。这在一定程度上避免了不起诉决定作出后程序回转的问题。

实践中，有些地方探索在反向衔接发出的检察意见中建议行政机关从轻或减轻处罚，降低行政处罚罚款数额，或者采取分期缴纳罚款等方式，适当减轻企业负担，在相对人积极配合的情况下赋予行政机关一定的裁量空间，合理确定罚款数额以避免出现严重的"倒挂"现象，达到依法治理与护航企业发展的双重实效。

二、税务机关对涉案企业的行政性失信惩戒问题

根据 2022 年 2 月 1 日施行的《重大税收违法失信主体信息公布管理办法》（国家税务总局令第 54 号）第 6 条的规定，虚开增值税专用发票或者虚开用于骗取出口退税、抵扣税款的其他发票，虚开增值税普通发票 100 份以上或者金额 400 万元以上，以及其他伪造、编造发票行为的，均系"重大税收违法失信主体"，税务机关将向社会公布失信信息，并将信息通报相关部门实施监管和联合惩戒。这类行政性失信惩戒对企业特别是一些特定行业的企业经营和发展，产生较为严重的负面影响。基于此，一些涉案企业在行刑反向衔接中提出，能否建议税务机关不再进行行政性失信惩戒。笔者认为，反向衔接的检察意见中可以对行政性失信惩戒的问题提出意见。具体理由如下：

首先，对行政性失信惩戒进行检察监督具有法律依据。2021 年 6 月 15 日《中共中央关于加强新时代检察机关法律监督工作的意见》明确规定：检察机关"在履行法律监督职责中发现行政机关违法行使职权或者不行使职权的，可以依照法律规定制发检察建议等督促其纠正"。同时，行政性失信惩戒依据的《重大税收违法失信主体信息公布管理办法》属于部门规章，因此行政性失信惩戒行为本质上属于行政机关行使职权的行为，这为检察机关针对行政领域的失信惩戒措施实施法律监督提供了制度支撑。在推进联合惩戒体系的背景下，检察机关应当依法发

挥其法律监督作用，以检察建议或意见等方式，对失信行为惩戒实施精准有效的监督。

其次，对行政性失信惩戒进行检察监督符合现实需求。行政性失信惩戒虽然在推动社会信用体系构建和市场经济秩序维护上发挥了积极作用，但仍存在诸多亟待解决的问题。具体而言，部分行政管理部门在执行失信惩戒时，由于缺乏具体、细化的操作规范和程序指引，可能出现程序性违法现象而侵害当事人的合法权益。同时，行政机关在处理类似案件时，可能因为利益考量等原因而采取不同的处理标准，这种选择性执法行为不仅破坏了法律的平等适用原则，也损害了政府的公信力。此外，随着实践的不断发展，行政性失信惩戒的适用范围也存在逐渐泛化的趋势，惩戒措施的滥用现象时有发生，这种无序扩张存在引发社会不满和信任危机的可能。在惩戒力度上，部分行政性失信惩戒措施存在过罚失当的问题，对失信相对人权利的保障不足也使得失信主体在遭受不当惩戒时难以获得及时有效的救济。针对上述问题，检察机关通过检察建议等方式予以监督规制显得尤为重要。其一，检察机关介入行政性失信惩戒程序，可以对行政机关的执法行为进行客观、公正的审查，有效遏制程序违法和选择性执法等不当行为。其二，检察机关通过精准监督，可以及时发现并纠正存在的问题，确保失信惩戒措施的正确实施。其三，检察机关在监督过程中，还可以为失信相对人提供必要的法律帮助和救济途径，维护其合法权益。值得注意的是，检察机关的监督不仅是对个案的纠正，通过监督实践，还可以推动行政性失信惩戒相关法律法规的完善，促进法治建设发展。

最后，以检察建议进行失信惩戒监督存在自身优势。最高人民检察院于 2019 年 2 月 26 日发布新修订的《人民检察院检察建议工作规定》，其中第 2 条规定："检察建议是人民检察院依法履行法律监督职责，参与社会治理，维护司法公正，促进依法行政，预防和减少违法犯罪，保护国家利益和社会公共利益，维护个人和组织合法权益，保障法律统一正确实施的重要方式。"由此可见，检察建议不具有法律强制力，属于建议性文书，与其他监督方式相比较，它展现出一种更为温和的"柔性监督"特性。因此，在行刑反向衔接中探讨行政性失信惩戒的法律监督途径时，坚持以检察建议为主导的方式更加适宜。行政性失信惩戒检察监督主要聚焦于程序层面，而非终局裁决，它本质上是一种提示与提醒机制，但不具备最终裁决或实体处理的决定性效力。最终对违法行为是否存在及其处理的决定权，仍保留在相应的行政主管机关手中。因此，以检察建议的方式进行监督能够有效避免检察机关对具体案件处理结果的过度干预风险，确保监督的适度与谦抑。随着相关政策文件的陆续出台，检察建议已成为检察机关履行法律监督职责的关键工具，在检察机关进行监督时的运用次数显著提升，这也充分证明了其在实际操作中的高效与可行性。[①] 同时，反向衔接案件经过检察机关刑事检察和行政检察部门的多重审查，其对失信惩戒的必要性和可行性的意见具有相对客观、中立的优势，对行政机关做出最终处理具有较强的参考价值。

三、虚开发票类犯罪中不同行为模式的行刑反向衔接问题

根据《刑法》第 205 条第 3 款规定，虚开增值税专用发票罪中的"虚开"是指为自己虚开、为他人虚开、让他人为自己虚开以及介绍他人虚开等四种行为模式。其中，为自己虚开和为他人虚开的行为人就是开票人，因此这两种行为模式是真正的虚开发票实行行为。而让他人为自己虚开和介绍他人虚开这两种行为模式中的行为人，均不是开票人，前者是受票人，本质是一种教唆行为；后者是中介人，本质是一种帮助行为。[②] 教唆和帮助行为在共同犯罪层面属于共犯行为，但在本罪名中

---

① 参见顾敏康、宋阳：《检察监督介入行政性失信惩戒的困境与路径》，载《湘潭大学学报（哲学社会科学版）》2023 年第 6 期。

② 参见陈兴良：《虚开增值税专用发票罪的不法性质与司法认定》，载《法律科学》2021 年第 4 期。

却被规定为虚开发票的实行行为，理论上属于共犯行为的正犯化。在以往的司法实践中，此类行为大多据此被认定为虚开增值税专用发票罪，但自 2024 年 3 月 20 日，最高人民法院、最高人民检察院《关于办理危害税收征管刑事案件适用法律若干问题的解释》施行后，开票方、中介方是否与受票方具有骗抵税款的共同故意成为界分虚开还是非法出售发票的依据，① 司法实践中对于此类行为的罪名认定出现了新变化，部分为他人虚开及介绍他人虚开的行为被认定为非法出售发票罪。

【案例 15 - 2：沈某虚开增值税专用发票案】

2019 年 1 月，沈某注册成立某物流科技有限公司开展网络货运，同年 5 月，沈某让技术部主管王某在前期开发的网络货运车货匹配系统的基础上增加了补录运单的功能，后该公司对外向缺少进项发票的物流、建筑工程类等公司推销增值税专用发票，再将受票企业已经自行委托社会车辆运输完成的业务信息或者伪造的货运信息运用补录功能录入公司平台，向受票企业开具增值税专用发票，收取一定比例的"服务费"。至案发，该公司对外向 2700 余家企业累计开具增值税专用发票税额超 8 亿元。一审法院以构成虚开增值税专用发票罪判处沈某有期徒刑 15 年，二审法院认为，鉴于目前并无证据证实沈某公司确切明知受票企业开具增值税专用发票是为了骗抵税款，与受票企业有通过虚开增值税专用发票骗抵税款的共谋，对沈某的公司不以虚开增值税专用发票罪认定，最终改判沈某等人构成非法出售增值税专用发票罪，改判沈某有期徒刑 10 年。②

因此，对于为他人虚开、介绍他人虚开增值税专用发票的行为人在开展行刑反向衔接时，应明确区分该部分人员是否明知受票方系用于抵

---

① 参见滕伟、董保军、姚龙兵、张淑芬：《"两高"〈关于办理危害税收征管刑事案件适用法律若干问题的解释〉的理解与适用》，载《法律适用》2024 年第 4 期。

② 参见薛载华：《从最新两起税案看两高新解释后虚开和非法出售的区分》，载威科先行，https：//taa. wkinfo. com. cn/professional - articles/detail/NjAwMDAyNjEwNDg% 3D，2024 年 7 月 10 日。

扣税款，从而认定行为人是否存在造成税款损失的违法行为，进而选择适用《税收征收管理法》或《发票管理办法》进行行政处罚。

"两高"《关于办理危害税收征管刑事案件适用法律若干问题的解释》第 19 条规定："明知他人实施危害税收征管犯罪而仍为其提供账号、资信证明或者其他帮助的，以相应犯罪的共犯论处。"司法实践中，此类犯罪的共同犯罪人除了上述提供账号、资信证明的人员，比较常见的还有公司财务人员等根据公司负责人的安排实际操作的人员等，这类人员在共同犯罪中认定为从犯的较多，如同时具备退出违法所得、认罪认罚等情节，则通常会被作出相对不起诉处理。对于这类人员的反向衔接具体适用的行政法规定，需要具体问题具体分析：对于直接参与发票违法行为的人员，可以依照《发票管理办法》的规定处罚；对于公司、企业的财务人员，也可依据《会计法》向财政部门移送检察意见，对财务会计人员进行行政处罚；对于其他可能涉及金融类犯罪、网络类犯罪的人员，则应当根据具体罪名对应的行政法规定具体问题具体分析。

第十六章 治安管理类案件行刑反向衔接

我国治安管理领域的行政法是《治安管理处罚法》，与《刑法》联系最为紧密，有"小刑法"之称。《治安管理处罚法》作为特别法，与《行政处罚法》的一般规定有较多不同。本章将对这些不同之处进行归纳、分析，同时对该领域反向衔接时应遵循的普遍原则进行提炼，对常见罪名中遇到的反向衔接难点进行探讨。

第一节 治安管理类案件行刑反向衔接概述

《治安管理处罚法》作为特殊的行政法，其在案件地域管辖、行政处罚种类、从轻和减轻处罚的情形等方面，与《行政处罚法》的一般规定有所不同。

一、管辖

《行政处罚法》第 22 条规定，行政处罚由违法行为发生地的行政机关管辖，法律、行政法规、部门规章另有规定的，从其规定。根据《治安管理处罚法》第 7 条第 2 款的规定，治安案件的管辖由国务院公安部门规定，没有直接明确地域管辖的范围。从我国现有法律来看，公安部于 2020 年 8 月 6 日修订的《公安机关办理行政案件程序规定》规定了行政案件的办理程序，由于治安案件属于行政案件，因此治安案件的办理程序应依照该规定，当然也包括地域管辖。《公安机关办理行政案件程序规定》第 10 条第 1 款规定,"行政案件由违法行为地的公安机关管辖。由违法行为人居住地公安机关管辖更为适宜的,可以由违法行为人居住地公安机关管辖,但是涉及卖淫、嫖娼、赌博、毒品的案件除外"。由此可见,治安管理领域案件的地域管辖除了违法行为地,还包括违法行为人居住地。如果被不起诉人不便于到原侦查机关所在地接受治安处罚,可以把案件反向移送至被不起诉人居住地的公安机关处理。

二、处罚种类

《治安管理处罚法》第 10 条规定了治安管理处罚的种类,分为警告、罚款、行政拘留、吊销公安机关发放的许可证,以及对违反治安管理的外国人附加适用限期出境或者驱逐出境。《治安管理处罚法》相较《行政处罚法》,去掉了没收违法所得、没收非法财物、责令停产停业、责令关闭等处罚种类,新增加了对外国人违法的处罚种类。《治安管理处罚法》之所以去掉了没收违法所得、没收非法财物这两种处罚种类,是因为它与《刑法》的相关规定一样,把违法所得和非法财物作为涉案财物来处理,按照不同的情形,依法没收、追缴。这也导致涉治安管理类案件反向衔接时,违法所得的处理与其他案件不同。

三、从轻、减轻、不予处罚的类型

《治安管理处罚法》与《行政处罚法》均规定对未成年人、精神病人等特殊身份的人员可以从轻、减轻、不予处罚,同时《治安管理处罚法》结合自身领域违法行为的特点,在第 14 条中增加了对盲人或聋哑人也可以从轻、减轻、不予处罚的规定。这一规定体现了对残疾人群体的人文关怀,考虑到他们由于生理上的缺陷,对其处罚轻于正常人。需要注意的是,这一规定并非强制性的"应当"从轻、减轻或者不予处罚,而是"可以",是一种倾向性规定。这意味着原则上从轻、减轻或者不予处罚,特殊情况下,则需要根据案件的具体情况来决定是否从

轻、减轻或者不予处罚。另外,《行政处罚法》第 32 条中规定的五种
"应当从轻或者减轻处罚"的情形,在《治安管理处罚法》第 19 条中规
定为"减轻处罚或者不予处罚",也就是说如果被不起诉人有符合上述
规定的情形之一,又没有其他从重处罚的情节,依法应当"减轻处罚",
而非"从轻处罚"。

四、对单位处罚的特殊规定

《行政处罚法》第 2 条把公民、法人或者其他组织作为被处罚的对
象,但对于单位在何种情况下构成违法,对单位实行单罚还是双罚并没
有明确的规定。《刑法》第 30 条规定,法律规定为单位犯罪的才负刑事
责任。亦即在没有特殊规定的情况下,单位不具有刑事犯罪主体资格。
同时,《刑法》第 31 条规定,单位犯罪的,对单位判处罚金,并对其直
接负责的主管人员和其他直接责任人员判处刑罚。即在刑事领域,法律
对单位犯罪实行双罚制。在治安管理领域,单位违法的规定有所不同。
《治安管理处罚法》第 18 条规定,单位违反治安管理规定的,对其直接
负责的主管人员和其他直接责任人员依照本法的规定处罚。即在治安领
域,法律对单位违法实行单罚制,只处罚自然人,不处罚单位。但该条
也有例外规定,即"其他法律、行政法规对同一行为规定给予单位处罚
的,依照其规定处罚"。如果单位实施违法行为,既违反了《治安管理
处罚法》,又违反了其他行政法律,那么对于单位而言,按照其他行政
法律的规定给予处罚,对于单位中直接负责的主管人员和其他直接责任
人员,则需先审查相关法律法规是否对自然人进行处罚,如果处罚,则
再依照上位法优于下位法、特别法优于一般法、新法优于旧法,同时兼
顾从旧兼从轻以及择一重处的原则给予处罚。①

---

① 参见胡静、刘一冰:《论"一事不再罚"在环境行政处罚中的适用》,载《环
境法评论》(第八辑),中国社会科学出版社 2023 年版。

第二节　治安管理类案件行刑反向衔接重点问题

一、行刑反向衔接中的强制措施折抵问题

被不起诉人已被刑事拘留、逮捕、监视居住的时间在被处以行政拘留时可以依法折抵，但是有的被不起诉人被刑事拘留、逮捕、监视居住的时间远超过行政拘留的最高时间，对于超出的部分该如何认定和处理？是否可以折抵其他处罚种类？检察机关是否可以据此不再反向移送行政机关？实践中存在不同观点。

第一种观点，检察机关仍应制发检察意见书要求给予被不起诉人行政处罚。主要理由：一是从法律规定来看，折抵不等于不处罚。《治安管理处罚法》第21条规定，对于未成年人（附条件）、70周岁以上的人、怀孕或者哺乳自己不满1周岁婴儿的人，依法应当给予行政拘留，但不执行行政拘留。第92条规定，在处罚前已被采取限制人身自由强制措施的，应当折抵。从规定的文义来看，对于符合上述条件的违法行为人，行政机关还是要给予行政处罚，只是不予执行或者折抵。二是从处罚效果来看，行政处罚对个人会产生一定影响。如《治安管理处罚法》第20条规定，6个月内曾受过治安管理处罚的，从重处罚。这相当于违法行为人已有劣迹，再次违法时需从重处罚。又如《公务员录用考察办法（试行）》第9条第2项、《公务员法》第59条规定，发现考察对象曾有违纪违法等其他行为的，不得确定为拟录用人员。另外，一些行政法律法规还规定了企业和个人在获取行政许可、政府采购、招投标、失信惩戒、准入资格限制等方面亦受行政处罚的限制。

第二种观点，检察机关终结审查，不再向行政机关制发检察意见书。主要理由：一是从节约司法资源角度考虑，没有必要对被不起诉人

进行"空裁"。被不起诉人已经被限制人身自由，受到了实质的惩罚。如果将上述被不起诉人反向移送公安机关处理，公安机关还要再次询问被不起诉人、送达相关法律文书、进行内部审核等，经过严格的法律程序才能作出行政处罚决定。这不仅给被不起诉人增加了诉累，也使得公安机关要投入大量的人力、物力、财力。但是如此大费周章作出的行政处罚，仅仅是一纸决定，不会对被不起诉人产生实体影响。特殊人群也是如此，而且特殊人群在出行、身体方面都存在一定的风险隐患，加大了公安机关的办案风险。二是从对被不起诉人的影响来看，不起诉的附随惩罚比治安处罚更严厉。从对再次违法处理的影响来看，不起诉后是否给予被不起诉人行政处罚都不影响其再次违法后被从重处罚的结果。如果被不起诉人再次实施违法行为，办案民警可以查询到其被不起诉的记录，且必然会考虑该情节，从而从重处罚。因为《公安机关执行〈中华人民共和国治安管理处罚法〉有关问题的解释（二）》第 5 条规定，"曾被人民法院免除刑事处罚"的不属于"初次违反治安管理"的情形。以此类推，检察机关认为犯罪嫌疑人犯罪情节轻微而不起诉的，也不能认定为"初次违反治安管理"。从对社会生活的影响来看，被不起诉人的就业、职业发展比行政违法人的更艰难。《公务员录用考察办法（试行）》第 9 条第 4 项规定，因犯罪被单处罚金，或者犯罪情节轻微，人民检察院依法作出不起诉决定或者人民法院依法免予刑事处罚的，不得确定为拟录用人员。在金融、保险等特殊领域，被不起诉人还要被纪律处分、降级撤职。即使在一般的公司，被不起诉人也可能被边缘化，因为不起诉需要告知所在单位，但治安处罚却没有明确规定需要告知所在单位。

笔者同意第二种观点。不起诉并不是不惩罚，只是不以刑罚的方式进行。国家已经将被不起诉这一刑事处理结果纳入社会治理体系进行评价。根据《刑法》第 37 条是给予训诫、责令具结悔过等非刑罚处罚，还是给予行政处罚，需要根据案件情况进行"处罚法定性"审查和"处罚必要性"分析。类似前述"空裁"属于没有处罚必要性的情形。当然，也不能认为只要被刑事强制措施限制人身自由，就一定不需要反向衔接。如果被不起诉人仅被刑事拘留3日，其本身可能被处以行政拘留的期限远超3日，那么还是要开展反向衔接。比如下面这个案例：

【案例 16 - 1：朱某涉嫌盗窃不批捕复议复核案（检例第 209 号）】

2021 年 7 月 4 日至 6 日，朱某在云南省昆明市五华区某单位附近散步时，先后三次将谢某在单位门口种植的十六盆多肉植物拿回家中。7月 7 日 14 时许，谢某发现其种植的多肉植物被盗后报警。当日 19 时 40分许，朱某到案发地散步准备再次盗窃多肉植物时，被保安发现并要求登记身份信息，其提供虚假信息后离开现场。7 月 15 日，民警通过视频监控锁定朱某并前往其住处附近寻找，邻居将该情况告知朱某后，朱某下楼向民警如实交代自己盗窃多肉植物的事实，并将所盗物品交还谢某。经鉴定，朱某盗窃的多肉植物共计价值 98 元。

本案中，五华区人民检察院认为，朱某在不同时间段内三次盗窃，应当认定为"多次盗窃"。但其盗窃对象价值微小，只有 98 元，案发后主动归还被盗财物，挽回被害人经济损失，属于情节显著轻微危害不大，根据《刑法》第 13 条的规定，不认为是犯罪。于 2021 年 8 月 2 日，对朱某作出不批捕决定。昆明市公安局五华分局提出复议。2021 年 8 月10 日，昆明市五华区人民检察院经检察委员会研究，维持原不批捕决定。2021 年 9 月 6 日，昆明市公安局五华分局撤销刑事案件，对朱某作出行政拘留 15 日的处罚，因朱某此前已被刑事拘留，刑事拘留日期折抵行政拘留日期。[①]

二、故意伤害案件行刑反向衔接必要性审查问题

实务中，故意伤害案件如果系因民间纠纷引发的轻伤害案件，公安

---

① 参见最高人民检察院第五十二批指导性案例，载最高人民检察院官网，ht-tps：//www.spp.gov.cn/，最后访问时间：2024 年 5 月 14 日。

机关在侦查阶段一般会开展刑事和解工作。如果双方自愿达成和解协议，则公安机关移送检察机关审查起诉时就会提出从宽处理的意见；如果双方在侦查阶段尚未达成和解协议，而在审查起诉阶段达成和解协议的，则检察机关也会依法从宽处理。因此，达成刑事和解的故意伤害（轻伤）案件，检察机关一般都会对犯罪嫌疑人作相对不起诉处理。最高人民检察院、公安部《关于依法妥善办理轻伤害案件的指导意见》第18条规定，被不起诉人在不起诉前已被刑事拘留、逮捕的，或者当事人双方已经和解并承担了民事赔偿责任的，人民检察院作出不起诉决定后，一般不再提出行政拘留的检察意见。那么，上述被不起诉人是否还需要反向移送公安机关，由公安机关给予行政处罚呢？

一种意见认为，公安机关应依据《治安管理处罚法》第43条的规定，给予被不起诉人行政处罚。该条共设置了三个档次的处罚内容，包括行政拘留、并处罚款、单处罚款。《关于依法妥善办理轻伤害案件的指导意见》第18条没有直接写"不再提出行政处罚的检察意见"，而是"不再提出行政拘留的检察意见"，这意味着对于轻伤害案件的被不起诉人还可以给予罚款的行政处罚。

另一种意见认为，公安机关应依据《治安管理处罚法》第9条的规定，不再给予被不起诉人行政处罚。该法第9条规定，"对于因民间纠纷引起的打架斗殴或者损毁他人财物等违反治安管理行为，情节较轻的，公安机关可以调解处理。经公安机关调解，当事人达成协议的，不予处罚。"实践中，故意伤害案件反向衔接的相关宣传报道，大部分是建议给予行政处罚，并且有部分是给予"行政拘留＋罚款"的处罚，只有少部分认为双方当事人已达成刑事和解，没有再给予行政处罚的必要。这种缺乏"可处罚性"审查的现象在行刑反向衔接工作开展的初期广泛存在，应当及时予以纠正。

笔者认为，应当严格把握可处罚性原则，从法律规定、办案效果等方面全面考虑，根据案件的具体情况决定是否给予被不起诉人行政处罚。

首先，被不起诉人存在需要给予拘留以外的其他行政处罚可能性。《关于依法妥善办理轻伤害案件的指导意见》第18条只是写"不再提出行政拘留"的检察意见，并非一律不给予其他行政处罚。在特定情形下，被不起诉人仍可能被给予罚款等处罚。如《公安机关办理行政案件程序规定》第179条规定，不适用调解的情形包括"结伙斗殴或者其他寻衅滋事的"，因此如果被不起诉人系"结伙斗殴或者其他寻衅滋事的"，则仍可能适用《治安管理处罚法》的规定处罚。

其次，被不起诉人系特殊群体，可以不再反向移送。教育部《普通高等学校学生管理规定》第52条第3项规定，受到治安管理处罚，情节严重、性质恶劣的，学校可以给予开除学籍处分。如检察机关对在校大学生决定不起诉后将其反向移送行政机关给予行政处罚，导致该学生被学校开除学籍，那么该结果就背离了不起诉的初衷，不仅对学生起不到教育、挽救的作用，反而容易将学生推向社会的对立面，增加社会的不稳定因素。又如，年满70周岁的老年人，因已达成刑事和解，无须提出给予行政拘留的检察意见，同时根据治安管理处罚法的相关规定，对其本人不用执行行政拘留的处罚。此时，被不起诉人具有双重不予行政拘留的情形，那么在审查行政处罚必要性时就应当给予双重考量。笔者认为，对于在校大学生、年满70周岁的老年人，在没有《治安管理处罚法》第43条第2款规定的情形时，检察机关不需要反向移送行政机关处理。

最后，被害人存在过错的，可以不再反向移送。在故意伤害案件中，如果被害人对事情的发生、发展、危害结果等存在一定过错，那么从法律公正的角度考虑，犯罪嫌疑人的罪责应当减轻，受到的惩罚也应随之减轻。差异化处理反而显得更加"平等"，更有利于法律公正的实现。① 按照该逻辑，被不起诉人已经赔偿被害人经济损失并取得对方的谅解，且已因此事被刑事评价过，其已受到足够的惩罚，无须再通过行政处罚来补充惩罚。如果此时检察机关提出行政处罚的检察意见，反而会引发被不起诉人的心理失衡，导致罪责罚不相适应，从而产生新的社会矛盾和不稳定因素。

三、高空抛物案件行刑反向衔接法律适用问题

在反向衔接时，一些罪名找不到直接对应罪名的行政法律依据，此种情况下，检察机关能否从《治安管理处罚法》中寻找相关处罚依据进行反向衔接呢？比如，高空抛物罪按照故意伤害罪或者故意毁坏财物罪的相关规定处罚？对于这个问题，有观点认为"法无明文规定不为罪"，既然法律没有对某种罪名规定行政处罚，那么即使它有社会危害性，也不能对其进行行政处罚，否则就是违法行政；也有观点认为反向衔接时不应按罪名来寻找行政处罚依据，而应依据违法行为来寻找合适的行政处罚依据。下面将对这一问题进行简要论述。

（一）反向衔接时应根据行为性质来匹配处罚条款

《治安管理处罚法》第 2 条规定，"扰乱公共秩序，妨害公共安全，侵犯人身权利、财产权利，妨害社会管理，具有社会危害性，依照《刑法》的规定构成犯罪的，依法追究刑事责任；尚不够刑事处罚的，由公安机关依照本法给予治安管理处罚。"《治安管理处罚法》被称作"小刑法"，但是其条款的设置并非完全对应《刑法》的相应条款，这也决定了反向衔接时不可能按照刑法罪名来寻找处罚条款。如根据《治安管理处罚法》第 40 条规定，可对下列情形进行行政处罚：（1）组织、胁

---

① 参见周少华：《刑事案件的差异化判决及其合理性》，载《中国法学》2019 年第 4 期。

迫、诱骗不满 16 周岁的人或者残疾人进行恐怖、残忍表演的；（2）以暴力、威胁或者其他手段强迫他人劳动的；（3）非法限制他人人身自由、非法侵入他人住宅或者非法搜查他人身体的。该条款规定的内容涉及《刑法》第 244 条（强迫劳动罪）、第 245 条（非法搜查罪、非法侵入住宅罪）、第 238 条（非法拘禁罪）的罪名，但第（1）项在《刑法》中却未找到直接对应的罪名，《刑法》第 262 条之二组织未成年人进行违反治安管理活动罪，仅规定了组织未成年人进行盗窃、诈骗、抢夺、敲诈勒索等违反治安管理活动的，并未包括残疾人。

这个问题，笔者以《刑法》第 293 条之一催收非法债务罪为例进行解析。该罪名规定，符合三种情形之一，催收高利放贷等产生的非法债务，情节严重的，就构成犯罪。第一种情形是"使用暴力、胁迫方法的"，可能系故意伤害、敲诈勒索行为，分别适用《治安管理处罚法》第 43 条、第 49 条的规定处罚；第二种情形"限制他人人身自由或者侵入他人住宅的"，适用《治安管理处罚法》第 40 条第 3 项的规定处罚；第三种情形"恐吓、跟踪、骚扰他人的"，适用《治安管理处罚法》第 42 条第 1 项中的恐吓以及第 26 条的其他寻衅滋事行为处罚。虽然行为人的行为构成同一种罪名，但是反向衔接时，检察机关应当根据行为人的行为性质来选择《治安管理处罚法》中相对应的条款提出检察意见。

（二）高空抛物罪反向衔接时应依违法结果选择适用法律

2021 年 3 月 1 日，《刑法修正案（十一）》生效，"高空抛物"正式入刑。在《刑法》第 291 条之一后增加 1 条，作为第 291 条之二，该条规定："从建筑物或者其他高空抛掷物品，情节严重的，处一年以下有期徒刑、拘役或者管制，并处或者单处罚金。有前款行为，同时构成其他犯罪的，依照处罚较重的规定定罪处罚。"那么，高空抛物罪是否有反向衔接的可能？检察机关应如何提出准确的检察意见？

从条款本身来看，高空抛物罪有反向衔接的可能。《刑法》第 291

条之二的条文内容反映出犯罪嫌疑人的行为只有在不构成其他较重犯罪的情况下才能适用该条款予以处罚。这与最高人民法院《关于依法妥善审理高空抛物、坠物案件的意见》的相关规定内容一致。该《意见》规定，故意从高空抛弃物品，尚未造成严重后果，但足以危害公共安全的，依照《刑法》第114条规定的以危险方法危害公共安全罪定罪处罚；致人重伤、死亡或者使公私财产遭受重大损失的，依照《刑法》第115条第1款的规定处罚。为伤害、杀害特定人员实施上述行为的，依照故意伤害罪、故意杀人罪定罪处罚。同时，从《刑法》第291条之二规定的量刑幅度来看，因其只设置了一个量刑档，故只有相对较轻、危害后果不严重的高空抛物行为才适用该罪名。综上，笔者认为，高空抛物罪系一个轻罪，犯罪嫌疑人完全有被相对不起诉的可能，进而有反向衔接的可能。如高空抛物致他人车辆玻璃受损，价值4000余元或者致他人身体受伤，构成轻微伤，均达不到故意毁坏财物罪和故意伤害罪的刑事构罪标准，从而只能以高空抛物罪定罪处罚。同时由于犯罪嫌疑人认罪悔罪，已赔偿被害人经济损失并得到被害人的谅解，因而被相对不起诉。

高空抛物罪是新增罪名，目前没有直接对应的行政处罚依据。高空抛物罪的危害结果不外乎毁财和伤人，类似于故意毁坏财物罪和故意伤害罪的危害结果。从犯罪构成要件来分析，故意伤害和故意毁坏财物的违法行为人主观上可以是间接故意，而高空抛物的违法行为人也系明知可能会伤害他人或者损毁财物而放任结果的发生，也对危害结果抱有间接故意，因此我们可以把高空抛物行为认定为轻微的故意伤害行为和故意毁坏财物行为。[1] 因此在反向衔接时，对于高空抛物行为，检察机关可以根据损害结果的不同（毁财、伤人）选择《治安管理处罚法》中故意毁财和伤害他人的相应条款提出行政处罚的检察意见。

---

[1] 参见张明楷：《高空抛物案的刑法学分析》，载《法学评论》2020年第3期。

（三）理论与实务的壁垒需要立法来打通

在司法实务中，高空抛物违法行为尚没有依照《治安管理处罚法》处罚的先例。从目前查询的网络信息来看，未查询到各省市依据《治安管理处罚法》对高空抛物行为进行行政处罚的案例和报道。只有一篇系上海某村一老人多次从 5 楼高空抛扔生活垃圾对楼下居民生活造成困扰，综合行政执法队员出示视频证据后依据《城市生活垃圾管理办法》第 16 条第 4 款、第 42 条规定，对其罚款 100 元。[①]

目前，还有部分省市出台了地方性法规，明确对高空抛物行为予以行政处罚。如河南省第十三届人大常委会第十九次会议于 2020 年 7 月 31 日审议通过了《河南省文明行为促进条例》，该条例自 2021 年 1 月 1 日起施行。该条例第 48 条规定："违反本条例规定，高空抛物的，由公安机关给予警告或者处 1000 元以上 3000 元以下罚款；造成他人损害的，依法承担法律责任。"由于是地方性法规，故无法设置限制人身自由的处罚种类，自然惩处的力度没有《治安管理处罚法》大。

《治安管理处罚法》修订草案二次审议稿中在第 43 条增加了"从建设物或者其他高空抛掷物品，有危害他人人身安全、公私财产安全或者公共安全危险的"处罚情形。如果该修订草案通过，则高空抛物违法行为就有了明确的行政处罚依据，并且依据特别法优于一般法的原则，优先适用该条款，而不再适用故意伤害或者故意毁坏财物的条款，同时对于现有的地方性法规而言，则依据上位法优于下位法的原则，亦应优先适用《治安管理处罚法》。

---

① 参见《别再"高空抛物"了！情节严重将受严惩！》，载微信公众号丈量宜川，https：//mp. weixin. qq. com/s/qwU6EFhz_Vi85J7BoG3qMQ，最后访问时间：2024 年 7 月 17 日。

第十七章 "两卡"类案件行刑反向衔接

"两卡"指手机卡、银行卡,既包括以实物方式展现的实体卡,也包括以电子形式展现的虚拟卡①。其中,手机卡包括移动、电信、联通三大运营商的电话卡,虚拟运营商的电话卡以及物联网卡;银行卡包括个人银行卡、对公账户及结算卡、非银行支付机构账户,即微信、支付宝等第三方支付平台中的个人账户。涉"两卡"违法犯罪行为主要表现为:(1)违法获取"两卡"信息,如假冒官方网上银行、手机银行安全控件和客户端软件,添加好友、发送网址、短信及邮件等方式获取他人身份证、手机、银行卡、网银U盾等"两卡"信息,非法出售、泄露他人"两卡"信息;(2)违法开办"两卡",包括假冒他人身份或者虚构代理关系开立银行账户或者支付账户,不登记、虚假登记、批量开卡、"养卡"等违规办卡、违规代理行为;(3)违法使用"两卡",包括出租、出借、买卖银行卡、电话卡、金融账户、微信、支付宝账户及支付二维码,利用"两卡"为电信诈骗、网络赌博、网络贩毒等违法犯罪活动"跑分"洗钱、引流推广、支付结算等。涉"两卡"违法犯罪活动涉及多项罪名,如诈骗罪,帮助信息网络犯罪活动罪(以下简称帮信罪),掩饰隐瞒犯罪所得、犯罪所得收益罪(以下简称掩隐罪),伪造身份证件罪,使用虚假身份证件、盗用身份证件罪,侵犯公民个人信息罪等。这些罪名反向衔接行政处罚涉及多部行政实体法,如《反电信网

---

① 参见徐浩钧、吴照美、徐人杰:《电信网络诈骗涉"两卡"犯罪的特点及侦查研究》,载《武汉公安干部学院学报》2023年第3期。

络诈骗法》《网络安全法》《治安管理处罚法》等。本章只讨论上述罪名和行政法规范中与"两卡"相关的内容。

第一节 "两卡" 类案件行刑反向衔接概述

涉"两卡"违法犯罪行为根据其客观样态不同,可以分为三种类型,即电诈型、网络型、单纯型。三种行为类型涉及的罪名和行政处罚规范各不相同,反向衔接宜分别讨论。

一、"电诈型"涉"两卡"行为

"电诈型"意为利用"两卡"实施、参与电信网络诈骗活动的行为。表现形式有三种:(1)明知从事或帮助的是电信网络诈骗活动而利用"两卡"实施、参与,常见的是利用"两卡"提供帮助的电诈帮助犯。按照刑事司法实践的普遍做法,此处的帮助犯须与主犯有电诈的事前通谋[1],两者均以诈骗罪论处。(2)明知他人利用信息网络实施犯罪行为,可能涉及电信网络诈骗活动,利用"两卡"为其提供帮助,但明知内容不明确、不具体,且事前并无共谋,因而不构成诈骗罪共犯,但构成帮信罪,笔者称其为明知电诈的帮信。(3)主观上认为他人从事的是其他信息网络犯罪行为,利用"两卡"为其提供帮助,但实际上他人从事的是电信网络诈骗行为,不构成诈骗罪的共犯,但是因为电信网络诈骗活动是一种特殊的信息网络犯罪行为,信息网络犯罪行为可以包容电信诈骗,因此这种认识错误不影响帮信罪的认定[2],笔者称这种帮信

---

[1] 参见李冠煜、吕明利:《帮助信息网络犯罪活动罪司法适用问题研究》,载《河南财经政法大学学报》2017年第2期。

[2] 参见张泽涛:《行政犯违法性认识错误不可避免的司法认定及其处理》,载《政法论坛》2022年第1期。

为错认网络违法的帮信。

诈骗罪共犯和明知电诈的帮信，因行为人在主客观上均符合《反电信网络诈骗法》行政处罚规范要件，反向衔接适用《反电信网络诈骗法》。而错认网络违法的帮信，因行为人主观上缺乏帮助电信网络诈骗的认知，不能适用《反电信网络诈骗法》，而应当适用《网络安全法》。

二、"网络型"涉"两卡"行为

"网络型"意为利用"两卡"从事或帮助他人从事信息网络犯罪活动的行为，包含四种情况：（1）主观上明知从事或帮助的是电信网络诈骗行为，但实际上不是电诈而是信息网络犯罪；（2）主观上明知从事或帮助的是信息网络犯罪行为，客观上该行为确实为信息网络犯罪行为；（3）制售、提供、使用网络违法设备、软件，帮助他人从事信息网络犯罪活动；（4）制售、提供、使用网络违法设备、软件，他人未从事网络违法行为。

第（1）种情况主客观不一致，但电诈可以被信息网络犯罪所包含，因此在主客观一致的范围内，按照帮信罪论处，笔者称其为错认电诈的帮信。第（2）种情况主客观相一致，均为危害网络安全行为，以帮信罪论处，笔者称其为主客观相一致的帮信。这两种情况在帮助信息网络犯罪这一点上主客观相一致，适用《网络安全法》，不能适用《反电信网络诈骗法》。第（3）种情况行为人主观上明知网络违法，客观上他人利用该设备、软件实际从事了信息网络犯罪活动，行为人构成帮信罪，笔者称其为提供设备、软件的帮信，反向衔接适用《反电信网络诈骗法》的规定。第（4）种情况下，行为人制售、提供、使用网络违法设备、软件，但他人未从事或证据不足以证明从事了网络违法活动，根据司法解释的规定，行为人主观上可推定为明知网络违法，但因无法证明帮助对象的违法犯罪活动，无法认定为帮信罪，笔者称其为单纯提供设备、软件行为，适用《网络安全法》进行行政处罚。

"电诈型""网络型"涉"两卡"行为中，若相关帮助行为表现为亲自动手转账、套现、取现等，是在上游犯罪既遂之后对赃款的"洗白"行为，因此刑事司法中一般以掩隐罪论处。反向衔接时，涉及《反电信网络诈骗法》《网络安全法》与《治安管理处罚法》的竞合。

三、"单纯型"涉"两卡"行为

有一些涉"两卡"行为，主观上难以认定为明知电信网络诈骗活动或信息网络犯罪，客观上被帮助行为也无法证实是网络诈骗活动或信息网络犯罪。此类行为因其本身具有社会危害性，或对帮助其他犯罪具有较大的潜在可能，虽然当下刑法难以作为犯罪处理[①]，但根据银行卡管理等行政法规，出租、出借银行卡本身的行政责任不可免，笔者将其称为"单纯型"。此类行为，依照行政法的专门规定给予处罚。

第二节　"电诈型"涉卡案件行刑反向衔接

"电诈型"涉卡行为主要表现为自己使用或提供给上家银行卡、资金支付结算账户、手机卡、通讯工具，用于为电信网络诈骗提供通讯技术支持、转换或者转移财物、套现、取现等。如前所述，"电诈型"涉卡行为包括三种：诈骗共犯，明知电诈的帮信/掩隐，错认网络违法的帮信/掩隐。三种情形的共同点是，从事或帮助的对象需从事电信网络诈骗。对诈骗共犯而言，不但要明知，也要共谋。明知电诈的帮信/掩隐只需明知，不存在共谋。错认网络违法的帮信/掩隐虽对于电信网络诈骗存在认识错误，但依然有网络违法的认知。所谓"明知他人实施电信网络诈骗犯罪"，应当根据最高人民法院、最高人民检察院、公安部《关于办理电信网络诈骗等刑事案件适用法律若干问题的意见》，结合行

---

① 参见姚万勤：《中立的帮助行为与客观归责理论》，载《法学家》2017年第6期。

为人的认知能力，既往经历、行为次数和手段、与他人关系、获利情况、是否曾因电信网络诈骗受过处罚、是否故意规避调查等主客观因素进行综合分析认定。

一、诈骗共犯

诈骗罪共犯反向衔接存在《反电信网络诈骗法》与《治安管理处罚法》的竞合。《治安管理处罚法》第49条规定了一般的诈骗行为。根据《立法法》第103条的规定，同一机关制定的法律、行政法规、地方性法规、自治条例和单行条例、规章，特别规定与一般规定不一致的，适用特别规定。《反电信网络诈骗法》与《治安管理处罚法》均由全国人大常委会制定，电信网络诈骗是诈骗行为的一种，在诈骗问题上《反电信网络诈骗法》属于特别法，《治安管理处罚法》属于一般法，应当适用《反电信网络诈骗法》的特别规定。具体而言，《反电信网络诈骗法》第38条分两款规定了诈骗共犯的刑事责任与行政责任，行政处罚的依据是第2款。

需要说明的是，利用"两卡"帮助电信网络诈骗构成诈骗共犯，必然也能包容评价为帮信，只不过在刑事处理中从一重，以诈骗罪论处。同样，在行政处罚中，即便不起诉的罪名是诈骗罪，相关行为同时也符合对帮信行为的行政处罚要件①。之所以对构成诈骗共犯的帮信行为适用《反电信网络诈骗法》第38条第2款，而非《反电信网络诈骗法》第25条第1款、第42条以及《网络安全法》第63条第1款，是因为《反电信网络诈骗法》第38条相较于第25条第1款、第42条，更能体现刑事责任与行政责任的衔接，更符合《反电信网络诈骗法》对电诈行为与电诈关联行为法律责任的区分。而不适用《网络安全法》第63条第

---

① 《反电信网络诈骗法》第25条第1款和第42条是对涉电诈帮信行为的行政处罚依据，《网络安全法》第63条第1款是对非电诈帮信行为的行政处罚依据。

1 款的原因是,《反电信网络诈骗法》与《网络安全法》在涉"两卡"的电诈问题上,前者为特别法,后者为一般法;能评价为前者的,定然能评价为后者,但优先适用前者。因此,利用"两卡"帮助电信网络诈骗构成诈骗共犯,反向衔接适用《反电信网络诈骗法》第38条第2款。

【案例17-1:邱某某等人诈骗案】

2020年10月,吴某某为非法年利,伙同他人在某平台上私信被害人,假称被害人中奖并要求添加QQ好友领奖,之后向被害人发送虚假的中奖转账截图,让被害人误认为已转账。当被害人反馈未收到转账时,吴某某等便要求被害人使用家人的手机,按其要求输入代码才能收到转账,诱骗被害人向其提供的银行卡或支付宝、微信账户转账、发红包,骗取被害人钱财。邱某某等人按照吴某某的安排,为吴某某提供银行卡、支付宝、微信账户,帮助收款、转款,并按照诈骗金额分成。

本案中,公安机关以吴某某、邱某某等人涉嫌诈骗罪移送检察机关审查起诉,检察机关经审查作出相对不起诉决定。邱某某等人明知吴某某实施电信网络犯罪,在吴某某安排下帮助接收、转移诈骗犯罪所得,并按照诈骗金额分成,已构成诈骗罪共犯,应当依据《反电信网络诈骗法》第38条第2款向公安机关制发检察意见。

二、明知电诈的帮信

明知电诈的帮信与电诈共犯的区别在于对电诈的认知程度及事前有无共谋不同。明知电诈的帮信与帮助对象没有电诈的意思联络,主观恶性不同,帮助行为则一致。因帮助对象确实从事了电信网络诈骗,帮信行为人的主观认知也包含这一认识,主客观均符合《反电信网络诈骗法》,应当适用《反电信网络诈骗法》给予行政处罚,但在具体条款的适用问题上存在争议。

《反电信网络诈骗法》第25条第1款规定,任何单位和个人不得为他人实施电信网络诈骗活动提供下列支持或者帮助:(1)出售、提供个人信息；（2）帮助他人通过虚拟货币交易等方式洗钱；（3）其他为电信网络诈骗活动提供支持或者帮助的行为。第 38 条规定，组织、策划、实施、参与电信网络诈骗活动或者为电信网络诈骗活动提供帮助，构成犯罪的，依法追究刑事责任。前款行为尚不构成犯罪的，由公安机关处10 日以上 15 日以下拘留；没收违法所得，处违法所得 1 倍以上 10 倍以下罚款，没有违法所得或者违法所得不足 1 万元的，处 10 万元以下罚款。第 42 条规定，违反本法第 14 条、第 25 条第 1 款规定的，没收违法所得，由公安机关或者有关主管部门处违法所得 1 倍以上 10 倍以下罚款，没有违法所得或者违法所得不足 5 万元的，处 50 万元以下罚款；情节严重的，由公安机关并处 15 日以下拘留。

《反电信网络诈骗法》第 25 条第 1 款、第 38 条、第 42 条均是对帮信行为的处罚条款。其中，第 25 条是定性条款，第 42 条是第 25 条第 1款的量罚条款，这两个条款为一组。第 38 条兼具定性条款与量罚条款功能，与前一组相对独立。对明知电诈的帮信行为应适用哪一组法律规定，值得研究。认为适用第 25 条第 1 款、第 42 条的主要理由为：第 38条规范的是构成诈骗罪共犯的行为，而非构成帮信罪的行为，对诈骗罪共犯的反向衔接可以适用第 38 条，而帮信罪反向衔接则不能。认为适用第 38 条的主要理由为：其一，第 25 条第 1 款、第 42 条规制的是纯粹的行政违法，即达不到刑事立案标准、不会涉及刑事处理的违法行为，而第 38 条是达到刑事立案标准或进入刑事处理程序的行为，这两条在刑事责任与行政责任的区分上构成了对帮助电信网络诈骗行为法律制裁的层级划分。其二，第 38 条比第 42 条惩戒力度更大，根据过罚相当原则，第 38 条规范的行为是在明知他人实施电信网络诈骗活动的情况下仍然提供帮助的行为，而第 25 条第 1 款规范的是明知他人利用信息网络实施违法犯罪活动，并不具体明知他人实施的是电信网络诈骗活动①。

---

① 该观点来源于最高人民检察院行政检察厅编发的《行政检察工作情况》2024年第 13 期中四川省检察机关对帮信罪行刑反向衔接实务中法律问题的观点。

其三，帮信行为同时符合第 25 条第 1 款和第 38 条，应当从一重处罚[1]。《行政处罚法》第 29 条规定，同一个违法行为违反多个法律规范应当给予罚款处罚的，按照罚款数额高的规定处罚。该条款之所以只涉及罚款而不涉及其他处罚种类，是因为当不同类型处罚权属于不同行政主体时，多个行政主体可分别处罚，以保护不同的法益，但罚款只能罚一次，故只能从一重罚款。《反电信网络诈骗法》第 38 条第 2 款与第 42 条规定的处罚种类均为罚款、没收违法所得、拘留，虽然第 42 条将部分行为的处罚权同时赋予公安机关和有关主管部门，但因检察意见只制发给其中一个行政机关，不存在两机关同时处罚的问题，所以只需考虑两个法条规定的处罚轻重的问题。第 38 条第 2 款以拘留起步，明显重于第 42 条，故应适用第 38 条第 2 款。

对明知电诈的帮信行为，笔者倾向于适用《反电信网络诈骗法》第 25 条第 1 款、第 42 条。首先，此处不涉及特别法优于一般法的问题。《反电信网络诈骗法》第 25 条规定在第四章"互联网治理"中，第 42 条规定在第六章"法律责任"中，而第 38 条也规定在第六章"法律责任"中，几个条款间没有一般规定与特殊规定的关系。其次，立法者并没有明确回答这一问题。在全国人大常委会法工委、公安部等对《反电信网络诈骗法》条文的解读中，并未对第 25 条第 1 款、第 38 条、第 42 条在电诈共犯、帮信中的适用区分作出表述[2]。在对第 38 条的解读中，立法者对该条中"犯罪"的解释不单包括诈骗罪，还包括掩隐罪、帮信罪等。在对第 42 条的解读中，表述为"除刑法帮助信息网络犯罪活动罪外，对尚不构成犯罪的行为，在本条规定了相应的行政处罚"。可见，

---

[1] 参见江必新、夏道虎主编：《〈中华人民共和国行政处罚法〉条文解读与法律适用》，中国法制出版社 2021 年版，第 95 - 97 页；柯良栋主编：《治安管理处罚法释义与实务指南》，中国人民公安大学出版社 2014 年版，第 250 页。

[2] 参见王爱立、刘忠义、隋静、温信祥主编：《〈中华人民共和国反电信网络诈骗法〉释义与适用》，中国民主法制出版社 2022 年版，第 229 - 240 页、第 341 - 348 页、第 375 - 380 页。

违反这两组法律规定，都可能构成诈骗罪、帮信罪。

笔者认为，从文义来看，《反电信网络诈骗法》第 25 条第 1 款 "为电信网络诈骗活动提供支持或者帮助的行为" 与第 38 条第 1 款 "为电信网络诈骗活动提供帮助" 表述基本一致，无法通过字面含义作出区分。从责任轻重来看，第 38 条第 2 款明显重于第 42 条，但简单地从一重，将使得第 25 条第 1 款、第 42 条完全丧失适用空间——所有不符合第 25 条第 1 款、第 42 条的行为均同时符合第 38 条第 2 款。这样一来，第 25 条第 1 款、第 42 条的规定将失去意义，这显然不是《反电信网络诈骗法》的立法原意。从行为与责任相适应的角度来看，既然第 38 条第 2 款重于第 42 条，而诈骗共犯的主观恶性重于明知电诈的帮信，那么对诈骗共犯的行政处罚适用第 38 条，对明知电诈的帮信适用第 42 条，无论是从责任轻重的角度，还是从构建《反电信网络诈骗法》责任体系的完备性角度而言，都是一种更加合理的选择。

三、错认网络违法的帮信

错认网络违法的帮信与明知电诈的帮信相比，行为人主观上没有电信网络诈骗的认知，主观恶性小于明知电诈的帮信。但正因主观上缺乏对电信网络诈骗的认知，能否适用《反电信网络诈骗法》存在疑问。举重以明轻，既然明知电诈的帮信都不能适用《反电信网络诈骗法》第 38 条，此处也仅讨论错认网络违法的帮信能否适用《反电信网络诈骗法》第 25 条第 1 款和第 42 条。

根据《行政处罚法》第 33 条第 2 款，当事人有证据足以证明没有主观过错的，不予行政处罚。法律、行政法规另有规定的，从其规定。存在主观过错作为处罚的一般性前提条件，是责任主义在现代行政法中的具体体现①。责任主义不仅是刑罚原则，更是宪法原则，应当贯彻于行政处罚的适用中②。《反电信网络诈骗法》并未对主观过错作出特别规定，意味着适用《反电信网络诈骗法》进行行政处罚，需要行为人主观存在过错。过错的前提是对违法行为存在主观认知，没有认知自然谈不上有无过错。因此，错认网络违法的帮信能否适用《反电信网络诈骗法》第25条第1款和第42条，实质在于《反电信网络诈骗法》第25条第1款规定的"为他人实施电信网络诈骗活动提供支持或者帮助"行为，是否要求行为人必须认识到自己是在为电信网络诈骗活动提供支持或者帮助。

立法者认为，"如果明知他人实施电信网络诈骗而提供涉诈支持、帮助，构成犯罪的，应当按照帮信罪处罚"，"即明知他人利用信息网络实施犯罪，为其犯罪提供互联网接入、服务器托管、网络存储、通讯传输等技术支持，或者提供广告推广、支付结算等帮助，情节严重的，构成帮助信息网络犯罪活动罪"③。由此可见，立法者认为"明知他人实施电信网络诈骗"与"明知他人利用信息网络实施犯罪"在构成帮信罪上并无区分。相应地，对错认网络违法的帮信进行行政处罚适用《反电信网络诈骗法》第42条并无障碍。

作为第25条第1款罚则的第42条还适用于违反第14条规定的行为。《反电信网络诈骗法》第14条第1款规定，任何单位和个人不得非法制造、买卖、提供或者使用下列设备、软件：（1）电话卡批量插入设备；（2）具有改变主叫号码、虚拟拨号、互联网电话违规接入公用电信网络等功能的设备、软件；（3）批量账号、网络地址自动切换系统，批量接收提供短信验证、语音验证的平台；（4）其他用于实施电信网络诈

---

① 参见张泽涛：《行政犯违法性认识错误不可避免的司法认定及其处理》，载《政法论坛》2022年第1期。

② 参见王贵松：《论行政处罚的责任主义》，载《政治与法律》2020年第6期。

③ 参见王爱立、刘忠义、隋静、温信祥主编：《〈中华人民共和国反电信网络诈骗法〉释义与适用》，中国民主法制出版社2022年版，第379页。

骗等违法犯罪的设备、软件。第14条是关于打击治理非法制造、买卖、提供或使用被用于实施电信网络诈骗等违法犯罪活动的设备、软件的规定，该条的适用不要求相关软件、设备实际被用于电信网络诈骗，也不要求行为人主观上明知相关软件、设备一定用于电信网络诈骗。第14条与第25条第1款的罚则同为第42条，在一定程度上反映出立法者认为从事第14条与第25条第1款的违法行为人只需认识到自己帮助的是信息网络犯罪活动即可，不以电信网络诈骗的明确认知为适用条件。因此，错认网络违法的帮信可以适用《反电信网络诈骗法》第25条第1款和第42条。当然，有观点可能会认为，明知电诈的帮信与错认网络违法的帮信主观恶性不同，如何能同样适用《反电信网络诈骗法》第25条第1款和第42条？笔者认为，适用同样的条款并不意味着作出的处罚相同，在其他条件相当的情况下，明知电诈的帮信应当比错认网络违法的帮信行政责任更重，哪怕根据同一条款作出处罚，处罚内容必然也会有轻有重。

【案例17－2：隆某某涉嫌帮信案】

2021年4月，隆某某通过微信与他人联系，明知对方系用于实施信息网络犯罪，仍商定以每张每月100元的价格将自己的银行卡出租给对方使用。之后，隆某某将其办理的9张银行卡的账号、密码等信息提供给对方，银行卡被对方用于接收电信网络诈骗犯罪资金，隆某某获利共计5000余元。

公安机关以帮信罪移送审查起诉，检察机关作出相对不起诉决定。隆某某实际上帮助的是电信网络诈骗，但认定其明知他人实施电信网络诈骗活动证据不足，属于错认网络违法的帮信，不宜适用《反电信网络诈骗法》第38条，应当依据《反电信网络诈骗法》第25条第1款、第42条向公安机关制发检察意见。

四、"电诈型"掩隐

根据最高人民法院、最高人民检察院、公安部《关于办理电信网络诈骗等刑事案件适用法律若干问题的意见》，涉"两卡"掩隐行为通常表现为：（1）通过使用销售点终端机具（POS机）刷卡套现等非法途径，协助转换或者转移财物；（2）帮助他人将巨额现金散存于多个银行账户，或在不同银行账户之间频繁划转；（3）多次使用或者使用多个非本人身份证明开设的信用卡、资金支付结算账户或者多次采用遮蔽摄像头、伪装等异常手段，帮助他人转账、套现、取现；（4）为他人提供非本人身份证明开设的信用卡、资金支付结算账户后，又帮助他人转账、套现、取现；（5）以明显异于市场的价格，通过手机充值等方式套现。掩隐与帮信的区分是刑事司法中的一个难点，实践中通常以上游犯罪是否既遂作为区分标准。

对与电诈犯罪嫌疑人事前通谋并提供"两卡"，因事前通谋而成立共同犯罪，按上游诈骗罪共犯处理。但在反向衔接时，该行为既符合《反电信网络诈骗法》第38条第2款的规定，也符合《治安管理处罚法》第60条第3项的规定。根据《治安管理处罚法》第60条第3项规定，明知是赃物而窝藏、转移或者代为销售的，处5日以上10日以下拘留，并处200元以上500元以下罚款。笔者认为，作为电诈共犯行为，应以《反电信网络诈骗法》第38条第2款进行行政处罚。

而对于主观上明知电诈但无通谋，帮助行为发生在上游犯罪既遂之后，刑事上一般以掩隐罪论处。反向衔接时，需在《治安管理处罚法》第60条第3项与《反电信网络诈骗法》第25条第1款、第42条间选择适用。笔者认为，这两种情况下的掩隐行为应以《反电信网络诈骗法》第25条第1款、第42条进行行政处罚。理由为：就掩隐行为而言，《治安管理处罚法》第60条第3项属于一般规定，《反电信网络诈骗法》第25条第1款、第42条属于特别规定。虽然《治安管理处罚法》第60条第3项的法律责任重于《反电信网络诈骗法》第42条，依然应当适用《反电信网络诈骗法》。

【案例 17 - 3：方某等人涉嫌掩隐案】

2021 年 3 月至 7 月，方某为牟取非法利益，先后招募孙某某、鞠某某、庞某某等人，在明知他人买币资金来源可能系犯罪所得的情况下，仍通过某平台低买高卖虚拟货币 USDT 以赚取差价利润。同时，孙某某在明知代收款资金来源可能系违法所得的情况下，指使庞某某等人办理 31 张银行卡，通过为该平台提供代收款业务（即"跑分"）进行非法牟利。经查，庞某某等人提供的银行卡涉及全国电信网络诈骗案。方某、孙某某、鞠某某、庞某某均非法获利。

此案中，方某等人并不确知上游犯罪系电信网络诈骗犯罪，达不到诈骗罪共犯的明知标准，但该团伙在从事犯罪之前已经在网上进行过调查，在明知倒卖的 USDT 系他人上游犯罪既遂后形成的犯罪赃款，仍组织团队进行 USDT 倒卖，构成掩隐罪。反向衔接时，应当依据《反电信网络诈骗法》第 25 条第 1 款、第 42 条向公安机关制发检察意见。

第三节 "网络型" 涉卡案件行刑反向衔接

"网络型"涉卡行为与电信网络诈骗无关，或在案证据不足以证明与电信网络诈骗有关，而是与破坏网络安全的信息网络犯罪活动有关。

一、错认电诈的帮信和主客观相一致的帮信

错认电诈的涉"两卡"帮信行为人在主观上存在认识错误，误以为自己帮助的是电信网络诈骗，实际上是信息网络犯罪活动。因为帮助行为与电信网络诈骗无关，此种帮信行为的行政责任不是由《反电信网络诈骗法》规定，而是由《网络安全法》规定。主客观相一致的帮信也与《反电信网络诈骗法》无关。这两种帮信行为的反向衔接均应适用《网络安全法》第 63 条的规定。《网络安全法》第 63 条规定："违反本法第

27 条规定，从事危害网络安全的活动，或者提供专门用于从事危害网络安全活动的程序、工具，或者为他人从事危害网络安全的活动提供技术支持、广告推广、支付结算等帮助，尚不构成犯罪的，由公安机关没收违法所得，处 5 日以下拘留，可以并处 5 万元以上 50 万元以下罚款；情节较重的，处 5 日以上 15 日以下拘留，可以并处 10 万元以上 100 万元以下罚款。单位有前款行为的，由公安机关没收违法所得，处 10 万元以上 100 万元以下罚款，并对直接负责的主管人员和其他直接责任人员依照前款规定处罚。违反本法第 27 条规定，受到治安管理处罚的人员，五年内不得从事网络安全管理和网络运营关键岗位的工作；受到刑事处罚的人员，终身不得从事网络安全管理和网络运营关键岗位的工作。"

二、"网络型"掩隐

利用"两卡"掩饰、隐瞒信息网络犯罪活动所得或收益，构成掩隐罪。反向衔接时，同时符合《网络安全法》第 63 条和《治安管理处罚法》第 60 条第 3 项。与"电诈型"掩隐不同，虽然就掩隐行为而言，《治安管理处罚法》第 60 条第 3 项属于一般规定，《网络安全法》第 63 条属于特别规定。但《网络安全法》第 74 条第 2 款明确规定，"违反本法规定，构成违反治安管理行为的，依法给予治安管理处罚；构成犯罪的，依法追究刑事责任"。因此，"网络型"掩隐反向衔接时的行政处罚适用《治安管理处罚法》第 60 条第 3 项。

【案例 17－4：刘某某等人涉嫌掩隐案】

2023 年，韩某通过电话联系刘某某，使用刘某某银行卡帮助接收转移违法犯罪所得。刘某某在明知进入其账户的资金系违法犯罪所得的情况下，仍提供其本人名下的中国农业银行卡给韩某，并通过从中国农业银行 ATM 取款机中取现、微信转账等方式帮助他人转移违法犯罪所得。检察机关对刘某某、韩某作出情节轻微不起诉决定。

刘某某、韩某从银行 ATM 取款机中取现、微信转账等帮助行为属于特殊的转移赃物方式，符合《网络安全法》第 63 条的规定，但根据《网络安全法》第 74 条第 2 款的明确规定，应当根据《治安管理处罚法》第 60 条第 3 项的规定制发检察意见。

三、制售、提供、使用用于网络违法的设备、软件

与"两卡"相关的制售、提供、使用用于网络违法的设备、软件行为，若行为人明知他人实施电信网络诈骗，且他人实际从事了电诈犯罪，存在事前共谋的，以诈骗共犯论处，反向衔接时依照《反电信网络诈骗法》第 38 条处罚。

若行为人与他人不存在诈骗共谋，且制售、提供、使用的涉诈设备、软件实际被用于信息网络犯罪活动，根据最高人民法院、最高人民检察院《关于办理非法利用信息网络、帮助信息网络犯罪活动等刑事案件适用法律若干问题的解释》第 11 条第 4 项规定，只要提供专门用于违法犯罪的程序、工具，即可推断出行为人明知他人利用信息网络实施犯罪，行为人构成帮信罪，反向衔接时适用《反电信网络诈骗法》第 14 条第 1 款、第 42 条给予行政处罚。

在提供侵入、非法控制计算机信息系统程序、工具罪和一些法定不起诉、存疑不起诉的帮信案中，若无法查实他人实际使用该设备从事了违法犯罪活动，因制售、提供此类设备本身即具有较大的社会危害性，《网络安全法》第 63 条单独规定了行政责任，不要求被帮助对象一定构成犯罪。

【案例 17－5：薛某涉嫌帮信案】

2020 年 9 月，薛某从网上购买了一套"多卡宝"设备，并通过其亲朋办理或购买电话卡数十张。薛某通过聊天软件联系他人租用"多卡宝"设备，并约定租金和支付渠道。后薛某在多地架设"多卡宝"设备供他人拨打网络电话。

本案中，公安机关以帮信罪移送审查起诉，检察机关作出存疑不起

诉决定。现有证据虽无法证实他人使用"多卡宝"设备从事电信网络诈骗或信息网络犯罪活动，上游犯罪事实是否存在处于存疑状态，现有证据达不到帮信罪的标准。但其提供专门用于从事危害网络安全活动的程序、工具"多卡宝"已经违反了《网络安全法》，检察机关应当依照《网络安全法》第 63 条进行反向衔接。

第四节　"单纯型"涉卡案件行刑反向衔接

在一些法定不起诉和存疑不起诉的案件中，在案证据无法证实涉"两卡"行为人所帮助的对象实施的是电信网络诈骗活动或信息网络犯罪活动，但根据法律、法规需要给予涉卡行为人行政处罚。此类行为通常包括：收购、出售、出租信用卡、银行账户、非银行支付账户、具有支付结算功能的互联网账号密码、网络支付接口、网上银行数字证书，收购、出售、出租他人手机卡、流量卡、物联网卡等。

一、非法买卖、出租、出借"两卡"，假冒他人身份或者虚构代理关系开立"两卡"

非法买卖、出租、出借、假冒他人身份或者虚构代理关系开立"两卡"，行为本身就违法，受《反电信网络诈骗法》第 31 条和第 44 条调整。需要注意两点：一是此处的"两卡"包括法律、行政法规规定采取实名制的金融、电信产品或服务，包括收款码、数字人民币钱包等①。二是相关涉卡行为须"非法"，即违反了法律、行政法规、规章等的禁止性规定，不包括有正当理由的出租、出借等行为。

---

① 参见王爱立、刘忠义、隋静、温信祥主编：《〈中华人民共和国反电信网络诈骗法〉释义与适用》，中国民主法制出版社 2022 年版，第 284 页。

【案例 17－6：卓某等人涉嫌帮信案】

2023 年，卓某伙同吴某利用二人的银行卡帮助他人多次转账。公安机关以卓某、吴某涉嫌帮信罪移送审查起诉。检察机关经审查认为现有证据不足以认定上游行为构成犯罪，不能认定卓某、吴某主观明知上游系利用信息网络实施刑法分则规定的犯罪行为类型，对卓某、吴某作出证据不足不起诉决定。

本案反向衔接审查中，虽然在案证据不足以认定二人对上游犯罪行为具有主观明知，但二人无正当理由出借银行卡并从中获利的事实清楚、证据充分，违反了《反电信网络诈骗法》第 31 条第 1 款的规定，应当根据《反电信网络诈骗法》第 44 条的规定向公安机关提出检察意见。

二、伪造身份证件、使用虚假身份证件和盗用身份证件

在网上注册办理手机卡、信用卡、银行账户、非银行支付账户时，为通过网上认证，使用他人身份证件信息并替换他人身份证件相片，属于伪造身份证件行为。使用伪造、变造的身份证件或者盗用他人身份证件办理手机卡、信用卡、银行账户、非银行支付账户，属于使用虚假身份证件、盗用身份证件行为。实施上述涉"两卡"行为可能构成伪造身份证件罪，使用虚假身份证件、盗用身份证件罪。

对于伪造、变造身份证件开立"两卡"的行为，反向衔接行政处罚适用《治安管理处罚法》第 52 条第 1 项的规定。根据《治安管理处罚法》第 52 条第 1 项规定，伪造、变造或者买卖国家机关、人民团体、企业、事业单位或者其他组织的公文、证件、证明文件、印章的，处 10 日以上 15 日以下拘留，可以并处 1000 元以下罚款；情节较轻的，处 5 日以上 10 日以下拘留，可以并处 500 元以下罚款。使用伪造、变造的身份证件开立"两卡"行为，行政处罚时适用《居民身份证法》第 17 条的规定。《居民身份证法》第 17 条规定："有下列行为之一的，由公安

机关处 200 元以上 1000 元以下罚款，或者处 10 日以下拘留，有违法所得的，没收违法所得：（一）冒用他人居民身份证或者使用骗领的居民身份证的；（二）购买、出售、使用伪造、变造的居民身份证的。伪造、变造的居民身份证和骗领的居民身份证，由公安机关予以收缴。"盗用身份证件开立"两卡"，可以评价为冒用他人居民身份证行为，行政处罚时适用《居民身份证法》第 17 条第 1 款第 1 项的规定。

三、侵犯公民个人信息

非法获取、出售、提供涉"两卡"的个人信息，在刑法上可能构成侵犯公民个人信息罪。在行政法上，行政处罚的主要依据是《网络安全法》第 44 条、第 64 条第 2 款。

【案例 17-7：潘某某等人涉嫌侵犯公民个人信息案】

2020 年至 2021 年，潘某某雇佣李某某、王某某从事非法买卖微信注册信息活动。其间，潘某某负责购买作案用的手机、电脑等工具，并在网上购买微信注册信息；李某某、王某某按照潘某某的安排，对购买的微信注册信息进行登录、维护，并在境外的电信网络诈骗高发地区微信群内发布售卖信息的广告，而后协助潘某某出售信息。三人售出的微信注册信息被他人利用实施电信网络诈骗犯罪。经查，潘某某、李某某、王某某买卖的微信注册信息中有数千条包含手机号码、有数百条绑定公民身份证号码及姓名。

此案中，潘某某、李某某、王某某非法获取并出售公民个人信息，情节严重，构成侵犯公民个人信息罪，反向衔接时应当以《网络安全法》第 44 条、第 64 条第 2 款向公安机关制发检察意见。

涉"两卡"犯罪反向衔接行政法律适用简表

类型	主观	客观	简称	行政处罚规范
电诈型	明知电诈	事前通谋并帮助（包括帮信与掩隐行为）	诈骗共犯	《反电信网络诈骗法》第38条第2款
	明知电诈	事前未通谋，参与（包括帮信与掩隐行为）	明知电诈的帮信/掩隐	《反电信网络诈骗法》第25条1款、第42条
	明知网络违法，可能电诈		错认网络违法的帮信/掩隐	
网络型	以为是电诈	网络违法	错认电诈的帮信	《网络安全法》第63条
	明知网络违法	网络违法	错认电诈的掩隐	《治安管理处罚法》第60条第3项
	明知网络违法	制售、提供、使用网络违法设备、软件，他人从事了信息网络犯罪活动	主客观相一致的帮信	《网络安全法》第63条
			主客观相一致的掩隐	《治安管理处罚法》第60条第3项
	可推定为明知网络违法	制售、提供、使用网络违法设备、软件，他人未从事网络违法	提供设备、软件的帮信	《反电信网络诈骗法》第14条1款、第42条
			单纯提供设备、软件	《网络安全法》第63条
单纯型	无特殊要求	非法买卖、出租、出借、假冒他人身份或者虚构代理关系开立"两卡"	单纯涉卡	《反电信网络诈骗法》第31条、第44条
	无特殊要求	伪造、变造身份证件开立"两卡"	涉身份证	《治安管理处罚法》第52条第1项
		使用伪造、变造的身份证件开办"两卡"		《居民身份证法》第17条第1款第2项
	无特殊要求	非法获取、出售、提供涉"两卡"的个人信息	涉个人信息	《网络安全法》第44条、第64条第2款

315

第十八章　环境资源类案件行刑反向衔接

　　环境资源类案件包括传统的污染环境、矿产资源类案件，也包括野生动植物资源类案件。环境资源类案件的反向衔接涉及部门众多，不光包括生态环境部门，还包括公安、海关、交通运输、市场监管、国土资源、林业、农业、水利、卫生、渔业等依法具有环境资源行政处罚权的监管部门。

第一节　环境资源类案件行刑反向衔接概述

一、环境资源类案件行刑反向衔接法律依据

　　环境资源相关法律规定分别存在于《刑法》《行政处罚法》以及众多的单行法中。环境资源刑法体系，旨在通过刑罚手段来严厉打击和预防环境资源犯罪，保护生态环境和自然资源，维护公共利益；环境资源行政法体系，旨在通过行政管理手段来保护环境资源和促进可持续发展，主要调整行政机关在环境资源管理过程中的法律关系，其立法理念注重行政行为的合法性、合理性以及行政效率的提高。两种法律体系虽存在立法理念和运行机制上的差异，但同时存在很强的内在联系。①

---

① 参见王菡、李梁：《环境犯罪行刑衔接问题研究》，载《广西政法管理干部学院学报》2022 年第 2 期。

　　环境资源犯罪的成立往往依赖于行政法规的前置性规定，需要违反特定的行政法规，例如非法占用农用地罪需要以违反《土地管理法》为前提，非法采矿罪需要以违反《矿产资源法》为前提，这些行政法律法规实质上对刑事司法的介入范围作出了限制。在环境资源犯罪定罪量刑时需要参照相关行政法律法规，如 2023 年 3 月，"两高"发布的《关于办理环境污染刑事案件适用法律若干问题的解释》中，对于情节严重、情节轻微等定罪量刑标准的认定，依据了《环境保护法》，体现了行政法规在环境资源犯罪定罪量刑中的重要作用。

　　规范性文件是规定环境资源犯罪行政法与刑法衔接问题的主要形式。《关于加强行政执法与刑事司法衔接工作的意见》《关于加强环境保护与公安部门执法衔接配合工作的意见》等多部门形成的文件，为行政执法和刑事司法联动夯实基础。在生态环境领域，2017 年，环保部、公安部、最高检联合印发《环境保护行政执法与刑事司法衔接工作办法》，在案件移送与法律监督、证据的收集与使用、协作机制、信息共享方面作出了细致规定，[①] 其中第 18 条规定，对于环境违法行刑反向衔接案件，检察机关作出不起诉决定后，认为应当予以行政处罚的，可以提出处罚的检察意见。在资源保护领域，2022 年 4 月实施的最高人民法院、最高人民检察院《关于办理破坏野生动物资源刑事案件适用法律若干问题的解释》第 14 条明确要求，对于实施本解释规定的相关行为被不起诉或者免予刑事处罚的行为人，依法应当给予行政处罚、政务处分或者其他处分的，依法移送有关主管机关处理，以避免变相放纵破坏野生动物资源的违法行为，进一步强化刑事司法与行政执法部门的工作合力。

---

　　① 参见胡彭飞：《环境保护公益诉讼案件的行刑衔接机制探析》，载《中共山西省委党校学报》2024 年第 2 期。

二、环境资源类案件数据分析

(一)环境资源类刑事案件相关数据

《刑法》中破坏环境资源保护罪共有 15 个罪名,其中环境保护类 4 个罪名,为污染环境罪和涉固体废物犯罪;资源保护类有 11 个罪名,涉及水产、野生动植物、农用地、矿产、林业等多种类型。根据最高检发布的《生态环境和资源保护检察白皮书(2018—2022)》显示,2018 年到 2022 年期间,全国检察机关共受理审查起诉破坏环境资源保护犯罪案件 209957 件 353223 人,提起公诉 138285 件 229751 人。根据最高法发布的《中国环境资源审判》来看,2022 年,法院受理一审污染环境罪案件 2252 件,受理涉珍贵、濒危野生动植物犯罪案件 2775 件,受理非法狩猎、捕捞水产品犯罪案件 7333 件,受理涉矿产、土地森林资源犯罪案件 12409 件;2023 年,法院受理一审污染环境罪案件 6026 件,受理涉珍贵、濒危野生动植物犯罪案件 2090 件,受理非法狩猎、捕捞水产品犯罪案件 7848 件,受理涉矿产、土地森林资源犯罪案件 12053 件。

可以发现,破坏环境资源保护罪刑事案件主要集中在污染环境罪、非法捕捞水产品罪、非法采矿罪、非法占用农用地罪、非法狩猎罪、滥伐林木罪这 6 个罪名。[①] 根据最高检公开数据显示,2019 年至 2023 年,检察机关受理审查起诉污染环境类犯罪 37465 人,2023 年比 2019 年下降 11%;2019 年至 2023 年,检察机关加大对破坏资源保护类犯罪打击力度,受理审查起诉 379483 人,2023 年比 2019 年上升 22.9%。通过上述数据横向比较发现,资源保护类案件数量近乎生态环境类案件的 10 倍,纵向比较发现,生态环境类案件总体呈下降趋势,资源保护类案件

---

① 参见王猛:《生态恢复性司法理念在环境资源犯罪中的适用》,载《中国检察官》2023 年第 23 期。

总体呈上升趋势。

(二) 环境资源类案件行政处罚相关数据

从案件办理部门角度分析，环境资源刑事案件均由公检法办理，而环境资源行政处罚案件则完全不同，涉及部门众多，不只包括生态环境部门，还包括公安、海关、交通运输、市场监管、国土资源、林业、农业、水利、卫生、渔业等依法具有环境资源行政处罚权的监管部门，多部门在各自的职责范围内共同维护环境和资源安全；从案件处罚方式分析，根据《行政处罚法》规定，处罚方式包括警告、罚款、责令停产停业、关闭暂扣或吊销许可证、没收违法所得和非法财物、行政拘留等。

综合来看，环境资源行政处罚涉及众多部门、众多处罚方式，因此很难搜集完整的环境资源行政处罚数据。单看生态环境部门作出的生态环境行政处罚案件数和罚没数，从生态环境部发布的《中国环境司法发展报告》获取数据得知，2020 年，全国生态环境部门共下达行政处罚决定 12.61 万份，罚没 82.36 亿元；2021 年，全国生态环境部门共下达行政处罚决定 13.28 万份，罚没 116.87 亿元；2022 年全国生态环境部门共下达行政处罚决定 9.10 万份，罚没 76.72 亿元，从上述数据至少可以得知，环境资源行政处罚案件要远远多于刑事案件，行政处罚是更为常见的违法处理方式，在环境资源保护中发挥着非常重要的作用。

第二节　环境资源类案件行刑反向衔接重点问题

在环境资源类案件中，刑事司法作为惩治犯罪的重要法律手段，既要严厉打击犯罪，又要恪守边界，避免违背谦抑性原则；而行政执法既要充分审查司法机关前期调查的事实、证据和意见，又要按照行政处罚程序独立办理案件，全面追究法律责任。刑事司法和行政执法对于环境资源的保护，相互衔接、相互补充，但因为体系和机制的不同，在衔接过程中难免会出现问题。

一、环境资源类案件的行政处罚机关

《行政处罚法》第三章对行政处罚的实施机关进行了规定，主要有法律规定、法律法规授权、行政机关委托这三种类型，而各单行法对各类环境资源违法的监管部门作出了具体规定。需要注意的是，生态环境行政处罚并非仅由生态环境部门作出，资源保护行政处罚因资源种类多样，涉及法律法规较多，涉及的处罚部门也较多，情况较为复杂，如果再遇到委托执法和管辖问题时，则更具有迷惑性，检察机关需审慎确认发送检察意见书的适格对象，避免出错。总的来说，在行刑衔接工作开始第一步，就需要和相应部门及时沟通了解具体情况，先初步确定处罚部门，然后再考虑地域管辖和级别管辖问题，最终对行政处罚实施机关作出精准认定。

（一）处罚部门的初步确定

1. 法律规定的机关

对于法律规定的机关，确定起来相对容易。在污染环境罪中，大部分违法情形由生态环境部门处罚，但并不绝对。例如，涉及城镇排水与污水处理问题时，排水户未取得污水排入排水管网许可证而向城镇排水设施排放污水的、排水户不按照污水排入排水管网许可证的要求排放污水的，根据《城镇排水与污水处理条例》由城镇排水与污水处理主管部门负责监督管理工作。又如，涉固体废物污染违法的处罚部门有 3 家，固体废物分为工业固体废物、生活垃圾、建筑垃圾、农业固体废物和危险废物等，根据《固体废物污染环境防治法》相关规定，工业固体废物和危险废物相关违法由生态环境部门处罚，生活垃圾和建筑垃圾相关违法由环境卫生部门处罚，农业固体废物相关违法由农业农村部门处罚。

2. 法律、法规授权的机关

对于法律、法规授权的机关，不同省份、地市差异较大，需要查询本省、市是否有相对集中行政处罚权的规定，以此确定行政处罚部门。《行政处罚法》第 18 条对于相对集中行政处罚权作了规定，各省市又进行了具体规定。如《安徽省城市管理领域相对集中行政处罚权办法》第 2 条规定，由市、县（市、区）人民政府城市综合管理行政执法部门，依法集中行使市容环境卫生、城市规划、城市绿化、市政管理、环境保护、工商行政、公安交通等有关部门在城市管理领域的全部或部分行政处罚权；《厦门经济特区城市管理相对集中行使行政处罚权规定》与其类似，故在确认行政处罚部门时，还应确定是否存在相对集中行政处罚权。

3. 行政机关委托的组织

对于行政机关委托执法的组织，应注意检察意见制发对象仍为委托机关，而非受委托组织。根据《行政处罚法》第 20 条规定，委托行政机关对受委托组织实施行政处罚的行为应当负责监督。这种委托并不意味着受委托组织可以独立执法；相反，受委托组织在委托范围内，只能以委托行政机关的名义实施行政处罚，而不能以自己的名义独立行使行政处罚权。因行政机关执法人员不足、力量有限等因素限制，实践中最常见的情况是，行政机关根据《行政处罚法》第 24 条，将部分执法权限委托给属地街道开展，如环境保护、非法捕捞、农业和林业执法等工作。

（二）管辖机关的确定

1. 级别管辖

行政处罚大多数由县级以上地方人民政府具有处罚权的行政机关管辖。但在 2018 年国家机构改革后，部分县级行政执法部门没有行政处罚权限，如生态环境部门、自然资源和规划部门，在机构改革后，将处罚权全面回收至市级机关，区级机关是其派出机构，仅有调查、监测职能，没有独立法人资格和处罚权。检察意见需发送给市级生态环境局、市级自然资源和规划局时，基层检察院又会面临级别不对应的尴尬。根据 2024 年 11 月 28 日，最高检发布的《人民检察院行刑反向衔接工作指引》第 18 条第 1 款的规定，作出不起诉决定的人民检察院认为需要向上级行政主管机关提出检察意见的，应当层报与该行政主管机关同级的人民检察院决定并提出。此时，基层检察院应及时将反向衔接案件移送至市级检察机关办理，将检察意见发送至市局。实践中，市局仍会将大部分案件交由派出局调查，并交由派出局使用"执法专用章"作出处罚决定。

2. 地域管辖

原则上遵循《行政处罚法》第 22 条规定，行政处罚由违法行为发生地的行政机关管辖。当违法行为涉及多处行政辖区时，应根据《行政处罚法》第 25 条，两个以上行政机关都有管辖权的，由最先立案的行政机关管辖；对管辖发生争议的，应当协商解决，协商不成的，报请共同的上一级行政机关指定管辖，也可以直接由共同的上一级行政机关指定管辖。办理跨地域环境资源案件，要与违法行为发生地的行政机关或共同上一级行政机关进行充分沟通，确定具体行政机关，避免造成管辖争议的局面。

二、行政处罚期限规则问题

根据《人民检察院行刑反向衔接工作指引》相关规定，行政机关收到检察意见的回复期限为 90 日，但并未对行政机关在其他各办案环节的期限进行说明。在办案过程中，经常会遇到行政机关超期未回复，超期未作出处罚的情况。究其原因，既有衔接期限不够明确的问题，也有监督机制不全、监督乏力的问题。具体来看，主要存在以下几种期限规则不明确的情况。

（一）反向衔接移送行政机关后的立案期限问题

以生态环境案件为例，《生态环境行政处罚办法》第 18 条规定，环境保护主管部门对涉嫌违反环境保护法律、法规和规章的违法行为，应在 15 日内决定是否立案。如果生态环境部门收到检察意见后未启动立案程序或决定不予立案，是否应当在 15 日内回复检察机关，检察机关发现立案过程中的行政违法行为，是否可以及时跟进监督？实践中，检察机关启动反向衔接后，行政机关不是必然启动立案程序，① 但生态环境案件作为特例，有明确的立案期限规定，生态环境部门在不启动立案、决定不立案的同时，应说明正当理由，15 日内给检察机关明确回复，15 日的立案时间与意见书 90 日的回复期限相差较大，如果不及时监督将影响后续案件处理。对于资源保护类案件没有相关的立案期限规定，这里暂不讨论。

（二）行政机关回复超期问题

根据《生态环境行政处罚办法》第 57 条，环境保护行政处罚案件应当自立案之日起 90 日内作出处理决定，因案情复杂或者其他原因，可以延长 30 日，案情特别复杂或者其他特殊情况，可再次延长不超过 30 日；案件办理过程中，中止、听证、公告、监测（检测）、评估、鉴定、认定、送达等时间不计入期限。按照生态环境行政违法处罚的正常程序，检察意见发出后，需要 15 日内立案，立案后 90 日内作出行政处罚，不计算鉴定、公告等时间的情况下，最迟 105 日左右案件办结，这其实与检察机关的 90 日回复期限略有出入。实践中经常发生超期回复的现象，检察机关作为法律监督机关，对于回复轻微超期和严重超期应有所区分，审查是否存在合理延长、中止、听证、公告、监测、鉴定等程序，是否存在行政机关借鉴定、监测等期限来拖延处罚的情况。对严重超期的案件，发现行政机关违法的，可以依照相关规定制发检察建议督促其纠正。在行刑衔接案件办理过程中，要保持与行政机关良好的沟

---

① 参见张辉、史坤：《生态环境行政执法与刑事司法反向衔接制度探析——以不起诉案件反向移送为视角》，载《人民检察》2023 年第 17 期。

通,双方遇到疑难问题及时商讨解决,及时掌握案件办理最新动向,保证衔接工作的高效、顺畅。

三、行刑衔接特殊证据转化规则

证据转化是反向衔接的关键,对于检察机关来说,证据审查情况关系到是否需要发送检察意见,对行政机关来说,证据是否充分关系到能否作出行政处罚,故而反向衔接很大程度上是证据的衔接。

在生态环境案件中,除刑法、行政法规定的法定证据种类之外,《环境保护行政执法与刑事司法衔接工作办法》第20条还规定了监测报告、检验报告、认定意见等证据材料,在行政执法和刑事司法中均可以作为证据使用。[1]

对于此类特殊证据,需根据现有情况再次核实。以生态环境案件为例,鉴定意见、检验报告这类特殊证据主观性和时效性较强。主观性体现在受鉴定人员的认知、设备操作等因素影响,不同人员出具的鉴定意见、不同检测设备出具的检验报告可能都会存在差异,需对证据情况再次核实。时效性体现在环境污染刑事案件办理周期一般较长,污染现场的相关证据会随着时间推移发生变化,污染程度会不断加深。如果办案周期较长,从刑事案件侦查到不起诉这个期间,污染环境样本发生较大变化,则需要行政机关对污染程度进行重新鉴定,结果将直接影响到后续的治理修复费用,此时的鉴定意见也应当重新出具、重新获取。

【案例18-1:蔡某涉嫌污染环境罪存疑不起诉行刑反向衔接案】

2023年5月至7月间,蔡某等人未经备案审批,擅自使用某村口一处鱼塘和一处路边土地共两处地块,非法倾倒固体废物垃圾,从中非法获利30余万元人民币。经对两处地块的土样进行取样鉴定后,某司法

---

[1] 参见曹晓凡:《论生态环境行政执法与刑事司法衔接若干问题》,载《环境保护》2023年第4期。

鉴定所出具《司法鉴定意见》：当事人倾倒的固体废物为建筑垃圾与生活垃圾混合物，属于最高人民检察院、最高人民法院、公安部、司法部、生态环境部《关于办理环境污染刑事案件有关问题座谈会纪要》（2019 年 2 月 20 日印发）中规定的有害物质，固体废物处置费用预估289.8 万元。某区人民检察院于 2024 年 3 月 14 日对蔡某等人作出存疑不起诉决定。随后开展行刑反向衔接工作，认为根据《中华人民共和国固体废物污染环境防治法》规定，其行为属于"随意倾倒生活垃圾、擅自倾倒建筑垃圾"，虽未达到刑事处罚的证据标准，但倾倒事实和污染结果之间存在因果关系，符合行政处罚条件。2024 年 3 月 20 日，某区人民检察院层报市检察院，向市生态环境局制发检察意见书，建议对蔡某等人行政处罚。2024 年 4 月 22 日，市生态环境局调查后发现污染程度加深，需对该案重新鉴定，鉴定认为处置费用 322 万元。2024 年 5 月 29 日，市生态环境局作出处罚决定，对蔡某等人罚款 6 万元、责令消除污染。

四、可处罚性审查

检察机关在反向衔接中要加强与行政机关沟通，就个案处罚对象、具体违法行为、处罚幅度以及有无处罚折抵情况开展可处罚性审查，坚持证据充分、处罚法定、综合考量、审慎谦抑的原则，推动形成类案的执法与司法共识，实现行刑双向衔接链条的完整性、闭环性。

（一）处罚对象的审查

1. 处罚对象的范围

按照《人民检察院行刑反向衔接工作指引》规定，反向衔接建议的处罚对象仅仅为被不起诉人。如果发现案件中包含其他对象的行政违法行为，没有规定必须全面细致地审查并在检察意见中予以说明，如果发现相关线索，可以作为普通的行政违法线索一并移送，但应与反向衔接线索有所区分。因为检察机关可能并没有掌握该完整的事实和证据材料，只是初步的线索，具体是否存在违法行为，是否需要处罚，还需行政机关自行调查判断。如对非法采矿案件进行反向衔接审查时，案件中除被不起诉人外，其他人员存在超越批准的矿区范围采矿、未取得采矿许可证擅自采矿、买卖出租或者以其他形式转让矿产资源等违法行为线索，可以在检察意见书之外另附线索移送说明，提供给行政机关。

2. 是否适用"双罚"的问题

在环境资源案件中，有时面临实施"双罚"制的情况，即涉及企业或组织严重违反法律法规时，需对单位和直接责任人员同时进行处罚。①关于"双罚"，《刑法》中规定了对单位判处罚金，并对其直接负责的主管人员和其他直接责任人员判处刑罚。在环境资源领域各类行政法中关于"双罚"，规定了当企业或组织违法时，不仅应对企业或组织进行处罚，还应对其直接负责的主管人员和其他直接责任人员进行处罚，如超标排放污染物、逃避监管排放污染物、违法倾倒危险废物、环保设施未经验收即投入使用、建设项目未依法进行环境影响评价、擅自改变生产工艺或防治污染措施等，均需审查企业或组织是否严重违反法律法规，在检察意见书中一并说明，提出处罚意见。

【案例 18－2：某环保科技公司、陈某涉嫌污染环境存疑不起诉行刑反向衔接案】

2022 年 4 月 5 日，某环保科技公司、法定代表人陈某未经许可，将清洗作业中含有毒有害物质甲醛的水污染物通过公司厕所排放至附近河道内。某市人民检察院审查认为，该案主观故意存疑，于 2023 年 10 月 13 日对某环保科技公司、陈某作出存疑不起诉决定。随后开展行刑反向衔接工作，认为根据《中华人民共和国水污染防治法》等规定，利用厕所排放水污染物属于"通过暗管逃避监管"，虽未达到刑事处罚的证据标准，但排放事实和污染结果之间存在因果关系，符合行政处罚条件。

---

① 参见刘艺：《建构行刑衔接中的行政检察监督机制》，载《当代法学》2024 年第 1 期。

某环保科技公司曾因排放水污染物被行政处罚，该公司及陈某再次实施行政违法行为，应当对该公司及陈某均予以行政处罚。2023 年 10 月 24 日，某市人民检察院向市生态环境局制发检察意见书，建议对某环保科技公司予以罚款、责令改正违法行为；将陈某移送公安机关予以行政拘留。2024 年 1 月 19 日，市生态环境局决定对某环保科技公司罚款 44 万元、责令立即改正违法行为。2024 年 1 月 23 日，某市公安局决定对陈某行政拘留 7 日。

（二）违法行为的审查

环境资源类案件中，当同一嫌疑人作出同一行政违法行为，可能存在法条竞合情形；当同一嫌疑人作出多个行政违法行为，可能每个行为具有独立性，需要分别处罚，也可能每个行为存在牵连，需要择一从重处罚。在审查过程中，要严格细致，准确分析、区分各个行政违法行为的内在逻辑和特点，在提出处罚意见时避免遗漏或出错。

1. 对于同一行为法条竞合的审查

一是特别法优于普通法的原则。例如，某养猪场向水渠排放畜禽养殖废弃物，致渠道废水超标排放，当事人的行为同时违反了《畜禽规模养殖污染防治条例》第 41 条和《水污染防治法》第 85 条规定，这时应适用《畜禽规模养殖污染防治条例》的规定，此条例专以调整畜禽养殖污染问题，属特别法。二是特别条款优于一般条款的原则。例如，船舶向水体排放废油，当事人的行为违反了《水污染防治法》第 85 条、第 90 条规定，船舶水污染防治是水污染防治的特别条款，此时应适用此法第 90 条规定进行处罚。①

2. 对于多个违法行为牵连的审查

一般情况下，应遵循"一事不再罚"原则，按照"重行为吸收轻行

---

① 参见黄海军：《关于法条竞合与数罪并罚的思考》，载《中国环境报》2014 年 9 月 8 日。

为"作出处罚决定，分别裁量，合并处罚。例如，某化工厂不正常使用水污染处理设施，导致废水超标排放，两者之间存在原因与结果的牵连关系，应当以废水超标排放予以处罚。但"一事不再罚"原则也不应一概而论，其只是要求行政机关不得对同一违法行为处以两次及以上罚款，并未对其他处罚类型的适用予以明确，如生态环境部门可处以罚款、公安机关可处以拘留。

3. 对于多个独立行政违法行为的审查

如果这些违法行为是独立的，不存在牵连关系，那么应该逐一对其进行评价，涉及同一处罚部门的，建议其分开评价、处罚，涉及多个处罚部门的，需要发出多份检察意见，如非法采矿后再非法销售矿产资源的。

（三）处罚幅度的审查

1. 不予提出行政处罚的情形

具体可参照《人民检察院行刑反向衔接工作指引》第10条不予处罚的情形和第9条符合处罚必要性的考量情形。在绝对不起诉刑事案件中，符合《刑事诉讼法》第16条第（2）至（6）项规定的情节，一般不再提出给予行政处罚的检察意见。存疑不起诉刑事案件中，对违法事实无法查清的，一般不再提出给予行政处罚的检察意见。因为生态环境损害具有复杂性、系统性、潜伏性等特质，[①] 部分案件无法查清案件事实或者事实和结果的因果关系，造成案件存疑不诉时，行政处罚同样也没有事实基础。相对不起诉案件中，应及时审查违法行为人的羁押状态及其履行生态环境修复责任的情况，若违法行为人履行了生态环境修复责任，此时已不存在环境损害情况，或者超过处罚时效，没有了处罚的必要性，故可以不再提出给予行政处罚的意见。

---

① 参见张高榕、熊超：《环境行政执法与刑事司法衔接的监督机制困境及突破——以检察监督为视角》，载《环境污染与防治》2021年第11期。

【案例 18-3：赵某涉嫌非法占用农用地存疑不起诉行刑反向衔接案】

2020 年 9 月，某县的赵某与村委会签订《山场承包合同》，承包村南荒山 800 亩计划种植桑树养蚕，为方便车辆能够上山浇水，赵某找挖掘机修整原有盘山路，将道路拓宽铺平，导致林地地表植被被严重破坏。2022 年 9 月，公安机关介入侦查，2023 年 9 月，乡政府向县公安局食药环侦大队出具情况说明，赵某已主动消除违法状态，对损毁树木进行补植复绿。县检察院于 2024 年 1 月 3 日受理审查起诉，2024 年 6 月 19 日作出存疑不起诉决定，6 月 24 日刑事检察部门将案件移送行政检察部门受理。2024 年 6 月 27 日，县检察院与县综合行政执法局沟通后，经审查认为，赵某非法占地数量不清，且主动消除违法状态，对损毁树木进行补植复绿，欠缺可处罚性。根据《行政处罚法》第 33 条第 1 款规定，应不予行政处罚，决定终结审查。

2. 沟通从轻、减轻处罚的情形

相对不起诉案件中，需要检察机关审查违法行为的侵害后果和社会危害性，整改情况，法定加重、从重处罚情节，法定从轻、减轻情节，被不起诉人是否具有年龄、精神、智力、残疾等特殊情况，及时与行政机关沟通，达成从轻、减轻处罚的一致意向，避免出现罚过不当情形，造成负面社会影响。

【案例 18-4：王某涉嫌非法捕捞水产品罪相对不起诉行刑反向衔接案】

2023 年 11 月，船长王某雇佣 4 名船员使用禁用渔具在某拖网禁渔区海域捕捞，返航时被海警机构查获。检察机关审查起诉期间，王某主动购买鱼苗增殖放流，修复部分受损渔业资源。某市检察院审查认为，王某的行为构成非法捕捞水产品罪，但犯罪情节轻微，具有坦白、认罪认罚情节，于 2024 年 4 月 25 日对王某作出相对不起诉决定。随后开展行刑反向衔接工作，检察机关认为王某在禁渔区使用禁用渔具捕捞，违反了《渔业法》的规定。2024 年 5 月 7 日，某市检察院向某区农业农村局制发检察意见书，建议：对王某在禁渔区使用禁用渔具捕捞的违法行为给予行政处罚。因王某主动修复渔业资源损失，可以对其从轻或者减轻处罚，某市检察院主动与某区农业农村局对接，沟通该情节。某区农业农村局采纳检察机关意见，对王某在禁渔区使用禁用渔具捕捞的行为，没收单拖网及违法所得，从轻罚款12000元。

（四）处罚折抵的审查

检察机关在审查案情时，还需关注是否存在折抵情况。如在非法采矿刑事案件处理过程中，在作出不起诉决定后，按规定应由行政机关没收上缴的违法所得。但在办案过程中发现，很多违法所得前期已由办理刑事案件的公安机关扣押。检察机关需调查了解相关情况，建议行政机关做处罚决定时，在行政处罚决定书中载明已没收违法所得（由公安机关上缴国库），进行折抵。

五、行政检察与公益诉讼检察的衔接

环境资源类案件行刑反向衔接，同样具有公益保护特性，与公益诉讼检察职能存在区分也存在交叉，两项工作共同目标都是保护环境资源、维护公共利益，可以协同履职，互相促进，更有效地打击环境资源违法行为，促进生态文明建设。

（一）与公益诉讼检察部门协同履职，需统一认识、高效协作

两大检察职能的一致目的都是保护环境资源。对内时，需形成相互补充、相互促进的协作机制。一方面，当行政检察部门在发现生态资源仍处于受损状态时，可以将线索同步移送至公益诉讼部门，督促行政机关开展生态资源修复，这也属于公益诉讼高质效案件线索；另一方面，当行政机关收到环境资源案件检察意见后怠于履职，也可以借力公益诉讼职能，督促其开展工作，公益诉讼检察建议更具有刚性监督效果。对

外时，需共同强化与行政机关的联席会商机制、跟进监督机制，将恢复性司法贯穿案件办理全过程，保障行政执法与刑事司法无缝衔接，形成生态恢复协同配合共治格局。

（二）与公益诉讼检察严格区分，二者履职方向存在差异

行刑反向衔接工作目的偏向于让违法行为人受到应有处罚，公益诉讼工作目的偏向于修复受损公益，应严格区分二者的意见、建议内容。实践中发现部分地区实行"四检合一"的部门，存在反向衔接检察意见和公益诉讼检察建议混淆的情况，用公益诉讼检察建议来代替反向衔接工作，直接提出处罚的建议，或在反向衔接检察意见中督促行政机关依法履职，让其修复环境资源。反向衔接检察意见和公益诉讼检察建议可以同步发送，但需规范具体内容，确保行政检察和公益诉讼检察职能有序运行。